上海师范大学
Shanghai Normal University
1954 - 2024

UGS 模式指导下的基础教育改革研究文集

协同视角下跨校际、跨学科研究

总主编　张峥嵘　　分册主编　郭长江

上海科技教育出版社

图书在版编目(CIP)数据

协同视角下跨校际、跨学科研究 / 郭长江主编.
上海 ：上海科技教育出版社，2024. 9. --(UGS模式指导下的基础教育改革研究文集 / 张峥嵘总主编). -- ISBN 978-7-5428-8277-6

Ⅰ. G639.21-53

中国国家版本馆CIP数据核字第2024GA5994号

责任编辑 张 沛
封面设计 杨 静

UGS模式指导下的基础教育改革研究文集
协同视角下跨校际、跨学科研究
张峥嵘 总主编
郭长江 分册主编

出版发行 上海科技教育出版社有限公司
(上海市闵行区号景路159弄A座8楼 邮政编码201101)
网 址 www.sste.com www.ewen.co
经 销 各地新华书店
印 刷 上海华顿书刊印刷有限公司
开 本 787×1092 1/16
印 张 15
版 次 2024年9月第1版
印 次 2024年9月第1次印刷
书 号 ISBN 978-7-5428-8277-6/G·4955
定 价 60.00元

总 主 编 张峥嵘

分册主编 郭长江

副 主 编 陆 超 罗 强 刘 兰

序

师范大学因基础教育而生，也因基础教育而兴。对于师范大学而言，直接面向基础教育学科教学的学科教育教师的队伍建设尤为重要，这直接关系到师范生实践能力的培养。但这一任务是放在专业院系，还是放在教育学院、教师教育学院完成，一直是中国师范教育改革中的经典难题。2016年5月，上海教师教育创新发展中心在上海师范大学揭牌。同年底，上海师范大学对全校的学科教育教研室进行了重新梳理，20个教研室，近100名教师，入驻上海教师教育创新发展中心平台（由学校基础教育处统筹服务与提供支持）。在全国各大师范院校纷纷成立教师教育学院的背景下，上海师范大学开始积极探索一条不同的发展路径，即教师在学院工作的内容、身份不变，以上海教师教育创新发展中心为平台，为学科教育教师的专业发展赋能，为教师基于学校教育实践的学术成长，提供科研、培训、实践等多方面的发展机会。

自2017年始，上海师范大学在上海教师教育创新发展中心这个平台上，通过设立UGS（大学—政府—学校）课题，推动教师的专业成长。UGS课题必须是实践方向的学科课程与教学研究，优先考虑结合上海教育综合改革项目，开展关于中小幼教育实践和上海师范大学师范生培养中出现的亟须解决的问题的研究。课题由上海师范大学学科教育教研室教师与中小幼一线教师联合完成，其中上海师范大学教师担任课题负责人，原则上大学教师与中小幼一线教师的比例为2∶1。课题研究周期一般为一年。这一设想非常有前瞻性和创新性。如此多的教师持续地开展实践方向的研究，并且建立了较成熟的机制，在全国范围内实属难得。

我欣喜地看到，这项工作取得了显著的成绩。呈现在我们面前的三本书，是上海师范大学学科教育教师与中小幼一线教师共同研究的成果，它们的主题分别为：聚焦学科素养的课程与教学改革研究，协同视角下跨校际、跨学科研究，师范生培养新模式与中小幼评价改革研究。这三个主题的研究，紧扣我国基础教育在中国特色社会主义新时代须解决的热点、难点问题，是研究者实践智慧的展现，是理论结合实践的范例，为教师开展相关研究提供了一系列具有创新性和可操作性的解决方案。

同时，我也欣喜地感受到 UGS 这一基于学校教育实践研究的教师教育创新发展模式的生机和活力。一方面，大学教师走上中小幼教学第一线，直面教育教学的现状，丰富自己的教育体验，为理论寻找最具活力的教育样态和实践平台。另一方面，中小幼一线教师跟随大学教师一起开展研究，解决实践中的难题，并在其指导下开展数据收集和科学规范的论文写作。可以说，UGS 课题研究实现了大学教师和中小幼教师的双赢，建立了一种实践方向的学术研究共同体新范式。

师范大学的发展，对基础教育有着重要的意义。建设教育强国，高等教育是龙头，基础教育是基点，而师范大学是高等教育、基础教育的枢纽。上海师范大学迎来了 70 华诞，希望上海师范大学能朝着教育强国所需要的大国良师队伍的建设目标，不断探索、不断创新、不断前行！

上海市教卫工作党委原书记、上海艺术教育委员会主任 陳克宏

2024 年初夏于沪上

目　录

精准教学行动研究

UGS 合作共赢　构建英语教师专业发展共同体

上海师范大学学区红色研学课程资源的开发与运用研究

上海师范大学学区红色研学旅行课程的一体化设计研究

结合场馆资源的红色研学设计研究

实践视域下新时代中小学劳动教育课程一体化建设研究

STEM视角下上海高校与中小学协同开展研究性学习的实践研究

基本运动技能“幼小衔接”教育实践研究

精准教学行动研究

随着教育信息化的发展，各种 App 和教学平台已经能够大量记录学习数据。在此背景下，越来越多的人开始关心能否运用大数据和信息技术精确地诊断学生在解题方面遇到的困难，从而准确地为教学提供帮助。具体而言，对精准教学的关注聚焦于两方面，一是能否提高学习的效率，即用更短的时间学会同样的内容；二是能否实现个性化施教。

精准教学的理论价值在于能更深入地理解以大数据和人工智能为特征的信息技术对教育数字化转型的作用。社会的进步已经要求教育必须转型，转变为注重培养具有解决开放型问题能力的人才，但具体路径仍有待探索。精准教学可谓未来信息化环境下开展常态教学的问路石。

本课题以上海师范大学以及两所附属学校为实践基地，开展了精准化管理、精准化评价和精准化规划的精准教学系列研究。

长三角一体化视角下的精准教学行动研究

季隽[1]，赵丹[2]，李宜锟[3]，焦鑫鑫[4]，柴梦杰[5]，李想[6]

（1. 上海师范大学；2. 上海建桥学院；3. 北京外国语大学附属上海闵行田园高级中学；4. 上海聚水潭网络科技有限公司；5. 上海市工商外国语学校；6. 陆军指挥学院）

本文探索了在大数据和AI技术支持下，精准地判断学习者的状态的程度，以及如何精准有效地开展教学。首先从学习数据可视化对精准教学的作用展开研究，然后尝试探索AI自动化的精准程度，最后研究学习数据的社会化互动对教学模式带来的变化。

一、基于学习数据的学情诊断和干预

“精准”的前提是有数据，在学习数据的基础上提炼信息，从而支持教学。作为精准教学探索的最初阶段，研究者不仅要解决数据记录和转换的问题，更要关注学习数据分析能对教学成效及模式带来哪些改变。

（一）设想与研究问题

为了开展精准教学，首先要能够自动记录学习数据，然后才能诊断和干预。但是怎样记录数据？记录哪些数据？取得数据后如何利用？因此首先提出研究的设想：精准教学可以通过学习平台自动收集数据，由教师对数据进行诊断分析，然后提出教学策略。随后归纳出研究问题：基于学习数据的分析和决策，对提高教学成效有多大作用？该模式会给教学带来怎样的改变？

（二）实践探索过程

1. 学习数据的记录

本研究借助STEM College云课堂作为教学平台记录学习数据。课程开发者将教学内容以微课的形式上传至云平台后，学生便可通过计算机、平板、手机等工具随时随地进行学习。该平台包括教学内容模块和教学管理模块。以“数据库的基础与应用”课程为例，教学内容模块以文本、视频、练习与外部链接为载体，包括教学视频、练习、课程讨论、小组讨论、课程资源。教学管理模块包括练习发布、作业批改、结业评价、在线讨论和信息通知，主要用于学生的反馈讨论及教师的评价打分。

该平台以系统日志访问形式实时记录在线学习行为数据，储存于服务器中。例如各类学习资源的访问时间戳、持续时间、同一天内的点击次数、练习成绩等。经过对日志数据的加工，可以得到各种情况统计表以供分析。

2. 基于数据的诊断及图示

获取日志数据之后，首先对日志数据进行预处理，包括数据结构处理、筛选、异常值处理、空值处理。然后确定一些学习指标，表 1 列出了五个反映学习状态的指标及含义。

表 1　学习指标的具体内涵

学习时间	反映学生每周的学习时间及每个章节的学习时间
学习进度	反映学生每个单元的学习状态，完成程度如何
活动区域	反映学生在学习平台的主要活动区域，包括视频、讨论、作业等
学习趋势	反映学生的学习状态总趋势（稳定、上升或下降状态）
学生在总体中的位置	反映学生当前学习水平在总体中的位置

明确了指标定义后，就可使用 R 语言、Python 等适合数据处理的语言实现指标的可视化。图 1 的柱状图呈现了某学生一周的在线学习时间，并与全体学生一周的平均学习时间做对比。

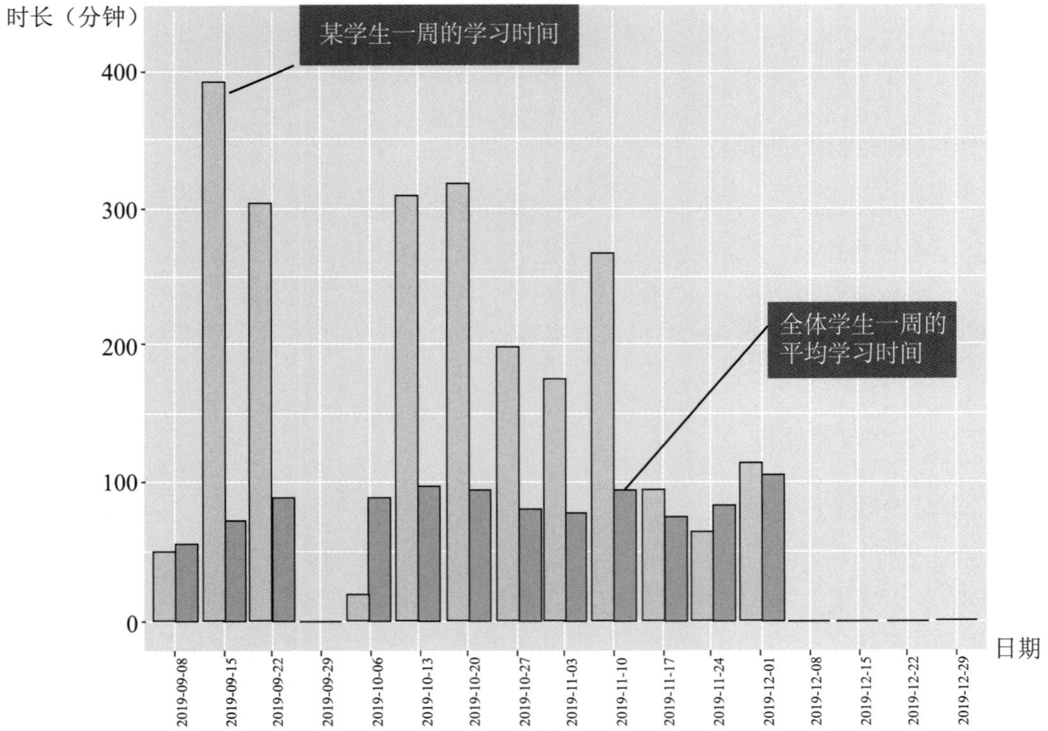

图 1　某学生每周在线学习时间与全体学生一周平均学习时间对比图

也可以从日志数据获得颗粒度更细的学习时间数据。例如列出课程所有单元的学习时间,学生每单元的学习时间采用横向柱状图的形式展现。为了展示学习进度,还可采用树图呈现学生每个学习单元的学习状态,以不同的颜色代表未开始学习、已经完成学习、练习已经通过批改等不同的状态。

学生的学习趋势通过折线图展示。图 2 中横坐标表示某学生以周为单位的学习日期,纵坐标表示学生的视频学习时间、作业学习时间、作业是否完成及作业得分按照一定比例计算后得出的数值。与全班平均学习趋势对比,可以更好地观察某位学生的学习状态。

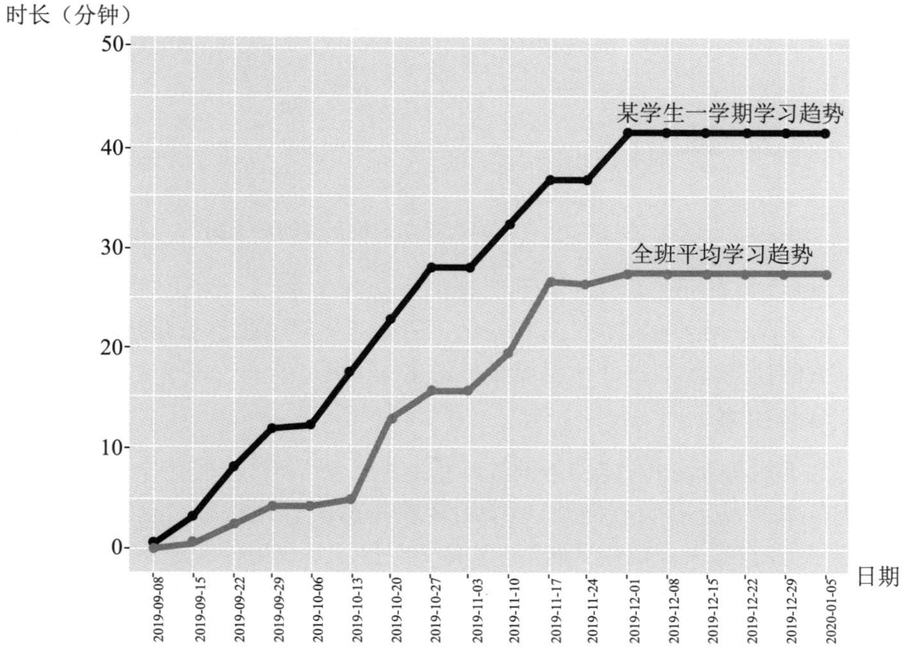

图 2　学习趋势折线图

3. 结果与讨论

(1) 学习分析技术可以提高学习成效

本研究对所有学生在接收到学习指标前后学习时间投入度的变化做了可视化分析(图 3),没有提供学习指标时与多次提供学习指标后学生的学习时间投入形成了鲜明的对比,这说明学习指标的可视化可以激发学生学习的主动性和积极性,使学生将更多时间用于课程学习上。

为了探究学习分析技术对学生学习成绩的直接影响,本研究对学生的学习成绩做了可视化分析,发现在接收到学习指标之后,大部分学生的学习成绩处于上升趋势,再次有力证明了学习数据可视化可以提高学生的学习成效。

(2) 对教学的改变——同步学习变为异步学习

从传统课堂到在线学习的转变,使教学突破了时间和空间的限制,教学模式也由以往的同步学习转变为了异步学习。异步学习不仅大大节省了学生的时间,而且能让他们将大部分时间花在动手练习上,更好地促进学生的主动思考。

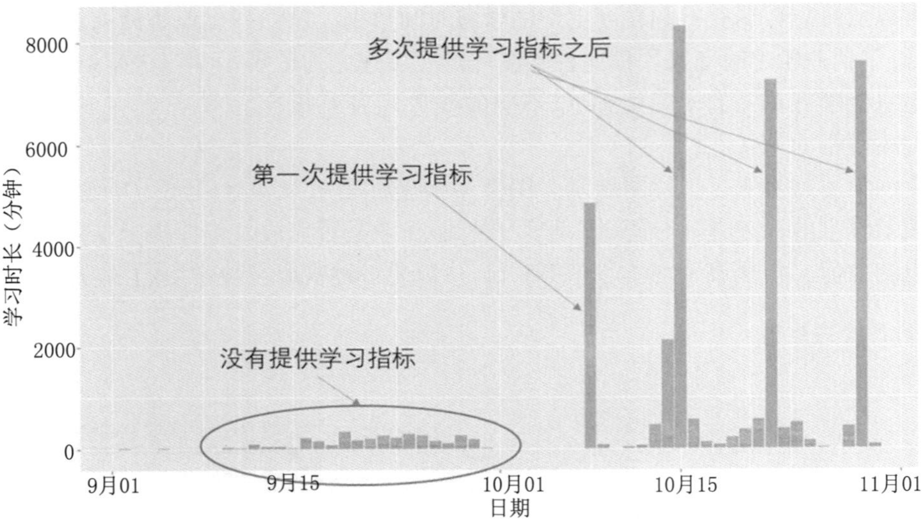

图 3　所有学生在不同时期学习投入度的对比图

研究中也发现，并非所有类型的数字课程都适合异步学习。例如知识讲授型的内容放到课程平台上依然是讲授型的，本质没有变化。只有通过问题驱动教学法设置问题，将要学的内容变为要做的任务，才能较好地引导学习者主动思考。

4. 反思和新问题

基于学习数据的诊断分析，能够帮助教师精准地了解学情，从而让学生更容易开展异步学习。成绩优良率客观上有明显提升，但学习体验呈两极分化状态。有的学生觉得能自己控制视频进度，看一点做一点的模式很好；也有学生强烈要求用传统的讲授方式上课。研究发现，学习分析技术应用后最大的困难在于教师工作负担加重。因为课前需要开发很多视频和习题；课中需要做大量数据整理；课后除了答疑解惑还需要批改很多作业。由此就产生了新问题：怎样改善部分学生的学习体验？怎样降低教师事务性的工作负担，让他们的精力集中于优化课程内容和教学模式？

二、AI 助力学习

第一轮的研究发现，在数字课程的基础上将学习数据可视化为指标，能够帮助教师精确地了解每位学生的状态。基于学习数据的“精准”可以将讲授式的同步课堂转变为混合式的异步课堂，节省了学习时间。但是教师的工作量急剧增加，成了影响工作持续开展的瓶颈。

第二轮研究尝试用 AI 技术自动分类学习数据，减轻教师工作负担。但 AI 建模能达到多高的准确率？能够给教学转型带来哪些变化？

（一）设想与研究问题

假设用 AI 技术自动诊断学情，比如找出处于停顿状态的学生、预测学生的课程成绩、实现自动问答系统，都可以降低教师的工作量，从而促进学生与课程及教师的互动，提升学习体验。由此产生的主要问题是，基于学习行为产生的数据，人工智能实现自动诊断准确性有多高？因为只有当 AI 模型的准确率足够高(90%以上)，才有可能实现上面的设想。

(二)实践探索过程

1. 学习投入度评测模型

为了帮助教师找出学习状态不好的学生，本研究构建了在线学习行为投入评测模型。首先需要确定在线学习中能够体现学习者学习投入度的维度，如表 2 所示。

表 2　在线学习行为投入指标

行为投入研究维度	在线学习行为投入指标
参与	视频观看完成比例
绩效努力	章节测验完成比例
坚持	访问量
专注	视频平均观看时长

根据在线学习行为投入指标进行聚类后得出三种学习者类型：高投入者、一般投入者和低投入者，分析处理流程如图 4 所示。

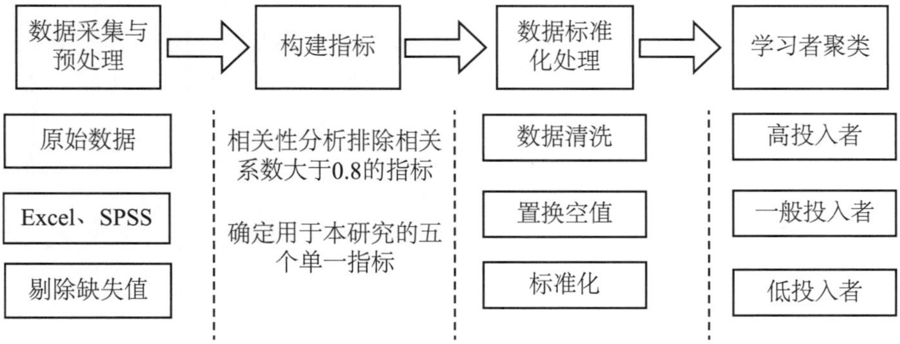

图 4　学习行为投入指标分析处理流程

接下来构建在线学习行为投入评测模型。采用五类学习者行为指标数据构建学习者周次数据集后，使用典型的机器学习算法构建评测模型，并将评测模型的性能进行优化。具体流程如图 5 所示。

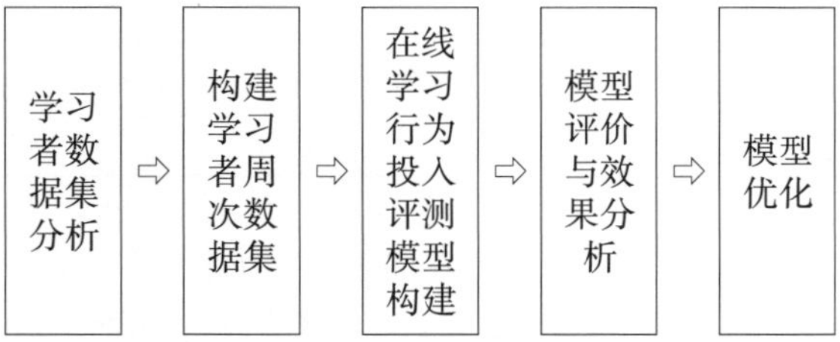

图 5　学习行为投入评测模型构建流程

通过对模型准确率分析发现，评测模型在 8～12 周各项指标准确率均低于 80%，在 15、16 周模型的准确率可以达到 86%。分析后得知，模型性能不好的主要原因是数据量少和数据分布不平衡。

2. 在线学习认知冲突评测模型

频次模型只有在学期过半之后才有一定的准确率，因为学期开始时数据积累较少。本研究借助认知冲突理论，从时序角度构建 AI 模型，尝试对学习者聚类。

首先需要探究有哪些类型的学习者，不同学习者的资源访问策略有何不同，在遭遇认知冲突时，不同类型的学习者在行为上又是如何表现的，过程如图 6 所示。其中学习者聚类的目的是了解学习者的资源访问模式有哪些类别，从行为层面解释不同类型学习群体的学习策略有何区别。行为序列分析目的是探究不同类别学习者在遇到认知冲突时学习数据是如何变化的，从而了解学习者遇到学习冲突时的外在表现。

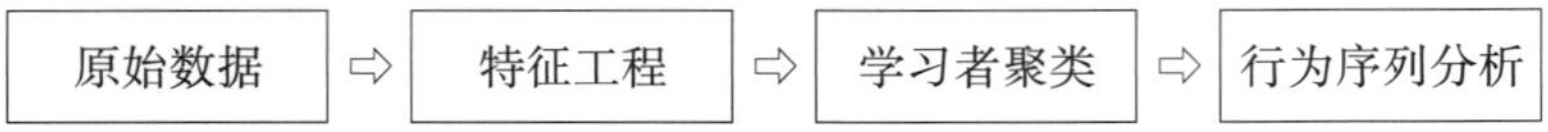

图 6　探究学习者资源访问序列总体流程

在以上研究的基础上，对学习者的资源访问序列进行建模，以识别并预测正在遭遇学习冲突的学习者，建模流程共分为五步：获取原始数据；划分学习区间，每个学习区间以初次访问知识点为起点，以最终提交配套练习为终点；编码及序列化，目的是将学习行为根据活动类型进行编码，具体编码方式如表 3 所示；用序列表征方式从资源访问序列中提取特征向量；建模与评估，采用典型的机器学习算法对学习者的认知冲突建模，随后评估模型的预测性能。

表 3　活动类型编码

访问行为	编码	访问行为	编码
当前知识点视频	CV	当前知识点练习	CE
先前知识点视频	PV	先前知识点练习	PE
未来知识点视频	FV	未来知识点练习	FE
小型中断间隔	SI	中型中断间隔	MI
大型中断间隔	BI	访问外部链接	Doc
讨论区相关行为	Dis		

研究发现，用不同的方式对模型进行评估，模型识别认知冲突学习者的准确率均超过了 0.700，说明基于学习者资源访问序列的机器学习模型能够在很大程度上识别陷入认知冲突的学习者，且具有尽早干预的潜力。

3. 自动问答系统

学习者在学习过程中必定产生疑问。这些问题能够用 AI 自动回答吗？会产生怎样的效果？LSTM 神经网络可以实现基于文本的问答模型。首先收集学习者学习过程中的问题，再通过规范格式、过滤冗余等操作构建用于训练的数据集。然后训练模型，提取数据集特征，以实现对学习者所输入学习问题的识别。整体流程如图 7 所示。

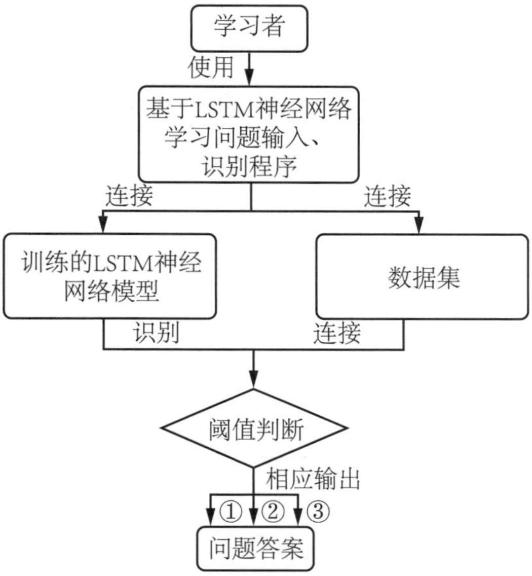

图 7　基于 LSTM 神经网络在线课程问答方法流程图

（三）结果与发现

1. AI 模型的准确率

在学习行为投入评测模型的研究中，之所以选择在第八周将评测模型投入使用，是因为前期学习数据较少，会极大影响模型的准确率。即便如此，在模型投入使用前期，也就是在学期过半且已经有足够的数据累积的情况下，模型的准确率仍然较低，仅在 0.7 左右。

此外，若教学过程中教师改进课程内容，增加了新的视频以及练习，也就意味着增加了新的数据节点，数据改变之后学习投入模型也需要随之重新训练。值得注意的是，模型的准确率主要取决于数据质量，而频数模型在构建时数据特征已经确定，即每一列数据的属性名称，即使是使用神经网络也无法提取数据的隐含特征。

在基于资源访问序列的在线学习者认知冲突模型构建时，基于时间序列进行建模达到了良好的识别效果，该模型在区分学习者是否处于认知冲突状态上达到了较高的准确率，并且该模型不受数据量的限制，在学期初便可以投入使用。

2. 自动问答系统的作用

在提升学习者体验感方面，自动问答系统取得了意想不到的好成绩，实验测试的数据分析表明实际运用的准确率达到 90%。在项目完成率方面，学习者个性化问题得到快速解答之后，项目完成率相比之前提高了 65 个百分点，达到了 90%。学习者在问题得到及时有效解答后对课程内容进行了深入思考，学习成效得到了有效提升，从而提升了在线课程学习的效率和质量，促进了个性化学习。

3. 不同教学模式学习效果对比

表 4 “数据库基础与应用”课程四年间学生人数与教学模式

年份	2016	2017	2018	2019
班级人数	36	43	85	78
教学模式	线下集中讲授	线下集中讲授	线上学习＋线下答疑	PBL 式线上结对学习

表 4 为 2016—2019 年“数据库基础与应用”课程学生人数与教学模式统计。分别使用折线图与盒图绘出 2016—2019 年“数据库基础与应用”课程总评成绩的变化趋势以及分布情况(图 8、图 9)。从图 9 中可以看出，2018 年和 2019 年的学习者成绩相较 2017 年均有提升。由于从 2018 年开始学习活动由线下逐渐转向线上，可以推断该课程的在线学习效果优于线下学习效果。

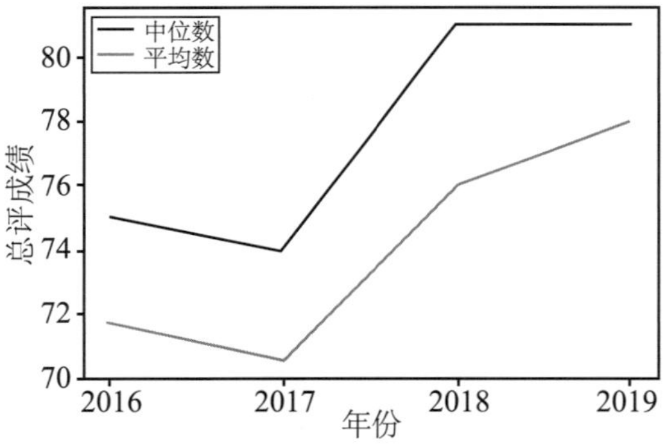

图 8 2016—2019 年总评成绩折线图

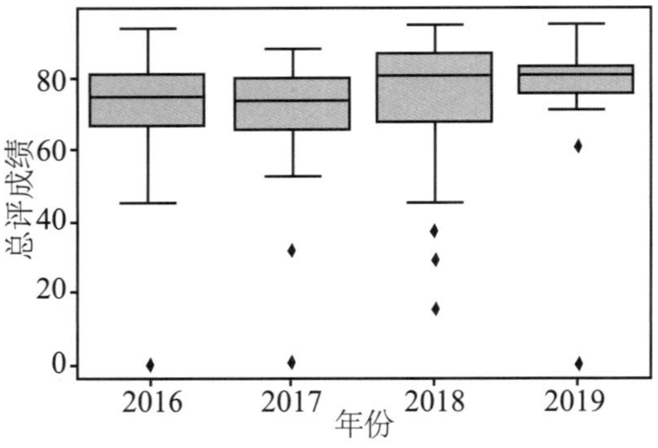

图 9 2016—2019 年总评成绩盒图

在 2019 年的授课中首次采用问题驱动的方式开展学习活动，请同学们带着目的访问数字化资源。结合图 8 和图 9 可知，2018 年与 2019 年学习者的学习成绩的中位数相仿，但成绩分布不同。2018 年的学生成绩分散，有少量高分同学，同时也有很多同学分数较低；2019 年学生成绩分布较为紧密，两极分化程度大幅减轻，进一步验证了基于问题的做中学模式的有效性。

准确把握每位学生的学习进展，从而采用有针对性的学习策略，教师的负担自然减轻。学习数据和 AI 是课程教学的一个新的交互维度(图 10)，帮助教师优化课程建设，高效激励和管理学习者。学习社群营造了良好的学习氛围。这些因素共同促进了精准教学的实现。

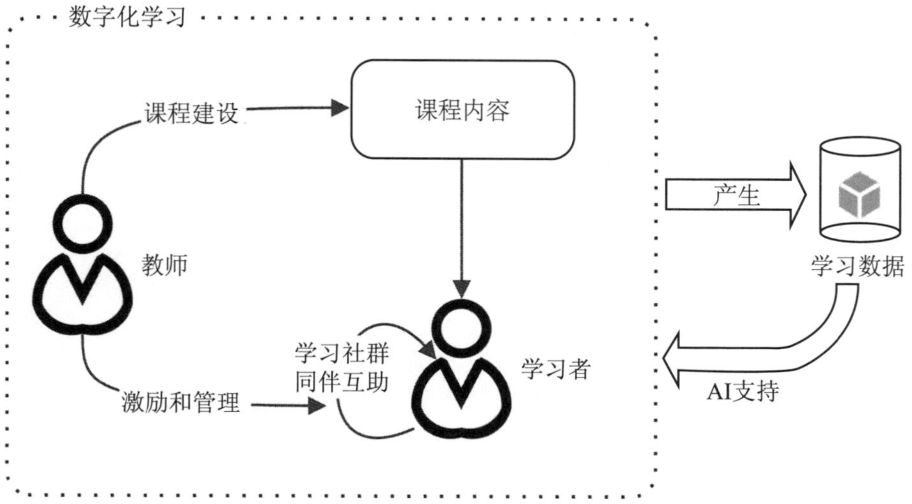

图 10　学习数据与 AI 共同构建数字化学习

三、从垂直教学结构到网状结构

前面的研究发现,所谓精准教学其实是学习活动参与者(学生、教师)与学习数据交互的过程,关键在于将有意义的分析结果自动提供给需要的人,而非教师过度干预。以往的教学模式中,教师是信息和资源的汇聚点。大部分课程内容以及学习进程都需要以教师为焦点向学生传播,学生与课程内容和同伴学习者的对话频次受时空限制。精准教学作为新的交互维度,会使传统的垂直教学结构发生怎样的变化呢?

(一)设想与研究问题

之前两轮研究,主要将学习数据提供给教师,让教师精准了解学情并采取相适应的干预措施。但越来越多的研究结果表明精准教学其实是师生与学习数据互动的过程。因此接下来的研究计划创造数据与师生之间新的互动模式,观察对教学模式带来的改变。

(二)实践探索过程

1. 学习进度分享

将日志数据转换为学习进度表,让学生了解自己在群体中的位置。学生在完成课程的练习之后,也可以进入课程活动完成详情页面查看个人的完成情况。通过将日志数据转换为平时成绩分布图,学生可直观地感受到自己在班级中所处的位置,从而激励学生自我调节,积极主动学习。图 11 为某学生学习相对进度展示模块,图中竖虚线表示该学生的平时成绩所在位置大概处于"第一梯队"的中位数。

2. 作业答案自动反馈

学习者在完成练习后得到积极有效的反馈可以促进对知识的消化吸收,并及时发现学

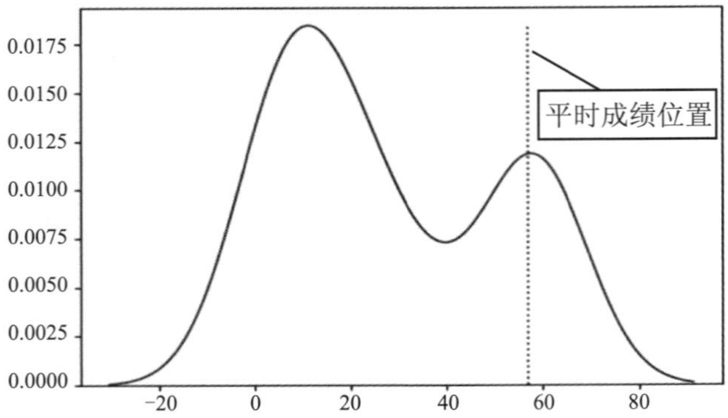

图 11　某学生学习相对进度展示模块

习中存在的错误及漏洞。助教批改作业的方式虽然在一定程度上减轻了教师的工作负担，但助教批改也存在时间间隔较长的问题，仍达不到实时反馈的效果。作业答案自动反馈机制让学生提交作业后能自主检查答案，得到及时反馈。在确认答案时，学生必须选择自己的解答与参考答案的差异。除了标准答案外，学生还可以通过推荐机制参考同伴优秀作业，对比分析不同答案的优缺点，学习同伴不同的解题思路，拓宽自己的思考维度。

3. 徽章系统

为了从个性化角度激励学生，本研究采用了徽章系统对学生的学习效果进行标记和分类。徽章系统既是有效的激励机制，又可以作为课程评价的维度。在设计徽章激励机制时，首先明确总的学习路径和关键里程碑的水平层级，然后根据用户数据定义徽章系统规则，从学习持续、掌握提高、问题解决、社交协作四个维度设计规则。表 5 展示了以学习持续为例的积分徽章系统规则设计。

表 5　积分徽章系统规则设计

目标	学习行为	函数	路径
学习持续	登录	输入：登录次数 转换：每次登录记 5 分 输出：积分对应的里程碑徽章每 30 分为一个等级	用户等级 Lv1 用户等级 Lv2 用户等级 Lv3 用户等级 Lv4 用户等级 Lv5 ……
	在线	输入：累计在线时长 转换：每 30 分钟记 1 分 输出：积分对应的里程碑徽章每 10 分为一个等级	

该系统设计的徽章分为成绩徽章、成就徽章、课程纪念徽章三个类别。成绩徽章只针对期中成绩，反映学生在考试中的大致排名（前 25%、中间 50%、后 25%）。学生在学习过程中会陆续获得不同程度的成就徽章，徽章的获得与网络学习行为管理相关，包括登录、学习投入行为、习题解决与修改、讨论区发帖回帖等行为。课程纪念徽章仅一枚，在课程结业时

获得。

（三）结果与发现

1. 进度显示对学习的激励作用

作业完成进度和平时成绩分布位置的显示，使学生了解自己在班级中的总体位置如何。若名次靠后可以起到警醒作用，激励学生改变学习态度，形成良好的学习习惯。名次靠前的同学为了保持较好的成绩，也会继续保持良好的学习习惯。一旦班级形成主动学习的氛围，教师就无须给学生反复“敲木鱼”。总体来看，学生学习拖延的情况得到了很大改善。

2. 自动答案提供的作用

自动答案提供给予了学习者及时有效的反馈，一方面促进学生与课程内容的交互，另一方面通过优秀作业推荐机制拓宽了学生的思维。学生在社会化交互中获得思维启发的重要性可以与从课程内容中获得信息的重要性相提并论。

3. 徽章系统的激励作用

通过问卷调查学生对徽章系统的认可程度发现，多数学生认为徽章系统对自己行为参与度的影响最为明显，起到积极的督促作用，帮助他们完成每日学习任务。学生的情感和认知维度的参与度也有提升和积极影响，相较而言情感维度更明显一点，具体表现为学生在学习过程中有愉悦感以及主动学习意愿变强。对徽章系统使用前后的学习数据进行对比分析，发现徽章机制投入使用后，成效提升显著，数据分布均向正向移动，再次证明了徽章系统的积极作用。

4. 教学模式从垂直结构变为平面网络结构

通过数字课程让学生直接获得内容，通过学习数据和 AI 让学生直接与同伴学习者形成社会化互动，教学模式从垂直结构变为平面网络结构。绝大部分学生能够自我激励并开展异步学习，课后练习中遇到的问题通过学习支持系统以及和同伴的交流基本都能解决。教师在实施过程中的工作压力得到大幅减轻，精力可以集中在课程内容开发和优化上。

由于学生已经能够自行解决大部分学习过程中遇到的问题，教学实施方式发生了实质性变化，所以后半学期可进行真正的项目式学习，引导学生分组解决真实问题，展示项目成果并反思。这是教学模式的转变，将教师从重复性的工作中解脱出来，将学习的主动权赋予学生。

四、反思和总结

传统课堂是垂直结构，教师处于信息的汇聚点；在线学习空间是平面网络结构，每位参与者都是信息的焦点。精准教学打破了教师主导、学生参与的闭环，充分体现了以学生为中心、学生自主学习的教学的模式。

精准教学创造新的学习互动方式，是一种“对话”过程，而非静态的结果。精准教学通过数据搭建起的互动交流，加深了学生与教师、学生与同伴、学生与课程、学生与学习平台的互动。如同人们日常会话那样，互动过程中参与者的对等性、开放性和实事求是的态度，决定了“精准”的成效。

基于教育 App 的学科精准化评价体系实践研究

闵宝林，余璐

（上海师范大学附属松江实验学校）

一、引言

如何培养儿童良好的学习习惯和行为规范，一直是学校教育探究的重要课题之一。研究发现，儿童学习习惯的培养，对于学业表现、认知发展和未来的成就有重大影响。例如，儿童对自己的感知和理解，主要在与他人的互动及个人成就反馈过程中逐渐成形。积极的自我概念会给儿童带来自尊、自信和乐观，而消极的自我概念可能导致儿童的自我怀疑。

学校环境在塑造儿童的学习习惯方面起着全方位的作用。丰富的学习资源、有效的教学策略、积极向上的学校文化以及提倡学生自主探究的教育模式，为儿童营造了一个良好的学习环境，有助于他们培养积极的学习习惯。家长在孩子教育过程中的参与和支持也起到了至关重要的作用。他们通过提供支持性的家庭环境，积极参与教育活动，帮助孩子们建立起对学习的责任感。在多方因素的共同作用下，儿童在成长过程中逐渐学会自我调控、应对干扰、保持专注，并培养有效的时间管理技巧。

然而在实际办学过程中，以学生为中心的学习习惯和行为规范培养面临着诸多挑战。本文旨在介绍上海师范大学附属松江实验学校在学科精准化评价体系方面的实践研究，通过运用信息化手段创新精准教学模式，提供一种具有参考价值的思路，以更好地促进学生的学习和发展。

二、精准化教学评价模式

精准思维是一种重要的方法论，它强调对个体的差异化分析，提出针对性的解决方案。这种方法坚持从实际出发，实事求是，具体问题具体分析，体现了科学的思维方式。我校利用精准思维深化教育教学评价，引导德育工作者梳理、剖析问题，直击实践育人的核心，为实践育人的长期发展奠定基础。

在教育评价中，评价标准通常由两部分组成：指标体系和评定标准。指标体系是在评价目标的指导下，将评价目标逐层分解而构建的，可有效地进行教育评价。而评价标准则具有具体化、行为化和可操作化的特点。本研究中的“学科评价体系”就包含了这两部分，我校针对不同学段、不同学科的特点，构建了校级和学科间的评价体系，形成了具有我校特色的德育教学评价体系。针对小学部的实际情况，我们制定了多维度、注重过程性的学习评价标准。该精准化评价模式的优势在于：首先，指标点细致全面，既具有可衡量性，又容易解释和理解。其次，评价和反馈及时，能够持续推动教育工作的进步，符合当前教育数字化转型的理念。

三、精准化校本评价体系

上海师范大学附属松江实验学校是松江区一所新创办的九年一贯制学校，学校坚持“努力做更好的自己”办学理念，不断探索适合本校发展的关于学生综合素质的评价体系。

“晓黑板”是一款免费的教学沟通工具，于 2015 年上线，其核心功能包括通知、打卡、调查、讨论、活动、作业、直播等，能够记录学生的学习过程、成长轨迹，并提供云存储服务。我校充分利用“晓黑板”的功能，辅助教学过程，全面记录学生在校和在家的学习情况。晓黑板的多功能特性，为我校的教育发展提供了全新的模式和路径。我们设定了明确的教育教学目标，聚焦于学生学习习惯与行为规矩养成。从常态化指标、发展性指标、综合性指标三个维度，我们制定了德育教学工作的评价指标，利用“晓黑板”的通知、打卡、调查、推送等功能，对学生的在校互动情况和日常学习过程给予及时评价。这不仅帮助学生获得科学全面的反馈，也促进了家校之间的频繁且有效的沟通。我校每周都会评选校级“行星小达人”，除了班主任推荐以外，学生在校级活动中通过“晓黑板”平台上传照片、打卡分享等行为也是重要的考核依据。在学期结束时，我们根据“晓黑板”的记录，为每位学生生成一份综合评价报告单，全面评价他们在该学期的综合表现。表 1 为我校制定的评价指标体系及指标类型。

表 1　校本评价指标体系及指标类型

学校评价指标体系	指标类型	具体事项
常态化指标	八个我能行	读书、写字、听课、敬礼、走路、吃饭、扫地、如厕
发展性指标	市、区级德育活动	与市、区级要求统一
	评优评先（市、区、校）	优秀少先队长、优秀少先队员、模范班干部、行规示范生、优秀共青团员、新时代好少年
	创新之星	与市、区级要求统一
	艺术之星	与市、区级要求统一
	演讲之星	与市、区级要求统一
	行星小达人	学生参与校级每周达人评选活动
	其他校级活动	一月一华章、悦读节、艺术节

（续 表）

学校评价指标体系	指标类型	具体事项
综合性指标	行美雅心	遵守作息时间，着装规范，课间守则，卫生整洁，列队快静齐，文明就餐，践行光盘行动，静心阅读，做好班级值日，主动帮助别人，为班级做有意义的事，乐于参加市、区、校级活动
	行润立德	诚实守信、文明有礼、积极乐观、坚持不懈、真诚正直、宽容大量、尊重师长、团结友爱、志愿服务
	行远尚劳	安全实训积极、热爱劳动小能手、积极参与社会考察、职业体验小标兵
	行知启慧	根据各学段各学科的具体要求
	行敏健体	规则意识、积极参与、团队配合、安全意识、动作规范、学练习惯、运动意识、体质达标

在加强学生日常行规管理的同时，我校还设计了针对各学科的详细评价准则。在综合性评价体系中，“行知启慧”部分专门用以评估学生在校内各学科学习的能力。结合各学科的核心素养培育目标，我们明确规定了语文、数学、英语、音乐、美术及其他学科的具体学习要求。此外，“晓黑板”的过程性评价有效填补了教师对学生课后学习监督的空白，让学生在“隐形教师”的引导下明确学习目标，实现自主学习与反思。同时，这也为家长提供了更多参与学生课后学习的机会，从而推动了课后学习时间的管理和学习形式的创新。表 2 为我校各学科综合性指标评价细则表。

表 2　各学科综合性指标评价细则表

学科综合性指标	学科名称	评价细则
行知启慧	语文	积极发言、书写规范、大声朗读、阅读积累、自信表达、练习优秀
	数学	课前准备、积极质疑、解决问题、认真听讲、应用能力
	英语	语音优美、书写规范、合作交流、自主学习、自信表达、倾听认真、课堂表现
	音乐	音乐表演、音乐情感、表演习惯、演唱自然、节奏准确、个性发展、感情真实、自信表达
	美术	线条能力、色彩能力、设计应用、绘画表达、表现能力、创意设计、工具自理
	其他学科	积极发言、主动学习、认真倾听、善于总结、积极探究

四、小学段三维度精准化评价体系

在校本评价体系及学科综合性指标的评价细则实施过程中，我校在小学部搭建了一个多维度的学科课内外学习评价体系，旨在更精准地实现学科育人的目标。该体系注重对学生课堂和课后学习过程的细化评估，从学习兴趣、学习成果、学习习惯三个维度关注学生的过程性学习。通过“晓黑板”平台向学生发布学科学习要求，学生可通过拍照打卡、线上答题、讨论交流等多种活动来丰富学习形式。学生也能及时查看教师的线上批改情况，明确自己的不足之处。

在实践操作过程中，教师根据学科分层维度下的学生学习指标达成表，更具体、直观地记录学生的学习兴趣、习惯和课堂收获。此外，通过收集学生课后自主学习的视频和照片，教师和家长能更准确地了解学生当前的学习水平。与此同时，许多家长在参与过程中，家庭教育观念上也发生了积极转变。他们开始理解和支持孩子在课后时间进行多样化的学习活动，如使用手机答题、讨论，或利用周末时间前往各类展馆进行实践活动。这不仅增进了家庭亲子关系，也为家校之间的沟通创造了融洽的氛围。表 3 为我校小学学段各学科分层维度下学生学习指标达成参照表。

表 3　小学学段各学科分层维度下学生学习指标达成参照表

学科类别	分层维度	指标达成
英语	学习兴趣	自主探究、阅读、活动、听读、口头表达等
	学习习惯	听说读写、练习、计算、阅读等
	学业成果	语音、词法、算法、写字等
自然、劳技、信息、音乐、美术	学习兴趣	主动探究、好奇心、使用学习工具等
	学习习惯	善于发现、记录、整理、分享等
	学习能力	设计、绘制、制作、测量等
体育	锻炼兴趣	主动、自觉、规则意识等
	健身习惯	安全保护、遵守规则、组织协调等
	运动负荷	克服障碍、挑战自我、发挥潜能等

线上教学期间，我校教师充分利用“晓黑板”的各项功能，包括线上打卡、通知发布、照片视频上传、作业布置与批改等，全面关注学生的在线学习状况，并及时给予反馈。例如，体育组通过发布锻炼要求，鼓励学生每天在家运动 30 分钟，并收集学生的锻炼照片，如体能锻炼、跳绳、俯卧撑、坐位体前屈等，以监督学生的锻炼情况。初中语文教师布置上传课堂笔记照片任务，收集后仔细批改，利用作业批改软件中的语音功能对课堂笔记全面评价，同时展示优秀作业，供全班同学观摩学习。小学语文课特别设置了“讨论”环节，鼓励学生发布自己的朗读音频或视频，并在其下方设置点赞及评论功能，以此模拟课堂互动，弥补线上教学在

朗诵环节的不足。初中数学教师统一布置与收集作业，通过“晓黑板”查看学生的作业和提交情况，并通过一键提醒功能督促学生按时交作业。对于基础较薄弱的学生，还特别设置了补交作业的功能，同时保证学生之间作业的隐私性。对于错误率较高的同学，语数英老师会特别设置“打回订正”环节，并对学生的反馈进行二次批改，以确保学生的学习效果。

五、学校教育教学精准化管理模式

如何以精准化评价为基础，打造以人为本的学校精准化管理模式？新冠疫情期间，我校结合实际情况，设置了年级教师晨会、周一升旗仪式班队会、学生晨(午)会，以及阅读管理、睡眠管理、行政线上巡课教学保障、专班教师线上蹲班教学保障、师生信息上报的学校“三会、两管理、两保障、一上报”制度。

教师晨会，一日一反馈。每日上午 8 时，教师齐聚云端。年级组长提醒前一天行政值班教师反馈需要注意的事项，并和组员协商解决线上教学过程中遇到的问题、困惑。大家共同分享交流线上教学中的心得、经验、做法、亮点，例如，利用线上教学平台的留言区、点名回答问题、比手势等方式，帮助学生建立新的课堂指令，设立线上课堂分的行为规范，使课堂教学更加有秩序。对于表现优秀的同学，设置特殊视频，让其一直处于上课页面，成为大家关注的焦点，这也会给其他学生带来示范效应，从而提高课堂教学效果。最后，及时布置当日安排，收集需要学校协调解决的问题和提供的帮助。晨会工作是仪式感的体现和要求，正衣冠、促言行，教师要用最饱满的精神状态去迎接学生，让学生居家学习时同样感受到教师带来的正能量。

学生晨(午)会，一日一要求。线上教育教学期间，利用学生晨会指导学生有效地进行时间规划，合理安排日常学习内容，加强学生习惯养成教育，班主任将前一日发现的班级管理中的问题进行总结，并开展督促、集体表扬、个别沟通等，促使形成积极向上的班风、班容、班貌。

学生班队会，一周一交流。线上教学期间的升旗仪式和班队课，时间安排与线下基本一致。我校力求细节的完美，让学生在线上亦能遵循正常的作息时间。升旗仪式结束后，各班围绕“世界水日”“中小学安全教育日”“传承英烈志”等主题开展主题班队会。这些活动不仅拓宽了学生的视野，也让学生明确自身的责任和义务，进而提升他们的思想觉悟。

阅读管理，陶冶情操。“一日之计在于晨”，每日清晨第一节课前的半小时，中小学部的班主任组织晨读活动，既保证了学生的阅读时间，又在线上学习的特殊时期，引导学生静心阅读，为一天的学习做好充分准备。晨读不仅强化了学生的精神风貌，提升了他们的学习态度，更营造了一种庄重的学习仪式感，助推学生阅读素养的提升。

睡眠管理，呵护身心。睡眠对于中小学生的成长至关重要，它关系到大脑发育、骨骼生长、视力保护、身心健康和学习效率。在线上教学期间，我校特别强调学生的睡眠管理，确保他们在课间得到充分休息。我们督促学生上午课程结束后及时下线，不占用学生的午休时间。同时，学校要求各备课组合理控制作业量，确保学生在一天学习结束后能在合理的时间内完成当天的作业，从而保证他们获得充足的睡眠。

双师双巡，课堂有序。在线上教学中，我们采用“双师双巡”的教学模式，即主讲教师与专班管理教师共同参与线上课堂，行政云巡视与专班云监督相结合。行政巡课人员相互协作，及时发现课堂管理中的问题，并与相关教师沟通，督促其迅速整改。这种教学模式确保了线上教学的有序进行，为学生的学习提供了有效的监督和指导。

精心策划，全面保障。在全员导师制框架下，每个班级都配备了 3 位教师，协助授课老师关注学生的在线行为表现，确保学生在每节课都能保持高度的注意力；同时，我们重视学生的心理健康，保持及时沟通，并安排至少 1 位蹲班教师每节课进行云监督，保证每个学生的在线学习都能顺利进行。

严格报告，守护健康。学校严格按照规定执行全体师生所在地、健康状况等信息上报制度，重点关注并仔细排查。实行“日报告”，加强因病缺勤管理的工作，医务室老师对因病缺勤的学生和教职员工及时追踪和上报。

六、总结

“晓黑板”的多元功能为我校教育教学的评价工作注入了新的活力。借助其实时采集数据功能，教师能够密切关注学生的行为规范和习惯养成，实时掌握学生的学习成绩动态。这不仅促进了学生良好学习习惯的养成与学习成绩的提升，更使两者相互补充，共同助力学生的全面发展。同时，“晓黑板”评价体系的不断完善，为家长提供了更全面的视角监督和掌握孩子的学习状态。这不仅让家长及时关注学生的学习成绩，还使他们深刻认识到良好的行为规范和学习习惯对学习成绩的促进作用。这种多维度、过程性记录的学生数据，通过“晓黑板”后台的自动汇总和分析处理，形成每周定期推送的数据周报，使学校管理者、教师和学生家长能够及时掌握学生成长的动态，进一步促进家校之间的协作和沟通。然而，作为教育工作者，我们必须明确，尽管“晓黑板”等 App 能够加速教育资源的建构，增进反馈效率，但它们绝不能替代师生之间的情感交流体验。真实的情感互动和沟通是教育过程中不可或缺的核心要素。教育 App 只是工具，真正的教育还需要教师的智慧、爱心和耐心。因此，在使用这类 App 时，教师更应注重与学生的情感交流。

综上所述，“晓黑板”等教育 App 在我校教育教学评价中发挥了重要作用，为我们提供了新的评价手段和实践体验。我们应该充分利用好这些 App 的功能和优势，同时注重与学生心灵的沟通，为学生提供多维度的成长陪伴，推动教育教学的创新和发展。

长三角一体化视角下的学校课程精准规划

鲍志慧，姜涛

（上海师范大学附属嘉善实验学校）

一、引言

上海师范大学附属嘉善实验学校，是由上海师范大学全力支持的长三角示范区内一所民办九年一贯制学校。自学校开办以来，在教学成绩上屡获佳绩，赢得了广泛好评。然而，如何形成符合学校自身特点的办学特色是需要我们持续探究的问题。办学特色是办学理念的具体呈现，关系到学校长远发展。若办学特色不鲜明，学校就会渐渐失去发展的动力。学校通过与学生、家长的交流，精准定位课程需求，设计可持续发展的课程规划与切实可行的实施策略，向着建设长三角地区标杆名校的目标努力。

二、设想与思路

2018 年秋季，上海师范大学附属嘉善实验学校成立并开始招生，最初定位为以双语为特色的高端民办学校，拥有外教 6 人，开设了外教语言课和外教科学课。同时，考虑了部分家长的要求，开设了绘画、书法、乒乓球等多种校本特色课程。课程开设后，满足了首批家长的基本诉求。后期由于种种原因，双语特色并不显著，没有达到预期目标。经过调查和分析，我们发现问题出在学校对家长需求了解不够清晰，对自身特色发展定位不够清晰。课程作为达成学校育人目标的重要抓手和必经渠道，到底应该怎样规划？需要开设哪些课程？为了回答上述问题，一方面学校梳理归纳有关儿童发育发展规律的最新科学研究成果，进行了大量的学习。另一方面，学校向家长分发调查问卷，进行家长意愿调查，通过数据直观了解家长对于课程的需求。

体育运动机能是人类的生存基础。漫长的进化过程中，人类需要灵活驱动自己的躯体，逃避伤害；需要走出巢穴，认识自然。运动机能对人类而言，越早培育，获益越大。同时，体育运动对于培养孩子健康的心智、稳定的情绪，都有重要的意义。艺术的萌生和发展伴随了人类漫长的历史，许多研究报告表明，艺术类的启蒙和训练能提升孩子在语言记忆、读写、空间推理方面的能力。童年时期的音乐启蒙和训练能给孩子带来裨益，甚至短时间的音乐学习也能对孩子产生深刻影响。因此，根据人类发展规律，在低幼阶段，孩子需要尽早接触体育和艺术类技能，这些内容对于孩子未来各类认知功能的发展大有益处。

科技是最重要的生产力，是改造自然的武器。学习科技知识需要具备一定的归纳演绎、抽象、逻辑等思维能力，需要具备对文字、图形等知识传承工具的掌握。低年段儿童上述能力的发展有限，因此科创课程应当安排在小学中高年级段。

同时，对家长的意愿调查结果表明，在小学低年级段，家长们更希望孩子学习艺术、体育类的内容。中高年段开始，家长对科技类课程的需求逐渐增多。调查结果与研究结果相吻合，给课程规划指明了总方向，也给我校课程规划带来了新思路。综合理论研究和调研结果，我校的课程规划将从以下四方面展开：明确学生及家长诉求，精准定位课程需求；采用SWOT、5W2H等方法，对学校现状及背景进行综合全面分析，进一步明确课程发展方向；根据学校特点搭建课程行政与组织架构，编制课程开发流程；采用以学生成长需求为导向的管理循环法，在实践中优化课程框架与内容。

三、研究方法与过程

1. 精准定位课程需求

为了促进学生全面、个性化发展，学校在探索过程中依照各学科的课程标准进行拓展，按照六大学科领域进行分类，如图1所示。

图1　根据六大学科领域进行课程分类

为了拓展课程维度，搭建课程梯度，进一步优化特色课程的管理体系，学校分别对家长和学生分发问卷，调查他们对课程的需求与期望。调查结果显示，家长期望校内开设选修课程，排在前几位的是数学思维类（57.4%）、语言与表达类（56.7%）、科技素养类（53.4%）、体育与健康类（50.6%），其他还有艺术与审美类（44.8%）、协作与公益类（21.2%）；学生想要选择的校内课程，排在前几位的是日语（20.2%）、古诗词鉴赏（14.9%）、非洲鼓（12.5%）、合唱（11.3%）、书法（10.1%）、素描（10.1%）。

2. 结合学校情况编制课程规划

在明确了家长及学生的诉求之后，还需结合学校自身特点进行综合分析。学校采取SWOT分析法，列出影响学校发展的有利与有害因素，以明确学校课程设计与规划的方向。SWOT是四个单词的缩写，从整体上看可以分为两部分，第一部分为优势（Strengths）和劣势（Weakness），主要用于分析内部条件，着眼于学校的自身实力以及与竞争对手的比较；第二部分为机会（Opportunities）和威胁（Threats），主要用于分析外部条件，强调外部条件变化有可能对学校发展产生的影响。将各种因素综合分析，有助于科学全面地建设课程体系（表1）。

表1 学校课程建设的SWOT分析

	优 势	劣 势	机 会	威 胁
地理环境	交通便捷，距离上海近，可便捷获得资源		学校位于“长三角”示范区，经济发达	周围名校较多，竞争激烈
学校管理	专家治校，业务精良	建校时间较短、部分机制不完善	领导重视	
教师资源	现有教师团队素质良好	教师流动性大，待遇普通	长三角地区人才较多	教师可选择的民办院校较多，优秀年轻教师趋向于考编制
学生状况	可以初步筛选	总体质量不高	随着学校口碑形成，筛选范围更大	住宿生数量有限、上海家长接送不便
课程资源	教师专业能力过硬	学校开创时间短，积累不足	学校重视、家长需求强烈	还未形成特色品牌

3. 特色课程开发与管理流程

目前，在特色课程管理方面，学校实行一中心、四处室（图2）、五小组（图3）、十环节的管理模式。

特色课程的发布与管理严格遵守十环节，分别为：①培训。通过对上一阶段的总结分析，在开学前召开特色课程总结和动员培训会议。对新学期的开课方向、要求做具体布置。②提报。教师根据学校要求，思考并上报课程名称、意义、课时安排和课程评价方式等。③初审。学校课程中心组织课程审核委员会，对每个课程进行多轮讨论。从全校课程开设的整体布局、特色凸显，以及项目式学习推进、突出课程融合的特质等方面进行评审。④修订。将初步审核通过的课程下发到教师，进行有针对性的修改，重点课程进行一对一交流打磨。教师上报课程海报和课程推介正式文稿，再报课程中心二次审核。⑤复审。课程中心进行开课前最终把关审核。⑥确认。课程中心确定课程。教务处进行课程时间和地点的安排。

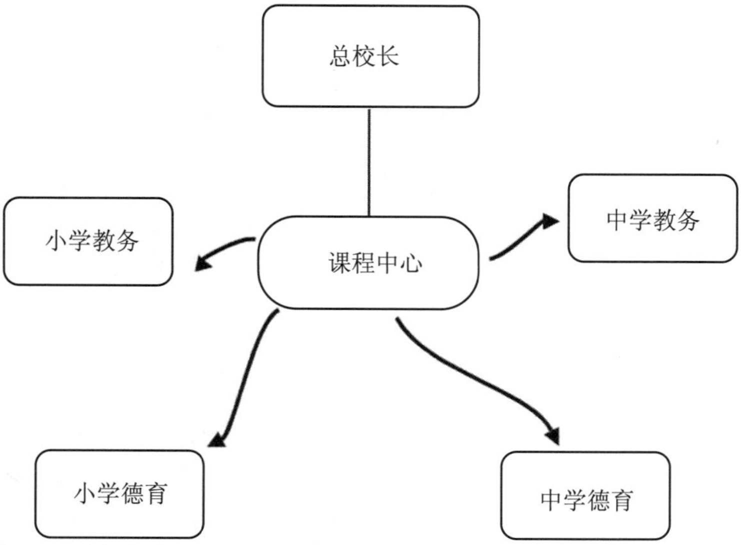

图 2　一中心、四处室结构图

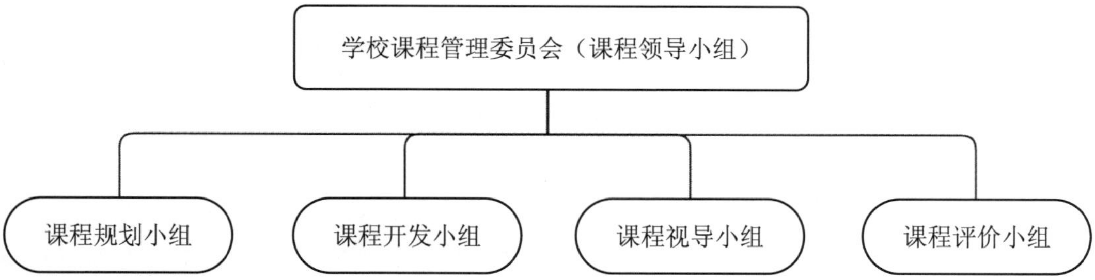

图 3　五小组管理架构图

组织课程实施。⑦网选。班主任将课程下发至班级群，通知具体选课时间和网络操作方式。⑧开课。教师按照既定计划开设课程。⑨巡查。教务处和课程中心定期巡查，做好考勤和上课资料的搜集。⑩评估。一共进行两次评估：期中考试时间为中期考核，以特色课展示、自评为主；期末进行学校考评，对下一轮是否继续开课做出判断。

4. 课程改进与优化

为保证教学质量，学校通过多种手段进行评价反馈和调整：利用信息技术手段，灵活快速进行校内各种教学质量评价；利用上级统测，详细分析数据；利用家校沟通渠道，听取家长对课程的评价反馈。学校综合利用定量和定性两种评价方式，定量评价有数据支撑、说服性强；定性评价更强调参与过程、体验和情感，助力学生尽早形成正确价值观，引导教师关注过程、关注素养、关注学生的全面发展。

四、成果和总结

（一）课程开发成果

为了建设出一套符合教育规律，具有前瞻思考且符合新时代课程发展方向的特色的课程体系，从 2019 年 3 月至今，学校的课程建设大致经历了起步、统整、重构三个阶段，相对应地，也经历了 1.0、2.0、3.0 版本的更新迭代。

一是课程资源开发阶段（1.0 版本）。这一阶段重点考虑家长和学生诉求，摸排校内外可利用的资源，挖掘学校特点，主要任务是“铺开”。二是课程资源统整阶段（2.0 版本）。这一阶段明确课程理念，细化课程内容，形成学校特色，主要任务是“聚拢”。三是课程结构重构阶段（3.0 版本）。这一阶段重视课程组合，尝试学科融合，形成校内课程体系，主要任务是“优化”。学校确立了“上善乃思”课程体系，明确了“以生为本”的课程价值取向，丰富了新的课程愿景，即以国家课程标准为指导，着眼于发展学生面向未来的核心素养，把“全人发展、终身学习、幸福校园”作为学校的总体课程愿景，最终形成并完善适合学校实际发展的“上善 NICE”课程体系，如图 4 所示。

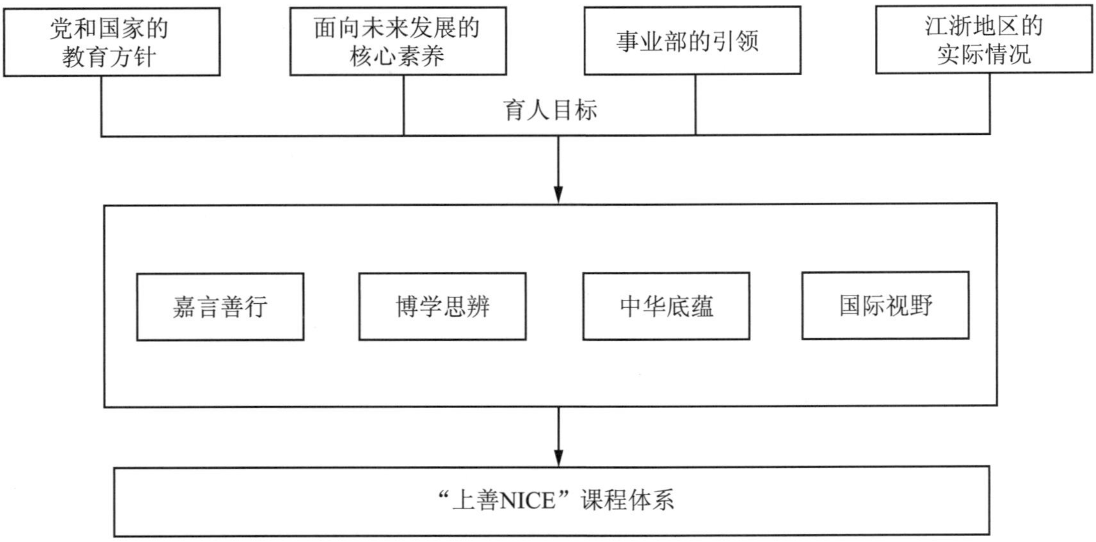

图 4 “上善 NICE”课程体系

NICE 有优质、美好之意，“乃思”是 NICE 的音译，代表学校育人过程中提倡深度思考、深化思维、深刻思想的内涵。在遵循各学科课程标准的前提下，以促进学生个性发展，促进教师专业发展，促进学校特色发展为目标，学校创建了“NICE”课程框架，通过四大课程类群具体落实，即国家基础课程、学科拓展课程、个性探究课程、综合实践课程。

在该课程框架的基础上，学校搭建了课程的总体结构，分为基础型课程和拓展型课程（特色课程）两大类。基础型课程是重中之重，要开齐开足。拓展型课程（特色课程），依照实际情况又细分为学科拓展类和个性探究类。前者面向所有学生，注重内容门类齐全，以选修课形式让学生自主选择，目的是给学生提供更多的尝试机会；后者更关注个性发展，适合对某个领域有兴趣的学生深度参与，以社团形式开展，有一定门槛。部分学科拓展课程如图 5 所示。

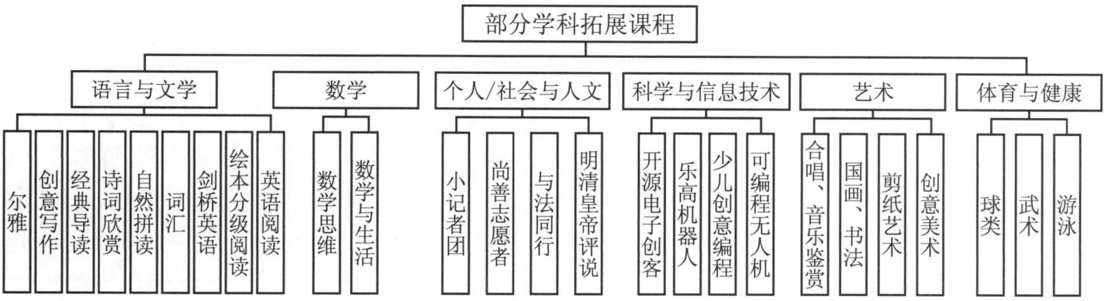

图 5　部分学科拓展课程

（二）学生成就

在 2021 年上半年，学校基于上述课程开发框架，成功开设了 65 门课程，为学生提供了丰富多彩的学习选择。下半年课程数量进一步增加，达到了 81 门，进一步丰富了学生的校园生活。在这些课程中，数学思维训练、小记者团（与嘉兴电视台合作）、AI 社团、非洲鼓、中国舞、啦啦操等十几种课程深受学生们的喜爱。这些课程不仅进展顺利，而且发展势头良好。

学生们在这些课程中获得了极大的成长，他们的努力和进步也为学校带来了诸多荣誉。例如，学生的创客作品荣获全国青少年科技创新大赛嘉兴市一等奖和浙江省二等奖。学校的机器人社团参加中国青少年机器人竞赛取得了嘉兴市第一名的优异成绩。2021 年，学校 AI 社团作为浙江省唯一代表队伍，受邀参加了首届长三角青少年人工智能奥林匹克挑战赛主赛道活动。这项活动以“培育具有人工智能思维、培育具备科学家潜质的青少年群体”为宗旨，以“创造、实践、快乐、分享”为理念，吸引了来自长三角地区三省一市共 9 个城市的千余所中小学校参与。学校 AI 社团的同学首次参赛，就勇敢地参加了难度最大的主赛道“无人驾驶—火星车挑战赛”和社团活动展示项目，并荣获主赛道二等奖与优秀社团展示奖。这些成绩充分展示了学校在人工智能教育领域的实力和学生的潜力。学校还积极参加航天科普活动，并获得了中国科协和中国宇航学会联合颁发的“2021 年全国航天科普活动优秀基地校”称号。在艺体、文学、朗诵等各类比赛中，学校也取得了丰硕的成果，2021 年共获得国家省市各类奖励 183 项，这些荣誉的获得充分证明了我校在培养学生综合素质方面的成就。

在特色课程建设的同时，学校还以国家级课题子课题为抓手，积极推进家校课程的建设，努力创设良好的家校关系。2020 年底，国家级社会科学基金教育学重大（重点）项目子课题“尚善父母书院队伍建设及课程开发研究”在学校落地。依托这一课题，学校课题组开发策划了“尚善有方”家校课程，通过 4 种方式具体实施：由“尚善有方”家校讲师团自主编写的家庭教育课程、优秀家长课堂、知名专家讲座以及家校亲子活动。一年来，共开展了 30 多次课程活动，这些活动不仅丰富了学生的课余生活，也加强了家庭与学校之间的联系和合作。家校共育课程得到了国家行政学院总课题组、全国“家校共育”数字化项目组与浙江省教育厅家庭教育指导中心的高度关注，这进一步证明了学校在家校合作方面的创新和努力。

五、总结

随着课程体系的逐步发展和完善，学校已经迎来了一个至关重要的发展阶段。在这个关键时期，结合学校课程发展的现状以及所面临的问题，学校课程中心积极牵头，组织了多次深入的研讨会议。通过这些研讨，学校明确了新阶段课程建设的发展方向，即三类引领课程：学科项目化课程、跨学科融合课程以及超学科课程。学科项目化课程旨在通过项目化的教学方式，让学生在实际操作中掌握知识，提高解决问题的能力。跨学科融合课程则打破传统学科界限，通过整合不同学科的知识，培养学生的综合思维能力和创新能力。超学科课程超越了传统学科的范畴，通过跨学科的整合，引导学生探索更为广阔的知识领域，培养他们的创新精神和实践能力。

学校课程的精准规划是一个持续的过程，而不仅仅是一个结果。随着时代的不断进步，家长的诉求在不断变化，课程教学的内涵和品质也需要不断提升。因此，如何更有效地利用信息技术和学习数据，将分析结果及时反馈给课程开发者、学习者和管理者，从而作出精准的课程规划，是学校需要不断学习和探索的重要课题。这不仅需要掌握先进的技术手段，还需要具备敏锐的洞察力和创新的思维，以确保课程规划能够紧跟时代的步伐，满足学生和家长的需求，提升教学品质。

UGS 合作共赢

构建英语教师专业发展共同体

自2014年起，上海师范大学外国语学院聚合高校教师、专家型名师、中小学优秀教师等资源，为上海市青浦区不同学段的英语教师提供基于需求的、高质量的教师专业发展的专项培训，取得了一定的成效。同时，在多年基础教育教师培训项目的实践中，发现了以下问题：

一、有关英语教师专业发展的各级培训研修虽然数量很多，但整体成效并不理想，缺乏面向教学的具有针对性的研修内容。

二、中小学一线教师专业发展内需力不足，缺乏合作提高、均衡发展的交流平台。

三、面对课程改革提出的新要求和教学实践中遇到的难点问题，一线教师缺乏理论与实践相结合的专业化引领。

四、高校教师缺乏与中小学一线教师沟通的途径，理论与实践在不同群体中难以协调发展。

提升英语教师的专业素养，要打破传统的、自上而下的培训模式，关注英语教师专业发展需求和教学实践中的难点问题，促进教师和学校的均衡高质量发展。2019年，上海师范大学外国语学院与上海市青浦区教育局正式签订《合作共建"长三角生态绿色一体化发展示范区"中学英语教师研修基地框架协议》，配合教育局加强初中英语教研的强校工程，与苏州市吴江区和嘉善县教育局推荐的11所学校联动，以高校、政府、中小学校合作项目(UGS项目)为抓手，探索跨地区开展教师培训的新机制，提高英语教师研修的实践性、针对性和有效性，在以专业发展为目标的教师学习方式和内容上有新的突破。在探索构建教师专业发展研修共同体的过程中，开展源于教学实践的真实问题探究与指导，通过教研团队建设，促进共同体内英语教师专业素养的整体提升，在分享和推广校本教研成果的过程中促进共同体学校的均衡发展。

UGS 背景下构建英语教师专业发展共同体

——长三角示范区中小学英语教师研修模式实践研究

吕晓红

（上海师范大学）

一、文献综述

目前，学界对于教师专业发展的认识已经发生了深刻的变化，基于彼得·森奇提出的系统思维①，即注重通过发现和分析相互关联事物间的关系从而探索事物变化发展的规律，有学者提出教育界的任何变革都是一个系统工程，涉及政府决策者、校长、教师和学生，其中任何一方的变化都将影响到系统内的其他方面。在这个系统中教师起到举足轻重的作用，教师需要不断被激励、扶持，通过不断反思教学实践，发现问题、解决问题，不断优化教学环节，逐步影响和促进学生的学习效果。教师专业发展不再被视为“自上而下”“由外而内”的灌输式、模式化的实践，学者们更倾向于将“基于教师需求”“以校为本”“立足教学实践”“合作”“反思”“学科知识、教学理念的不断更新”作为教师专业发展有效范式的特征。

同时，建构主义学习理论也不断丰富和论证教育工作者对教师专业发展的认识。斯帕克斯等人②认为教师的专业发展不仅仅停留在通过参与专家开展的培训课程，还要与同行、高校研究者一起讨论自身教学实践中存在的问题，在不断地交流、反思、对话、教研中发现问题、分析问题、解决问题，进而完成教学执行者和教学研究者的有机融合。

有效的教师专业发展项目通常具备以下特点：

(1) 学习共同体为教师的持续发展提供平台。

(2) 互联网技术为校际、区域的教研共同体构建提供便利。

(3) 为教师在不同阶段的不同专业发展需求提供支持。

(4) 教师培训者需要在观摩受训教师课堂教学的基础上进行有针对性的指导。

---

① Senge P. The Fifth Discipline: The Art and Discipline of the Learning Organization [M]. New York: Doubleday, 1990.

② Sparks D, Hirsh S. A New Vision for Staff Development [M]. National Staff Development Council: The Association for Supervision and Curriculum Development, 1997.

（5）教师专业发展共同体包含高校研究者或专业培训师。

（6）一线教师在专业引领下学会教学自评和教学反思。

另一个与本研究密切相关的理论是由温格等人[③]提出的实践共同体理论，在实践共同体（即同一行业、有着相同实践文化的人群）中的最近发展区是指个人解决问题的能力和集体实践活动解决问题能力之间的差距。实践共同体通常具备三个特征：(1)共同体成员通过相互协商为同一个目标和共同的事业而努力；(2)共同体成员之间相互依存、相互帮衬；(3)共同体成员对所从事的工作有基本的共识，能够熟练使用行业术语进行交流，熟知行业制度和工作原则。共同体的成员包括新手和行家，新手可以通过观察和模仿行家实现学习和成长，行家在成员之间的交流互动中也能不断进步，达到全员共同发展。

二、研究内容与方法

本研究采用质性研究方法，通过采集和分析项目执行过程中来自教研员、一线教师和高校教师的各类反馈信息，尤其是对中小学英语教学改革和一线教师专业能力提升的成效分析，提炼并形成英语教师专业发展实践共同体（图 1）建设的途径和方法。本项目的研究者也是参与者，即共同体成员之一，因此笔者在总结本项目对中小学英语教育影响的同时，也反思并提出项目对高校研究者的影响以及对高校师范生的培养的启示。

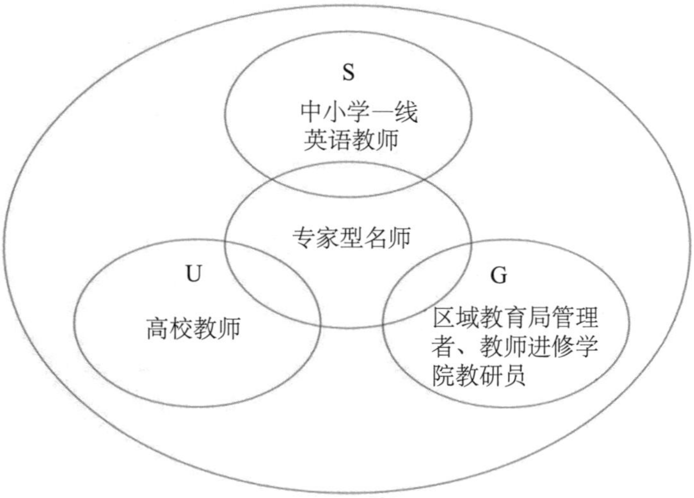

图 1　英语教师专业发展共同体系统构成

本项目研究对象为试点学校参与项目的英语老师、区域骨干教师，以及项目基地学校在新课改背景下开发的校本课程和主题教研项目。

③ Lave J，E Wenger. Situated Learning：Legitimate Peripheral Participation［M］. Cambridge：Cambridge University Press，1991.

三、项目实施

（一）准备阶段：聚焦问题和需求

2014—2017 年，上海师范大学外国语学院与上海市青浦区教师进修学院合作，为青浦区中小学各学段提供问题诊断、策略开发、课例研修、反思优化教学特点的培训课程。例如为帮助小学英语教师克服语音问题，激发小学生学习英语的兴趣，研究团队定制了“语音和戏剧教学”培训课程；为初中老师定制“英语教材分析和使用”培训课程，帮助教师从“教教材”转变为“用教材教”；为满足高中阶段聚焦核心素养、提升思维品格的教学要求，研究团队定制了“阅读与写作”培训课程。

为期两年的培训结束后，项目组对参训教师和教研员进行了问卷调查和访谈。数据显示，中学学员的满意度高于小学学员（表 1）。

表 1　学员对集中培训课程的满意度

学段	非常满意	比较满意	一般	愿意将培训课程推荐给其他教师
中学	24.14%	51.72%	20.69%	82.76%
小学	17.25%	44.68%	36.17%	63.83%

在总结反思前期教师培训课程的基础上，研究团队与三地（上海市青浦区、苏州吴江区、浙江嘉善县）11 所项目试点学校的 59 位骨干教师和教研员座谈，并开展调研，分析了各试点学校的特点和学情，以及不同教龄教师在专业发展上的不同需求，总结为以下几点：

1. 教龄 1～5 年的教师关注学生在学习中遇到的难点问题，主要关注语言知识（例如语法、词汇）的学习，对课标所要求的思维能力和学习策略学科素养的培养关注不多。这个阶段的教师比较愿意通过上公开课提升教学能力，迫切需要有效教学策略方面的指导。

2. 教龄在 6～10 年的教师对学科核心素养有所了解，但不够深刻，不清楚核心素养导向的教学改革到底改什么。在以学生为中心的教学观念和课程内容六要素如何在课堂教学中真正得到落实等关键问题上，迫切需要方法上的指导，同时对自身教学科研能力的提升有比较迫切的需求。

3. 教龄 20 年以上的教师，比较关注学生的学习成绩，以分数作为衡量学生是否成功的唯一标准，对素养导向的育人理念和实践考虑不多。部分教师表现出对更新教学理论知识、提高自身语言能力的需求。

4. 所有教师都非常重视单元教学设计和“教学评”一体化设计的原理和教学实践。

（二）项目实施的内容和途径

1. 明确本项目的总体目标

（1）帮助一线教师深刻理解课程标准的核心内容，掌握在英语课堂教学中落实学科核心素养的有效途径。

(2) 帮助一线教师提升基于课堂教学的教学研究能力。

(3) 推动教研团队建设,为共同体内的教师多元专业发展需求搭建平台,促进交流和可持续发展,达到共同进步。

2. 丰富教研模式

为达成以上目标,突破以前短期培训的单一模式,本研究采用菜单式、多元互动、协作共赢、点面结合的教研模式。具体实践板块分为以下三种:区域主题教研;名师专题讲堂和工作坊(线上线下混合模式);校本课例研讨和课例孵化(表2)。

本项目在实施过程中突出教研员的参与度,高校研究者和教研员在共同协商基础上确定教研主题,教研员协调组织区域公开课教研并参与指导校本主题式教研课题。充分利用跨区英语学科名师资源,优先组建专家团队,以工作坊和专题讲座的形式,点面结合助力一线教师教研能力的整体提升。

表2　项目实践板块与项目目标之间的对应关系表

实践板块	对应的项目目标
区域主题教研	帮助一线教师深刻理解课程标准的核心内容,掌握在英语课堂教学中落实课程标准中的核心素养的有效途径
名师专题讲堂和工作坊	帮助一线教师提升基于课堂教学的教学研究能力
校本课例研讨和课题孵化	推动教研团队建设,促进交流和可持续发展,达到共同进步

"区域主题教研"板块:在每次主题教研活动之前,高校研究者和教研员一起与公开课授课教师团队进行磨课,帮助一线教师提升文本解读能力和落实核心素养的教学设计能力。一线教师在磨课的过程中,加深了对相关教学理论的理解,表现在说课能力有了明显提高,对教学设计意图的说明更加到位。每次教研活动结束后教师在观摩公开课的基础上进行充分研讨,发挥教研组和区教研种子团队的作用,反思优点和不足后对公开课进行二次加工,帮助一线教师在实践中提高专业素养。公开课不断完善的过程不仅提高了授课教师以及所在团队的教学能力,同时给相关学校提供了校本研讨的素材,并在此基础上孵化校本课程建设或教学研究项目(表3)。

表3　区域主题教研总体情况表

<table>
<tr><th>主题</th><th>主要活动</th><th>参与教师</th></tr>
<tr><td>育人为本的英语课堂教学设计</td><td rowspan="5">1. 基地学校老师展示公开课
2. 授课教师说课
3. 观课教师代表交流课后反思和体会
4. 专家(教研员、高校研究者)点评
5. 专题讲座(高校研究者、基础教育名师)
6. 参加教研教师依据各自学情对相同内容的课例进行二次加工</td><td rowspan="5">11所项目试点学校和区域内初中英语骨干教师和教师代表</td></tr>
<tr><td>多元互动——引领学生从课堂走向世界</td></tr>
<tr><td>合作学习在初中英语教学中运用</td></tr>
<tr><td>教材留白和读后续写</td></tr>
<tr><td>基于核心素养的初中英语单元设计</td></tr>
</table>

"名师专题讲堂和工作坊"板块：从一线教师需要解决的重难点问题出发，整合专家团队的意见，策划具有针对性的系列主题讲座，帮助一线骨干教师丰富教学理论知识，提高在课堂教学中发现问题、分析问题并解决问题的能力，以及教学研究论文和优秀课例的写作能力（表4）。由11位导师负责50位教师的专题研究，从选题到研究方法，研究团队手把手指导一线教师如何提炼教学实践经验，形成可以推广的优秀课例。对于如何在教学实践中解决普遍存在的教学难点问题，专家不仅为教师的论文或课例提供建设性的修改意见，而且答疑解惑、提供理论支持和具体实施方法。

表4　名师专题讲堂和工作坊总体情况表

主题	主要形式	参与教师
1. 行动研究的选题和设计	1. 线上专题讲座和线下工作坊研讨相结合，工作坊主持人由高校研究者和基础教育名师担任 2. 专题讲座每两周一次，工作坊研讨每月一次 3. 工作坊研讨主要针对教师的行动研究课题以及论文写作的指导	参加线上专题讲座的有来自长三角示范区的400多位初中英语教师；参加线下工作坊研讨的主要是11所项目试点学校和区域内初中英语骨干教师，共50人
2. 如何做文献综述		
3. 如何收集研究数据和分析数据		
4. 二语习得理论在外语教学中的运用		
5. 学习活动观在初中英语听说教学中的实践		
6. 语篇分析与教学设计		
7."阅读圈"在初中英语阅读教学中的运用		
8. 基于核心素养的语音教学课例		
9. 主题语境下的语法教学		
10. 改进阅读理解问题设计，培养初中学生思维能力		
11. 作业设计和试卷评价		

"校本课例研讨和课题孵化"板块：以青浦区清河湾中学、吴江汾湖高新技术产业开发区实验初级中学、嘉善县泗洲中学为主要研修基地，围绕单元整体教学设计，在主题意义引领下进行同课异构和教学资源整合，融合当地文化资源开发和实践三个校本课题。

四、研究成效

（一）推动共同体内英语教师的整体专业素养的提升

本研究项目强调实践性、探索性和过程性，基于课标以及区域学科教学改革的新要求，明确教研主题，解决教学中的关键问题，在研究课堂教学的基础上，形成可推广的实践经验。项目实施期间三地677名各学段英语教师参与各类研修，涌现出84名优秀教师（其中学科带头人19人，示范教师42人，教学能手23人），市级名优课55节，有10名优秀骨干教师参与46节空中课堂示范课的录制，市级课堂评比中有30位教师获个人奖项。

基于教师需求的调研，提供菜单式教研活动，为共同体成员搭建不同发展平台并提供不同程度和形式的指导，旨在促进全员共同发展。青浦区对247位接受过培训的英语教师进行的跟踪调研数据显示：自参加培训至今，教师在区、市各级课堂教学评比、教学设计以及教案或课例评选活动中获奖有46人，占受访人数的18.62%；校本教研建设和主题课题孵化取得了成效：共同体学校获三个团体奖；完成10个市级课题和30多个区级课题的验收；主持和承办20多次市级教研活动。

项目的实施解决了教研机制中的关键问题，在教研目标、内容、途径等方面有所突破，在实践过程中不断完善，及时总结经验，点面结合，滚动推进，为之后的机制创新、提高长三角示范区初中英语学科师资的整体水平，以及三地教育的深度联结积累了经验。

（二）有效提升教师的教研能力

对上海市青浦区参加培训教师的跟踪调研显示，参加培训的教师中，以项目负责人或主要成员身份参加区级或区级以上教科研项目并结题的有48人，占总人数的19.43%，其中，研究成果获区级及以上的教科研成果奖项的有6人。两位教师完成了有关农村英语课堂教学的研究课题，其中一位教师在2020年荣获区级农村青年骨干教师教学设计一等奖。一位教师在培训后成功申报并完成了区级戏剧教学课题，并荣获全国中小学创新课题教学三等奖。一位教师完成区级单元整体设计课题，并成为青浦区示范教师。一位教师连续三年从事高中英语写作教学研究，并完成区级课题，同时荣获上海市中青年教师教学评优三等奖。

对苏州市吴江区8位参加培训教师的跟踪调研显示：2020—2021年上半年，有5人参加区级公开课教学，其中3人获区级解题竞赛、命题能力大赛奖项；有2人获得农村九年一贯制学校教学构建的省级立项课题，并在专业期刊发表研究论文。

对嘉善县16位参加培训教师的跟踪调研显示：2020—2021年上半年，有4人参加了区级及以上公开课教学，其中1人获市级优质课二等奖；有1人获省级立项课题，研究成果在市级刊物发表。

以上成果展示了三地英语教师在教学实践中的收获和进步，证明UGS研修共同体模式下的实践是一项机制创新、成效显著的教师培训工作范例。

（三）项目成果获得多方好评

项目成果得到第三方评估机构的充分肯定，青浦区教育局于2021年6月组织专家对本项目进行验收论证，评估结果为优秀。评估专家认为本项目的有效实施实现了长三角跨区域教育行政部门、师范高校的联动合作，为英语学科教师课堂教学改革、教学科研创新等多方面提供了实质性的指导，助推了区域英语教学的高质量均衡发展。项目成果也得到了海外英语教育专家的高度肯定，认为此项目成果对高校师范生培养，以及英语教师教育专业发展领域的相关理论和实践研究都具有重要意义。项目产生了广泛的社会影响，被多家主流媒体重点介绍，并被青浦区教育局列为长三角示范区教育合作重点推介项目。

UGS 合作构建的教研修一体化教师发展共同体为一线教师搭建了资源共享、相互激励、共同成长的平台，使其在与同伴的教研实践中分享经验，在专家导师的专业引领下转变教学理念，提升课堂教学能力、改进教研方法。项目的有效实施为提高长三角地区英语学科教师的整体水平作出了贡献。

五、研究总结

本项目突破了以往单一的培训模式，发挥了师范类高校在教师教育方面的专业优势，成功探索了高校主动对接基础教育阶段学校，整合优质教育资源，与教育主管部门和学校合作共建 UGS 研修共同体的途径。本项目的研究成果主要体现在以下三个方面。

（一）共同体内成员完成从理念到实践的转变

中小学一线教师有丰富的基础教育学科教学实践经验，但对实践的理论化有一定困难，即“对某些教学设计的原理不一定能清晰阐述”。高校研究者居高临下的集中式培训容易脱离一线教师的教学实践，因此突破单一化教师培训的有效途径需要下沉到中小学一线教研中，帮助一线教师分析教学中的疑惑，为教师提供解决问题的方法和理论依据，更重要的是在探讨解决教学问题的过程中培养教师自主研究能力，真正做到“授之以渔”。自主研究能力有助于一线教师在面对教学实践中的不同问题时，能根据学情和具体教学要求，适时调整教学策略，为其专业能力的可持续发展提供保障。

在共同体构建过程中，中小学教师和高校教师之间摆脱了集中培训课上“被教”与“教”的关系，通过主题讲座、课例剖析聚焦课堂教学，高校教师帮助一线教师对优质课堂教学设计背后的教学原理进行分析阐述和精准提炼。中小学教师的实践智慧得到赞赏和肯定，有利于中小学教师和高校教师之间建立相互信任、相互支持、相互尊重的关系。同时也有利于参加教研的教师通过交流反思自己教学工作中可提升的部分，为后续的教学设计修订做好铺垫，将学习交流的成果迁移应用到自身的教学实践中，完成从理念到实践的转变。

（二）教师专业发展离不开多方的支持和鼓励

参与本项目的学校有一个共同的特点，即校级领导中都有从事过英语学科教学的教师，有利于学校与教研员的密切沟通。整个教研团队在校领导的全力支持下，获得了很多研讨课的机会，并取得了良好的团队建设成效，教师的教科研能力得到显著提升。校本教研团队的形成为学校可持续教学整体发展提供动力和组织保障，不断开拓新的主题教研课题。

（三）UGS 教师专业发展共同体建设是创新教师培养的有效途径

UGS 项目有助于高校发挥在教师培养方面的独特优势以及在区域教育发展上的重要作用，突破了师范教育与教师后续发展的培养壁垒，有利于师范教育的自我审视并不断优化高校专业培养和课程设置，创新教师培养模式，探索教师培养和基础教育合作共赢的新机制。同时也为高校教师深入全面了解基础教育现状和一线教师的专业发展需求提供了有效途径，一方面提升了高校将理论实践化的能力，另一方面也增进了与教研员和中小学教学名师之间的信任与尊重，为了相同目标合作对话，相互支持。

UGS 项目促进了高校师范生培养新模式的探索和实践。UGS 项目带动了高校教学实践类项目的实质性推进和创新研究，在高校教育专业教师的指导下，参与教研项目的师范生完成了基于项目试点学校学情的校本课外拓展课的开发和实施。例如，以弘扬和传播中华优秀传统文化为特色的“中国故事，世界表达”英语项目化学习夏令营取得了很好的效果，得到了学员、家长和基地学校助教的一致好评。UGS 项目为高校师范生全方位提升学科教学知识提供了实践平台，参与项目的师范生不仅锻炼了在课堂中所学的知识和教学技能，更重要的是形成了在具体教学情境下的实践能力。UGS 项目是高校培养卓越中小学老师的有效且重要的途径之一。

六、研究启示

本项目聚焦英语教师“教、学、研”的综合能力提升和高质量课堂的打造，确保培训的针对性和实效性。为了提高研修实效，项目实施过程中做到了培训方式多样化、受训群体多层化以及导师结构的多元化。项目过程管理规范有序，通过质量监控和收集参与教师的反馈，在过程中不断调整优化研修内容和形式。

教师专业发展共同体的常态化建设至关重要，新机制的建立需要在实践中不断探索构建，在反思中不断完善。教学研究是教师成长的有效载体和手段，更是教师自我发展和自我实现的有效途径。在今后的研究实践过程中我们仍然会以一线教师的实际需求为出发点，进一步搭建更广泛的交流合作平台，进一步深化高校与基础教育主管部门合作共建，充分激励一线教师进行教学研究和探索的积极性。同时进一步发挥师范类高校在教师教育方面的专业优势，提供精准的专业引领，真正实现实践与理论相结合、教学与教研相互促进的专业发展途径，在未来教师的培养方面构建三方共赢的发展共同体。

UGS合作项目孵化校本主题式教研

——单元视角下的听说教学实践研究

王霞

（上海市教育学会青浦清河湾中学）

一、研究背景

上海市教委教研室从2015年起，组织开展学科单元整体教学设计研究。教材中的单元分布向上承接课程目标，向下统领单元内的课时目标、内容、活动、作业、评价、资源等。开展单元整体教学设计的研究，就是把单元视为一个系统，通过分析整体的结构和功能，研究系统要素之间的相互关系和规律，以实现“整体大于部分之和”。2018年出版的《初中英语单元教学设计指南》指出：每个单元听、说部分的教学内容总是与某特定的功能有关联，并且与本单元新授的语言点有关。对于具备这一特点的听说内容，更适合将其整合到一个课时开展听说教学。2021年上海市开始推行英语中考改革——在中考中增加人机对话，对学生的听说能力进行考核，因此，学生听说能力的提高势在必行，听说教学改革迫在眉睫。

从我校前期的课堂教学观摩中，针对听说教学发现以下三个薄弱环节：一是听说课设计缺乏单元整体规划，课时目标与单元目标不统一，与单元其他课时缺少连贯性；二是教师比较关注词汇、语法、句型等语言知识的教学和操练，对学生的听说能力培养关注不够；三是学生在听说活动中获取信息和逻辑表达的能力较弱。

本项目以校本听说教学中的问题为导向，以单元视角下的教材分析和整合为突破口，依托上海师范大学UGS合作项目中高校专家的指导，英语教研组开展了以“单元视角下的听说教学实践”为主题的校本教研项目，旨在通过提高教师素养、优化教学设计、深化实践探索，最终提升学生的听说能力。

二、研究内容

探索如何借助高校专家资源，更新教学理念，开展新课标背景下基于教学实践的主题式校本教研及课题研究的方法和途径。

探索并实践基于单元整体教学设计框架的听说教学实践。以牛津教材模块中的单元为单位，在主题大观念的引领下，从语言能力、思维品质、学习策略和文化意识四个目标维度对单元教学内容重新整合，克服听说教学内容碎片化、过程应试化、评价单一化的教学问题，完成有效听说教学的教学设计和实践。

完善教学评一体化设计，探索并实践听说教学多元化评价方案，完成对学生听说能力的科学监控和测评。

加强教研团队协作，推进个人、备课组、教研组分层联动的教研机制，提升校本教研实效。

三、研究方法

方法一：采用聚焦“单元听说教学的设计和实施”以及“单元听说教学的方法与策略”的行动研究方法。实践过程中，通过听说课教学实践和主题研讨，寻找日常教学中学生在听说能力方面的薄弱环节以及听说教学中的短板，以课堂教学中的问题为驱动，研讨并设计听说教学的有效策略和途径，通过实践再反思和完善。

方法二：课例分析法，根据教研主题开发校本课堂观察量表，参加教研的教师既是课堂的观察者也是教学数据的收集者，观课教师从学生学习、教师教学、课堂活动等多维度真实记录实际教学情况，教学过程的可视化呈现帮助教师作出明确分析、得出诊断结论，也为后续研究提供科学依据。

四、实施过程

（一）问题导向、整体规划

在诊断性测评和学生访谈中发现，我校学生在英语听说方面主要有以下困难：没有及时听懂、不会组织语言、语音语调不准、害怕说错。其中最突出的问题是不会组织语言，具体是指语言表达缺乏相关性和逻辑性。同时听说教学的观摩中发现，教师的教学设计大多以课时为单位，缺乏单元整体的结构性，没有很好地帮助学生建立单元主题和某课时话题的联系，缺少对知识内容连续性的思考以及语言技能的递进训练。

2021 年，结合市教委、区教研室单元教学教研活动的目标要求，我校英语教研组制订了以“单元视角下的听说教学创新实践”为主题的校本教研方案（图 1），旨在通过理论学习、实

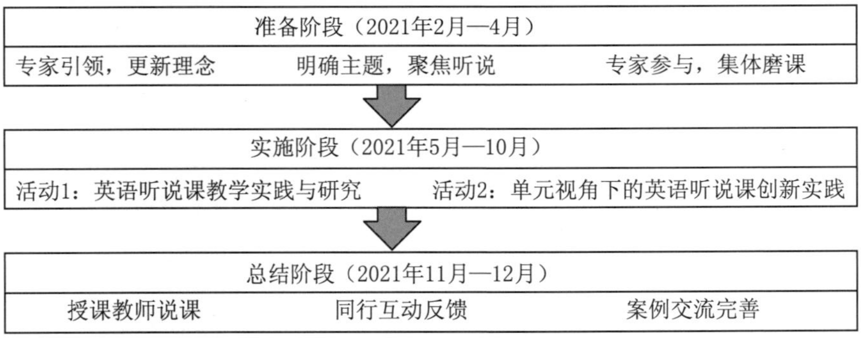

图 1 “单元视角下的听说教学创新实践”校本教研方案时间规划

践反思、课例研究等途径探索英语听说教学的新思路和新实践。

（二）教研实施

2021年5月12日，教研组将牛津教材“7BU7 Listening and speaking: Ideas about the future of our school”作为实践研究课进行了第一次公开教研活动。教研组内开展了集体备课，在分析文本内容、文本主旨、文本语言及语篇特点以及学情的基础上，确立了本课的教学目标。

在教学活动设计中，结合听说教学策略，设计了以“What top 3 changes would students like to see in our school?”为主题的调查报告任务，课前请学生分享各自的调查结果，引出本课主题。看图预测、听力选择、因果配对等活动的设计帮助学生循序渐进地实现表达个人观点以及输出合理评价的目标。在教学实施过程中，授课教师围绕听说主题，突出重难点，较好地完成了既定目标。

观课教师在肯定教学效果的同时也提出了问题，如学生在课前分享调查结果的语言组织是否需要提前铺垫？因果配对活动是否可以改为由学生根据建议分析原因？这样不仅可以促进学生的逻辑思维发展，还可以为之后的Writing部分积累素材。通过对课例的研讨和反思，教师们认识到听说教学不能局限于单个课时，而要重视单元的整体性和连贯性。

由此，我们将下一阶段的研究重点确定为单元视角下的听说教学创新实践。通过聆听项目组专家吕晓红老师的“指向核心素养的单元整体教学设计”和许孝宽老师的“初中英语听说教学的方法与策略”的专题讲座，在专家的推荐和导读下完成了《英语听说教学论》《单元教学设计指南》等文献的研读，并在教研组内交流学习心得与困惑，提高对单元整体教学设计框架下听说教学设计的认识。

2021年10月14日，教研组开展了第二次公开教研活动，教学内容为“8AU3 Listening and speaking: Troubles!”在集体备课环节，教师们先对本单元进行了整体规划，在单元教学内容分析的基础上制订出单元教学目标和课时规划（表1）。其中Listening的目标为运用note-taking的微技能获取人物外貌信息，Speaking的目标为完整地、有逻辑性地描绘人物外貌。听和说的教学内容都与外貌描述有关，并且也都与本单元新授的语言点有关，因此非常适合将其整合到一个课时开展听说教学。

表1　单元目标和对应课时安排

<table>
<tr><td>年级</td><td>八年级</td><td>教材</td><td>牛津英语上海版8AU3</td></tr>
<tr><td>单元名称</td><td colspan="3">Trouble!</td></tr>
<tr><td colspan="3">单元教学目标</td><td>评价方式</td></tr>
<tr><td colspan="3">1. 了解核心词汇和词组的意思，并能正确地运用核心词汇
2. 通过阅读，了解文本大意和段落主旨，获取关键的信息
3. 通过听力，培养学生note-taking的微技能
4. 通过口语表达，更加全面地、有逻辑性地描绘人物外貌
5. 通过图片、关键词等线索，以日记的形式记录生活中的一件事
6. 正确理解一般过去时的含义以及规则动词的一般过去式的正确读音，并正确使用
7. 通过本单元的学习，了解处理问题的更优策略以及警察生活的不同面</td><td>过程评价
课堂反馈
书面评价</td></tr>
</table>

（续　表）

课时规划			单元课时数：6
课时	教学内容	课型	对应单元目标
1	Reading：Dealing with Trouble	阅读	1,2,7
2	Grammar	语法	6
3	Listening and Speaking	听说	3,4,6
4	Writing	写作	5,6
5	More Practice	阅读	2,7
6	Revision	复习	1,2,3,4,5,6,7

课堂观察主要聚焦任务的实施与目标的达成，为了给之后的教学研讨和反思提供依据，英语教研组骨干教师从四个维度（教学目标的达成、教学活动设计、教师提问及反馈方式、学生参与度）设计了四份观察量表。教师们分工协作，就自己的观察点对课堂教学和师生表现进行了量化的记录，并以课堂记录为依据，发现问题，共同探讨解决问题的对策。大家在分享各自教学经验的过程中共同探讨了单元视角下的听说课堂教学中常见问题的解决思路，并针对完善本节课的教学设计提出了建议（表2～表5）。

表2　课堂观察量表（教学目标的达成）

观察者：＊＊＊

时间	2021. 10. 14	执教者	＊＊＊
课题	8AU3 Trouble!		
教学目标1	所对应的教学环节		
	Pre：1,2 while：1		
目标达成度	√达成　□基本达成　□未达成		
依据举例	在pre环节对于外貌的描述进行了深入且扎实的输入		
教学目标2	所对应的教学环节		
	Pre：2，While：4，post：3		
目标达成度	√达成　□基本达成　□未达成		
依据举例	通过听录音、记笔记、填表格，完成找出小偷这个任务，学生能够按照从头到脚的顺序描述人物外貌		
教学目标3	所对应的教学环节		
	While：4,6		
目标达成度	□达成　√基本达成　□未达成		
依据举例	在根据笔记描述两个小偷的外貌活动中，学生操练了一般过去时的表达		

表 3　课堂观察量表(教学活动设计)

观察者：***

时间	2021.10.14	执教者	***
课题	8AU3 Trouble!		
教学活动	用时	培养的学生核心素养(①语言能力；②思维品质；③文化意识；④学习能力)	与学生学情的匹配度(①学生可以主动回答且回答正确；②学生在教师的引导下，回答正确；③学生无法回答)
1	2 分 23 秒	①	① 6　② 0　③ 0
2	1 分 3 秒	①②	① 0　② 1　③ 0
3	2 分 30 秒完成练习 2 分 10 秒单词教学	①②	① 5　② 0　③ 0
4	3 分钟	①	① 4　② 0　③ 0
5	2 分 21 秒	①	① 1　② 0　③ 0
6	4 分 21 秒	②	① 0　② 0　③ 0
7	3 分 17 秒	①②	① 3　② 0　③ 0
8	互动：12 分 09 秒 展示：3 分 40 秒	①②④	① 2　② 0　③ 0
9	10 分钟作业布置		
本节课 *** 老师在时间分配上相对合理，但我们认为语言点的内容较多，损失了一些时间，可以把更多的时间留给学生进行听说训练。*** 老师在提问时非常注意培养学生的高阶思维，用 Paul 爸爸的照片作为铺垫，跟学生之前所学有联系，体现了思维的阶梯性，符合单元视角下的课堂设计。在 post 环节用四个问题作为支架，更具有逻辑性。			

表 4　课堂观察量表(教师提问及反馈方式)

观察者：***

时间		2021.10.14	执教者	***
课题		8AU3 Trouble!		
观察内容		次数	举例	
教师提问类型	一般疑问句	3	Did the police catch the thief?	
	选择疑问句	5	Was he thin or fat?	
	特殊疑问句	10	What did he wear?	
教师提问指向层次	学生认知	5	What does he/she look like?	
	学生理解	6	What are the correct questions to ask about a person's appearance?	
	综合应用		How to describe a person's appearance logically?	

（续　表）

观察内容		次数	举例
教师反馈方式	无反馈		
	直接表扬或指出错误	9	excellent/good/对于一般过去时的纠正
	重复学生表达	3	pre 环节
	以问题的形式启发	5	What can you learn from the person? How to improve it?
	其他学生互评	3	Did you find some mistakes?

表 5　课堂观察量表(学生参与度)

观察者：***

时间	2021. 10. 14	执教者	***
课题	8AU3 Trouble!		
观察内容		参与学生人数	
学生参与层次	重复或复述单词或句子	全班：14 次	
	判断是否	全班：7 次	
	认知记忆性回答	3 人	
	推理性回答	全班：2 次	
	创造评价性回答	5 人	
学生参与形式	独立表达	43 次	
	两人互动	8 人	
	小组讨论	1 次	
学生参与态度	主动(举手)参与	31 人	
	被动发言参与	1 人	
	聆听	全班	
	不参与	2 人	

教研环节包含授课教师说课以及同行互动反馈，主要是基于观察量表对研究课的教学效果进行评价和反馈。在此过程中，授课教师和观课教师从不同角度探讨单元视角下的听说课教学设计与实践，并探索有效的听说课教学策略。对于如何提高学生的逻辑性表达这个问题，教师们从“问题链”设计和板书设计上找到了突破点。通过设计主线一致、层次递进的系列性问题，有意识地培养、提高学生的逻辑思维能力。板书设计要突出重点内容和框架结构，体现思维的可视化，帮助学生加深语言的结构意识，促进学生的逻辑表达，同时达到记录学生课堂生成的功能。

五、项目成效

（一）专家引领，梳理校本特色的初中各年级听说教学要求

在专家带领下，英语教师对英语课程标准中的教学理念和学段目标进行了深入学习。各年级备课组明确了初中各年级英语听说教学的目标，并结合本校学生实际确定了六～九年级的听说教学侧重点（表 6）。

表 6　初中各年级听说教学重点目标

年级	听说教学重点目标
六年级	获取语篇关键细节；归纳、推断语篇的主旨要义；简要转述语篇的主要内容和观点且具备逻辑性
七年级	使用正确的语音、语调朗读学过的对话和短文；在口头表达中做到语音基本正确、语调自然、流畅
八年级	识别语篇的主题、大意和要点；能完整、连贯地朗读短文，简单复述短文大意
九年级	获取和梳理语篇中事件的主题和因果关系，预测故事情节的发展和可能的结局；能围绕相关主题表达个人的观点和态度，并说明理由

（二）创新教研模式，提升教师单元教学设计能力

立足单元视角，备课组教师共同开展了单元教学内容的分析、单元教学目标的制订和课时的规划。在此基础上，教师分工完成各课时的教学设计。通过该模式，教师的单元教学设计能力有了整体提高。组内教师自项目开始至今共完成公开课 12 节（其中区级 6 节，校级 6 节），课例分析和教研论文共 7 篇。桂一馨老师在《初中英语单元视角下的情境链设置——以英语（牛津上海版）6A Unit9 Picnics are fun 为例》中对听说教学语言运用的适切性做了如下反思：听说教学中的语言要求应根据单元的教学目标制订，各课时的要求和难度不同，随着情境的深入，对语言运用的掌握程度逐步提升。教学设计也应有层次地递进，确保有足够的输入和内化过程，这样才能实现学生思维能力的提升。教研员对桂老师的示范课的评价是："导入新颖，情境真实，以说导听，以听助说，交际导向，听说同题。"

（三）"教学评"一体化设计助力学生听说能力提升

以学生核心素养发展为出发点，在设定多元教学目标的基础上，运用逆向设计原理，设计检测教学目标达成度的评价方法和帮助学生达成目标的学习活动。学生在不断体验英语学习进步和成功的同时，提高了英语学习的兴趣和自信。注重过程性评价，有利于学生核心素养的全面提升。项目末期，教研组对八年级共计 173 人进行了有关听说课问卷调查和测试，相关数据如下（图 2～图 4）。

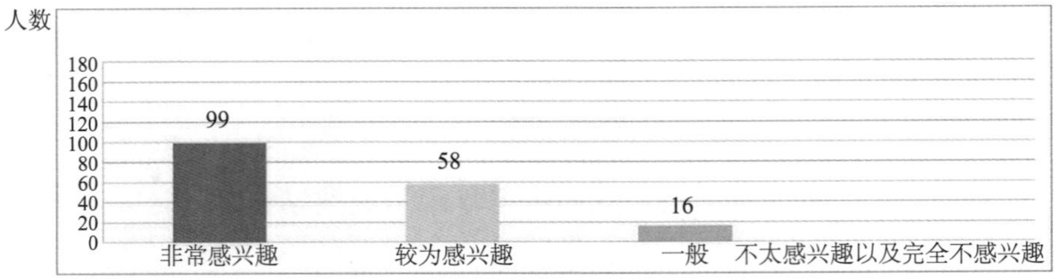

图 2　学生对英语听说课的态度

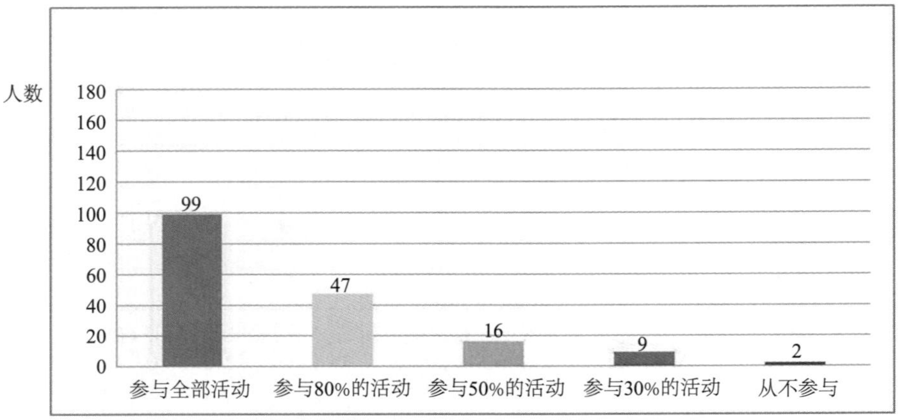

图 3　学生对参与课堂活动的评估

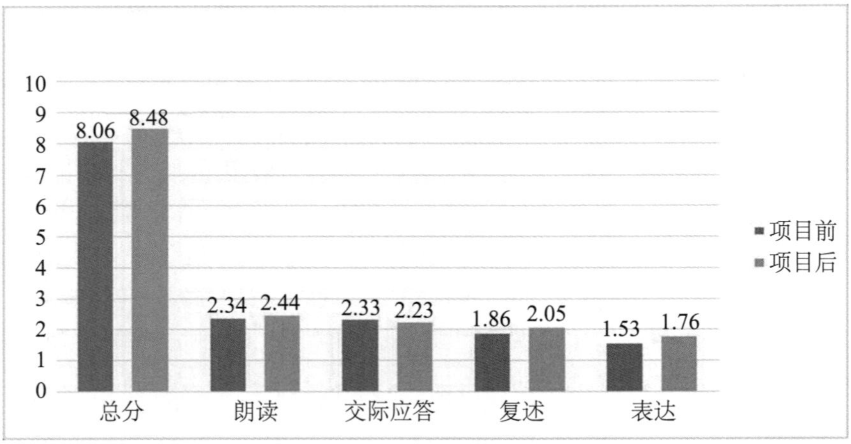

图 4　受测学生群体听说前后测各大题得分和总分对比

通过数据分析可知，学生对听说课的兴趣和信心有了显著的提高，回答问题和参与活动的能力也得到了改善，听说测试成绩相比项目实施前也有所提高。

六、研究发现和总结

（一）基于课标的单元整体教学设计有助于听说教学目标确定和活动设计

听说教学在单元教学中扮演着至关重要的角色，既是知识输入与输出之间的关键纽带，也是确保学生能够有效理解和表达的重要桥梁。通过对单元内容进行全面的分析和系统性的规划，教师能够清晰地把握单元中各个主题引领下的不同内容和板块之间的内在联系。在一次教研反思中，某位教师分享了自己的经验："通过单元整体教学设计，我成功地解决了在听说教学过程中学生常常无话可说的难题。我根据单元目标，对单元内容进行了细致的梳理和整合，充分发挥了各个板块的独特作用。例如，我利用延续阅读部分的内容来引出听说的话题，或者在听说教学环节中有意识地为之后的话题写作环节做好铺垫。"

通过对比 2021 年 5 月 12 日和 2021 年 10 月 14 日的两次听说教学教研实践，我们可以发现显著的差异。在前一次的教学设计中，教师侧重于单课时的目标设定和内容提取，而忽视了单元整体意识和课时之间的关联与互补。这种做法往往导致教学内容的孤立和碎片化，难以形成有效的知识体系。相比之下，在后一次的教学实践中，教师立足于单元整体，全面考虑了教学目标、教学内容、教学方法和教学评价。这种做法有利于实现主题引领下的课程内容六要素融合教学，即在整合教材内容的同时，设计了一系列围绕同一主题认知阶梯式上升的教学活动。这样的教学设计不仅有利于学生听说综合运用能力的发展，而且促进了学生对特定主题的深度学习，使他们能够在更深层次上理解和掌握知识。

（二）课堂观察量表有助于发现英语听说教学的具体问题并进行客观评价

在本次校本教研活动中，我们采用了多维度的课堂观察量表，将课堂观察的数据可视化呈现。这样的做法不仅有助于授课教师从多个角度全面地了解自己在课堂教学中的优势和存在的不足之处，而且还能有效地检测和评估多元教学目标的达成情况。评课的针对性显著提升，教研活动的有效性也得到了增强。

例如，在对教学目标这一维度的观察量表进行深入分析后，某位参与评课的老师在讨论中这样评价："授课老师在本次课程中所设计的问题非常注重培养学生的高阶思维能力。他巧妙地将前一课时所学的内容与新课内容紧密联系起来，使得学生能够逐步构建起知识的阶梯，从而体现出思维的递进性和层次性。这种做法不仅符合单元教学的整体性和系统性，而且也充分展现了教学内容之间的内在关联性。"

（三）问题导向的主题教研有利于教师分享经验，共同进步

校本教研的主要目的是解决实际教学过程中遇到的各种问题，本项目特别关注教师在日常教学活动中所面临的重点和难点问题。我们将教学过程中普遍存在的共性问题提炼出来，转化为教研活动的主要方向，从而形成以问题为导向的主题教研活动。通过在磨课过程中的同课异构，即同一节课由不同的教师以不同的方式进行教学设计和实施，教师们能够针

对听说教学中的共性问题提出各种不同的解决方案。在之后的教学实践中，教师们可以相互借鉴这些解决方案，并在实际应用中不断进行完善和优化，从而进一步提升教师的教学水平和专业素养。主题式教研活动专注于某个关键问题，有利于参与教研的教师们共同研讨出具有较强操作性的解决方案，从而更有效地解决实际教学中的问题，提高教学质量。

（四）主题研修有助于构建教师学习共同体，促进教研水平整体提升

对于任何一所学校来说，学生的发展始终是其最根本的目标，而教师的成长和发展则是实现这一目标的关键因素。校本教研活动的开展，就是为了进一步推动和促进教师的专业成长。在这一过程中，我校充分利用与上海师范大学 UGS 合作项目所带来的丰富资源和高水平的专家团队的支持，通过举办专题讲座、进行课堂诊断以及实施结对指导等多种形式，为校本主题研修项目提供了全面而专业的支持和引领。这些举措不仅极大地丰富了教师的专业知识和教学技能，还为教师们搭建了一个更加广阔的学习和交流平台。

通过本次校本教研项目的深入实施，项目参与各方人员之间的相互了解和沟通得到了显著加强，大家在共同的教育实践中达成了共识，并初步构建起了一种“学习—实践—研究—改进”的高效研修模式。这种模式不仅具有很强的可持续发展性，还具备了广泛的可推广性。它将为未来以新课程改革理念为指导，以单元教学为核心框架，以全面提升英语教学质量为主题的校本教研活动提供了一个可借鉴和参考的成功案例。通过这样的模式，教师们能够不断优化自己的教学方法，提高教学效果，最终实现学生和教师的共同成长。

单元视角下的初中英语作业设计实践研究

周亚娟

（上海市教育学会青浦清河湾中学）

一、研究背景

《义务教育英语课程标准（2022 版）》提出："教师应根据不同学段学生的认知特点和学习需求，基于单元教学目标，兼顾个体差异，整体设计单元作业和课时作业，把握好作业的内容、难度和数量，使学生形成积极的情感体验，提升自我效能感。""双减"背景下，优化作业设计是减轻学生过重作业负担，切实发挥作业"激发兴趣、激活思维、提升素质、关注差异、创新实践"育人功能的重要手段。

目前对作业设计的研究比较多，朱军[①]提到作业设计要遵循差异性、启迪性、趣味性和互动性四个原则，从而保证作业设计的科学性、合理性。马琳[②]强调教师要在作业设计上投入精力和智慧，探索综合实践类作业的设计，促进不同层次的学生在情境中巩固、运用学习内容，在实践中感悟和驾驭语言，在动手动脑中提高发散思维能力、想象力和创新能力等综合素养。然而，结合校情、学情、教材特点方面的作业设计研究比较少，因此，本项目立足牛津版初中英语教材，在单元视角下，以作业设计的框架、原则、路径、类型为抓手，对作业设计开展有针对性的研究。

我校历来重视学科单元作业的设计，在课堂导学和作业设计以及校本题库建设上投入了大量精力，也取得了一定的成果。尽管如此，就目前初中英语作业设计的现状来看，存在以下几个突出问题。

一是对作业功能定位存在认知偏差。受传统作业观念和长期应试教育的影响，大部分英语教师依然习惯于把作业的功能定位于"知识巩固"和"技能强化"，因此"倾心"于"题海战术"，认为学生做得越多，对知识的掌握就越牢固，成绩也会提高得越快。

---

① 朱军. 初中英语家庭作业设计主要原则探究[J]. 中学英语园地(教学指导)，2012，495(15)：72—73.

② 马琳. 单元主题视角下的初中英语综合实践类分层作业设计[J]. 上海课程教学研究，2018，29(1)：20—23.

二是对作业目标制订缺乏单元意识。很多英语教师往往只顾及当前授课的内容，缺乏从单元视角来进行作业设计的意识，导致学生对所学知识缺乏系统性的把握和理解。

三是作业形式单一、结构不合理。大部分英语教师在设计作业时往往会忽略对作业结构的关注，缺乏对作业类型、难度、时间等分配比例的思考，因此出现了作业时长偏长、作业难度偏高、作业形式单一、作业趣味性不够、作业质量不高等问题，从而造成了学生过重的作业负担。

综上，学校决定对单元作业设计做进一步的深入研究，对单元视角下英语作业设计的基本原则、基本流程、整体框架等进行实践研究，梳理出单元作业设计的技术路径，转变教师作业设计理念，提高作业设计品质，切实落实减负增效。

二、研究内容与方法

（一）研究内容

本项目研究的内容有四个方面：一是研究如何更新教师的作业设计理念，提升能力；二是研究英语单元作业设计应遵循的基本原则；三是探究单元视角下英语校本作业设计的整体框架；四是探究符合学生特点，利于学生综合素养发展的英语作业类型。

（二）研究方法

1. 行动研究法

本项目以上海师范大学 UGS 项目为依托，与高校专家共同研究选题，为教师组织专题讲座和专业书籍的研读，在总结前人研究成果的基础上，以学校目前初中英语作业设计中的突出问题为导向，制订本校单元视角下作业设计研究的行动方案和总体框架，针对问题研究具体实施措施，通过实践效果总结反思，为今后相关研究积累经验。

2. 案例分析法

发挥教研团队作用，对各个年级的典型英语单元作业设计进行案例研究，形成完善的机制和实践经验。根据研究得出的第一手资料和教师基于实践的反思，总结提炼出英语单元作业设计的原则、策略和方法。

三、研究实施

为了保障课题研究的顺利实施，学校结合英语教师的教学经历、专业特长、科研能力等进行综合考虑，遴选出 9 位英语教师（分别是各年级英语备课组长和骨干教师）成立课题研究团队。此外，学校特邀 UGS 项目主要负责人担任课题指导教师（表 1）。

表1　课题组成员职责分工

角色	课题组成员	职责分工
课题组指导老师	吕晓红（上师大外国语学院）	理论引领、指导课题研究方法、指导教师论文撰写
课题组负责人	周亚娟（学校党支部书记、中学英语高级教师）	组织课题交流研究会议，总体调控本课题的研究方向，对研究中出现的问题及时调整，保证课题有序高效地开展
组长	王霞（学校英语教研组长、中学英语高级教师）	制订课题研究方案、计划、管理职责、制度，进行阶段性工作总结；引领课题组开展实践研究
组员	沈蕴仪	组织教师学习与项目有关的文件精神和基础理论，并进行督促检查
	陶顺遂	负责英语单元作业设计策略研究，归纳总结经验，撰写论文，推广研究成果
	黄叶娇	
	徐宇婕	
	邱晨奕	
	金宓	负责学生作业跟踪调查及现状分析，汇报调查结果
	桂一馨	

（一）理论学习阶段

课题组积极参与并认真聆听市、区英语专家线上线下共计18场专题讲座，开阔教师视野，拓宽英语教学思维。例如，在聆听了“作业设计和试卷评价”“论文选题和课例书写要求”两场专题讲座之后，教师们深刻认识到单元整体作业设计可以解决目前作业缺乏目标意识、随意化、评价割裂化、课时内容碎片化等问题，明白了如何从构思到执笔进行课例书写。理论学习阶段帮助教师在课堂教学中发现问题，形成研究课题，在反思课例时提炼教学策略。

（二）作业设计实践阶段

课题组发扬合作研究的精神，积极探索英语单元作业设计的框架、原则与路径，力图设计高质量的英语单元作业，切实减轻学生过重的作业负担，提升学生的英语核心素养。

1. 锁定攻坚突破点，搭建英语作业设计整体框架

立足校情，结合学校办学理念，课题组在实践中梳理经验，初步形成了“12345”英语单元作业设计框架。即一个任务、两个目标、三个理念、四个特点、五个类型（图1）。

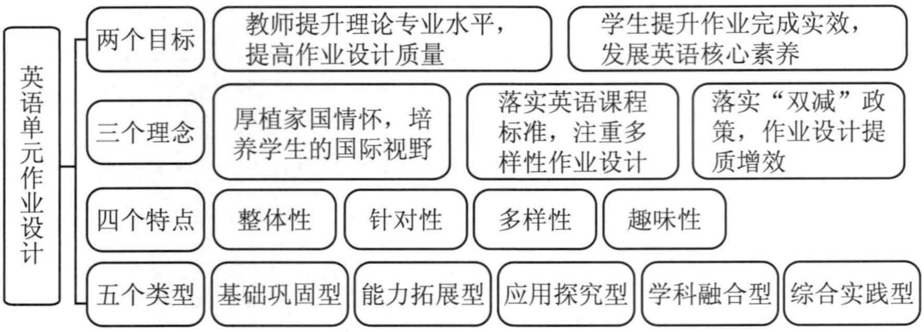

图 1　英语作业设计整体框架

2. 聚焦实施关键点，优化英语作业设计路径

为了提高作业设计的科学性，课题组抓住研究实施的关键点，仔细研读由上海市教委教研室提供的《上海初中英语高质量校本作业体系设计与实施指南》，进一步明晰英语作业体系设计的流程与要求，并在此基础上积极探索校本化的“五步法”作业设计路径（表 2）。

表 2　单元作业设计路径表

步骤	内容	任务
第一步	规划单元教学内容	教师需通过研读课标与教材，了解主题单元的综合特性，分析主题单元涉及的教学内容及对应的课标要求，确定单元教学内容，并对主题单元学习的过程进行规划
第二步	设计单元教学目标	教师需立足学情，以落实核心素养为目的，以教材、教法分析为手段，以教学内容为载体，科学制订单元教学目标
第三步	设计单元作业目标	教师在充分理解单元教学目标的基础上，结合单元教学内容和学生特点，通过“直接转换、部分转换、组合后转换”等方式将单元教学目标转换为单元作业目标，确保教学和练习的一致性
第四步	设计单元作业	教师可以依据单元作业目标，结合自身的专业能力与素养，整理相关教学资源，通过选编、改编、创编等方式进行课时作业的设计
第五步	填写作业属性表	教师设计作业时需把握关键问题，通过对作业目标、学习水平、作业形式、作业难度、作业时间等要素的思考，关注作业的内涵品质，提升作业质量

3. 找准研究基准点，探析英语作业设计基本原则

课题组持续推进立足学情的、以单元作业设计案例为载体的实践研究。我校学生在学习习惯、学习品质以及学习能力方面有很大的差异，为了激发学生的学习兴趣，尊重学生的具体学情，满足学生的个性化需求，课题组通过英语单元作业设计实践，摸索出了我校英语单元作业设计的四个基本原则：

(1) 基于单元视角，体现整体性

教师在研读教材的基础上，基于学生已知内容，围绕单元话题进行延伸拓展，整合各类资源设计系列作业，体现作业的整体性，让学生在每个单元的学习过程中，通过实践、合作、交流的学习方式，完成一个个互为联系而且围绕特定主题的作业，在参与体验的过程中对每个单元主题形成整体、深入的认识。

(2) 注重目标关联，提高针对性

建立作业目标与教学目标的关联，在单元层面对作业目标与教学目标进行系统设计、统筹安排，避免盲目性和随意性。

(3) 依据课程标准，增加多样性

基于"以学生发展为本"的理念，教师在单元作业设计时要尊重学生的差异，充分考虑作业的多样性，以此来满足不同层次学生的发展需求。例如，教师可以设计让学生通过完成源于生活实际的真实任务，在合作和探究中发挥各自的多元智能，提高综合素养。

(4) 结合学情实际，增强趣味性

课题组面向学生做过一份问卷调查，数据显示将作业的趣味性放在首位要求的学生比例高达 77.7%。因此在单元整体设计英语作业时，教师应多开发些富有创意、形式多样、理论联系实际的作业，减少机械性的抄写类作业。

4. 挖掘改进增长点，形成高效的作业设计方法

【案例一】 体现整体性、多样性的能力拓展型作业设计

案例内容：

在设计《英语(牛津上海版)》八年级下册第一模块"Nature and Environment"中的第一单元作业时，围绕单元作业目标(表 3)，结合学情特点，设计系列实践活动，凸显作业的整体性、关联性、层次性、多样性，贴合学生实际，有助于多元教学目标的达成。表 4 列出了以第六课时教学内容为例的作业属性表。

表 3　单元作业目标和各课时作业内容实例

8BU1 单元作业目标	教学内容	课时作业目标	作业内容
巩固与环境保护话题相关的词汇	Pollution fighters	第一课时：通过阅读有关环境保护话题的语篇，获取与环境保护相关的信息，掌握相关核心词汇和说明方法	Read the passage and complete the tasks. Task1. In what ways are trees important to the environment? Complete the mind-map according to the passage. Task2. Answer the questions
运用连读语音知识，朗读与环境保护相关的内容	The present continuous tense	第二课时：正确运用现在进行时进行书面表达	1. Translate the following sentences into English. 2. Complete the conversation with the correct form of the verbs in brackets. Use the simple present tense or the present continuous tense

（续　表）

8BU1 单元作业目标	教学内容	课时作业目标	作业内容
运用本单元所学语言知识和句型结构，就环境保护信息做口头询问与应答，完成植树造林的宣传演讲	A poster about tree-planting Word linking(Ⅰ) Ways to flght pollution	第三课时：掌握连续发音技巧，朗读与环境保护相关的内容；听懂与环境保护相关的语篇，并做口头询问与应答，完成植树造林的宣传演讲	1. Read the following passage Direction：植树节即将来临，学校 Sunshine 广播站将开展植树护树系列活动。根据课文所学，请用连续符号"‿"标注需要连读的地方，并正确朗读以下宣传稿 2. Listen to an interview and finish the following tasks
通过阅读有关环境保护话题的语篇，获取与环境保护相关的信息	A newspaper article on a new outdoor area	第四课时：撰写有关种植过程的报道	Task1. Find the steps and the things need attention of succulent cutting and finish the flow chart Task2. Emily wants to write a report for school newspaper to tell her classmate the way the shopkeeper dealt with the succulent plant. Please write down the topic and help her finish the report
根据所给情境，运用本单元所学语言知识和句型结构，撰写有关环境保护话题的语篇	Trees for life	第五课时：通过阅读有关环境保护话题的语篇，获取如何保护自然环境的相关信息	Read the title and the introduction of the passage and tick the topic you will read about. Read the rest of the passage and complete the table Think and answer after reading. What problem did you find in your life? What can you do to solve it and make the world better?
阅读有关环境保护的短文，提升爱护环境、保护环境的意识	Revision of Unit 1 Trees	第六课时：通过单元学习，能够恰当使用所学词汇和句型就环保的话题进行简单的描述，表达个人意见和想法。能借助工具书、参考资料或网络，收集和筛选与环境保护相关的信息，设计并完成一份演讲、标志、口号海报或微视频等创意作品	Make a speech according to the following outline

表 4　第六课时作业属性表

作业目标	核心素养	作业来源	作业水平	作业类型	作业难度	预估时间
通过单元学习，能够恰当使用所学词汇和句型就环保的话题进行简单的描述，表达个人意见和想法。能借助工具书、参考资料或网络，收集和筛选与环境保护相关的信息，设计并完成一份标志、口号、海报或微视频等创意作品	语言能力 思维品质 学习能力	☑ 创编	D	能力拓展	适中	30 分钟

创设情境：Since our school is holding a Tree-protecting festival，as a student，why not take an active part in the festival by choosing one of the following tasks. Enjoy yourselves!

Task1 小小演讲家：Make a speech according to the following outline.

要求：学校 Sunshine 广播站为了号召更多学生关注树木保护，组织了学生演讲。

In your speech，you need to： * explain the importance of the trees * warn students about the problems of destroying trees * offer different ways of protecting trees * call on students to protect trees

While preparing for your speech，you can use the following checklist to help.

Self-assessment	
Did I cover all the aspects in the chart?	□Yes □No
Did I speak at proper speed，not too fast or too slow?	□Yes □No
Did I pay attention to the word linking?	□Yes □No
Did I use the proper tense in the speech?	□Yes □No

Task 2 小小创作家：Write a poem about “trees are our good friends” and try to share it with your classmates in class.

要求：主题突出、简洁易懂、新颖独特；语言朗朗上口、有音韵美和节奏感。

Task 3 小小设计师：Design a poster by calling people to protect the trees.

设计意图分析：

此作业内容与单元作业目标、学习内容、课时作业目标紧密联系。从单元视角看，教学内容都紧紧围绕着话题“树”展开，而且相互之间具有延伸、补充、拓展的特点。学生通过对单元话题的讨论学习，认识到树木对环境的贡献，包括净化空气、调节温度、美化环境、降低噪声，以及树木被大量砍伐后产生的危害等。课题组教师一致认为以“树”这个话题为核心载体给学生布置作业，把相关内容与知识点整合，能够体现单元整体性，并与学生的生活实际紧密联系。实践活动要求学生以学校举办“护树节”活动为契机，号召人们一起加入保护树木、保护环境的队伍中来，践行环保理念。课题组教师遵循多样性原则，设计的第一项实践活动包含三个平行任务，包含书面和口头的任务，学生可以挑选自己感兴趣的或擅长的任务去完成，多样化的作业可以满足不同学习水平和能力学生的个性化需求。把选择权给予学生，有助于发挥学生的多元智能从而激发学习自主性。同时，完成任务的过程正是学生运用本单元学到的知识和技能进行语言实践的过程，可以促进学生语言实践能力的发展和高阶思维能力的提升。

【案例二】 体现针对性、趣味性的综合实践型作业设计案例内容：

以《英语(牛津上海版)》九年级上册第一模块“自然与环境”中的第二单元为例(表5、表6)。

表5　单元作业目标和各课时作业内容实例

9AU2 单元作业目标	教学内容	课时作业目标	作业内容
运用被动语态和本单元的词汇描述传统技能和职业	Reading: Fishing with birds	第一课时：运用“鸬鹚捕鱼”文本中的词汇，深入理解课文相关信息	1. Write the correct words or phrases according to the given meanings in the brackets 2. Choose a suitable word or phrase above to complete the email. Make any necessary change
使用简单的语言描写人物的外貌、性格、动作等	Grammar: Passlve volce (Ⅰ)	第二课时：1. 巩固被动语态的构成；2. 在语境中正确使用不同时态的被动语态	Task A: Complete the crossword puzzle with the past participles of the given verbs Task B: Rewrite the following sentences in passive voice Task C: Now a reporter from the film crew is interviewing Damin Complete the dialogue with the verbs in the brackets in their proper forms
识别人文关怀类语篇的特征并能找到段落主题句	Listening and speaking	第三课时：1. 使用简单的语言描写特定场景中人物的外貌、性格、动作等；2. 运用各类疑问句，在采访中提问，获取信息	1. Listen to the passage and complete the following tasks 2. Complete the following interview
运用本单元的话题词汇谈论鸬鹚捕鱼、茶叶制作等传统技能或职业的未来	Writing: A traditional skllvjob	第四课时：1. 运用本单元的话题词汇和被动语态，描写人物和技能。2. 介绍中国传统技能及其传人	Please write an article describing Yang Xiuying and the tradition of making indigo cloth. Write four paragraphs with the following aspects
阅读关于传统技能或职业的语篇，了解其背后传递的文化以及传承的重要性	More practice: Facts abont tea	第五课时：1. 了解有关茶的知识； 2. 了解茶叶制作的过程及其未来的发展趋势	1. Write a paragraph about tea according to the passage in about 5 sentences 2. Read the passage and answer the questions

（续　表）

9AU2单元作业目标	教学内容	课时作业目标	作业内容
加深对中华传统技艺的理解，了解中国传统文化的传承情况及对世界的影响，厚植学生的家国情怀	Reviston of U2	第六课时：阅读传统技能的语篇，了解其文化价值以及传承的重要性	1. Complete the following sentences to know what makes cormorants catch fish successfully? 2. Write an investigation report about one of the traditonal skills

表6　第六课时作业属性表

作业目标	核心素养	作业来源	作业水平	作业类型	作业难度	预估时间
加深对中华传统技艺的理解，了解中国传统文化的传承情况及对世界的影响，厚植学生的家国情怀	语言能力 思维品质 文化意识 学习能力	☑ 创编	D	综合实践	较高	A week

请同学们以小组为单位开展探究实践活动，通过资料查阅、实地探访、采访学习等活动形式，挖掘青浦传统技艺或传统风俗，如龙须糖（*Dragon's beard candy*）、粽子（*rice dumplings*）、阿婆茶（*Apo tea* ）、田山歌（*folk song*），并最终形成一份英文调查报告。

表7　学生英语综合实践型作业评价细则

评价项目	评价标准	评价结果
文体格式(20分)	文体格式规范、正确	
报告字数(10分)	调查报告字数不少于800字，每少100字扣2分	
语言逻辑性(15分)	英语语言表达流畅、准确；理论鲜明有力，逻辑性强	
基本素材(15分)	数据真实、准确，情况全面、具体	
问题分析(20分)	清楚解释因果关系	
意见建议(20分)	从多个角度提出建议，这些建议应有效、实用	

设计分析：

本单元的话题是“传统技艺”，主阅读介绍了中国民间的传统技艺——鸬鹚捕鱼。课题组以“加深对中华传统技艺的了解，探究中国传统文化的传承及对世界的影响，厚植学生的家国情怀”单元作业目标为导向，设计了一份针对性强，又充满挑战和趣味性的综合实践型作业，让学生自己组队去探究青浦的传统技艺或传统风俗，鼓励他们采用灵活多样的形式，将课内学到的知识运用到实践中去解决实际问题。综合实践型作业与学生实际生活相联系，教师遵循作业设计的针对性和趣味性原则，用“生活”丰富作业，为作业注入新的内涵，赋予作业新的生命。事实证明，学生对该项作业非常感兴趣，他们坦言，这类作业让他们有探索新知识的欲望，能与同伴亲密合作，还能接触不同的人和事物，开阔了眼界，训练了思维，增长了见识和本领。

四、研究成效

课题组积极开展课题实践研究活动，形成了良好的英语教研氛围，提高了团队成员的合作探究能力，圆满完成了各项研究内容，取得了一定成效。

（一）激发了学生对作业的兴趣，更好发挥作业的有效功能

通过问卷调查和作业反馈等形式，课题组教师了解到学生完成作业的积极性有很大提高。大部分学生觉得英语单元作业变得丰富多样，有挑战性，能够拓宽自己的视野，激发学习的兴趣。有学生坦言自己最喜欢综合实践型作业，能和同学甚至老师一起做探究，增进了友谊，还能学到很多课堂上学不到的本领。课题组薛舟怡老师在 7BU1 最后一课时设计了“制作一份旅行指南”的作业。在完成这份作业的过程中，学生积极搜集上海著名景点的信息，提升了信息搜集能力；获取信息后运用所学英文介绍各景点，培养了信息加工和语言表达能力；在编制旅行手册的过程中，部分同学为了增加手册的信息化程度，研究如何制作二维码。一份优质的单元作业设计能够为学生搭建阶梯式的成长平台，引导学生融合跨学科知识技能解决现实生活中的问题。

（二）改变了教师作业设计的思路和方式

在课题研究过程中，一次次的尝试与实践使教师对单元作业设计有了更深的认识，对课标、教材、学生的关注更多了，更注重对学生思考、探究方式的引导和能力的培养。课题组成员邱老师回忆：“课题刚开始实践时，我还是习惯借用类似教辅材料的出题形式，每一课时都需要覆盖词汇、语法、阅读等题型。但是，在分析学生反馈和作业完成情况后，我意识到传统作业虽然可以帮助学生巩固学过的知识点，但是和单元目标的匹配度不高、趣味性不浓、挑战性不强，缺乏针对不同水平学生的个性化作业。”通过开展单元视角下英语作业设计的研究，邱老师带领备课组积极实践，攻克单元作业设计难关，提高其针对性和趣味性，学生英语学习兴趣激增，多元能力得到了提升。

（三）有效促进了教师教育理念的更新，提高了教师的科研意识与能力

课题研究提高了教师的科研意识与能力，大家积极撰写论文，向学术期刊投稿。2021 年本校英语教研组荣获青浦区先进教研组提名奖。在学校一年一度的清河论坛上，课题组三位成员分别做了主题演讲，与全校教师交流发言，带给大家很多教学上的启发，起到了示范引领作用。

表 8　2020 年—2022 年我校英语教师论文发表统计

论文题目	论文作者	发表渠道
单元视角下育德目标的确定	周亚娟	《新时代核心素养理念下的初中英语教学研究》(ISBN978-7-5760-1720-5)
《英语(牛津上海版)》7B Unit5 听说课 Model Students 教学设计	黄叶娇	
浅谈初中英语阅读教学中的“留白”	王霞	
“英语学习活动观”视角下的初中英语语音教学实践	邱晨奕	
巧用思维导图，提升写作能力	金宓	
基于主题意义的初中英语单元教学设计	徐宇婕	
6B Unit9 阅读课 The Oceans 教学设计	沈蕴仪	
“An extract from The Further Adventures of Sherlock Holmes”阅读课课例报告	黄叶娇	《青浦教育》
AIDA 心理现象在初中英语课堂教学中的运用	王霞	
巧设“问题链”，构建有效课堂	金宓	
基本思维品质培养视角下的初中英语阅读教学的问题设计	徐宇婕	

五、总结与反思

提升作业设计的有效性是提高教学质量的重点领域之一，也是“双减”背景下减轻学生过重作业负担的着力点。单元视角下初中英语作业设计需遵循的原则可能远不止本课题所研究总结的内容，但课题组立足学校实际，在实践过程中，教师达成了两个共识：一是作业设计必须遵循四条基本原则，紧扣核心素养和关键能力，兼顾分层，满足学生个性化发展需求。二是教师必须提高站位，统筹各年段作业设计体系，既要关注学生当前学习状态与需求，更要考虑学生的长远发展与未来的潜在需求。

学校初中英语单元作业设计的实践目前仍处于初级阶段，还存在各种各样的问题，如教师教学经验还不够丰富，案例积累的数量和品质都有待提升。今后在以下两个方面继续推进研究，寻求新的突破：一是开展基于单元作业视角下的课堂教学研究，厘清单元教学设计、单元课堂教学、单元教学研讨与单元作业设计之间的逻辑，建立大单元教学完整体系；二是开展单元作业设计实施与评价策略的研究，形成更完善的作业管理体系。

地方文化资源走进英语课堂

——初中英语拓展课的开发和实践研究

冯文燕

（浙江省嘉善县泗洲中学）

一、研究背景

英语教学的目标之一就是在语言学习过程中融入文化学习，在文化知识的认知和对比过程中加强对中国文化的传承与传播。中华优秀传统文化始终拥有强大的生命力，将优秀传统文化融入英语教学，对于帮助中学生树立文化自信具有重要意义。但在当今初中英语教学中，对文化意识的培养还没有引起足够的重视。

以教材的主题为例，在外研版《英语》（新标准）八年级上册 My home town and my country 单元中，虽然有设置介绍学生家乡模块，但以介绍北京、上海等大城市为主，地方人文特色的内容和活动较少，学生从书本中获取的信息较少。在使用教材过程中，教师习惯以附近的大城市作为语言输出环节的主题，对于地方特色的文化习俗介绍不多，学生可输出内容较局限。

地方文化是指以自然村落为基本单位，经过数代人居住繁衍而逐渐形成的包含各种约定俗成的反映全体村民的生活、经济、文化、信仰等观念的集合体，它经过长时间的孕育、发展，逐渐成为当地居民认同并恪守的行为模式与精神支柱。地方文化具有很强的可交流性，当地的自然景观、风俗民情、历史名人等都可以通过英语这个交流工具向外传播，扩大本土文化的国际影响力，使学生拥有国际视野的同时培养家国情怀。如嘉善县的田歌历史悠久，是国家级非物质文化遗产，流传于太湖流域，是一种极具地方特色的“草根音乐”，蕴含很高的历史文化价值，值得青少年了解、传播。

美国语言学家萨皮尔在《语言论》中说：“语言的背后是有东西的，而且语言不能离开文化存在。文化的生命力在于传播，这是文化得以生存的力量。”但因为各地的地方特色不同，地域乡土文化在统编版的教材中很少出现。而相关内容在教学中的长期缺位会使学生对于家乡文化身份的认可度下降，不利于构建和完善学生的个性品质，这与英语学科课程标准的培养理念也是不相符的。为此，教师应将地方文化资源融入英语教学中，积极探索其展示和运用途径,并引导学生感受地方文化的魅力,培养学生的地方文化传播意识,赋予地方文化国际化内涵和现代化表达形式,推动中外文化交流。

二、研究内容

本研究将地方文化资源作为初中英语校本拓展课程的有机组成部分,以八年级学生为主要授课对象,通过开发并实施以学习和传承嘉善地方文化为主题的英语拓展课,旨在研究如何根据学情将嘉善的人文地理、民间习俗如嘉善田歌、嘉兴灶头画等内容融入英语学习中;如何以过程性评价和终结性评价相结合的方式,从语言能力、学习能力、思维品质、地方文化意识四个维度对学生的学习过程和成果进行评价。

三、研究过程

本次课程开发的主要研究人员是我校英语教研团队教师。笔者作为本项目的负责人,与备课组老师协商后制订了如表 1 所示的课程开发计划。

表 1　课程开发计划

时间	阶段性具体任务
开课前一年	提交最初的课程方案,由教研会议审议课程选题的适用性
开课前 6 个月	各备课组对所有的话题选择达成一致,确定研发时间规划 开始课程设计和开发工作,商定文本上交时间表 确定课程的主讲教师 各备课组长审查课程文本
开课前 2 个月	制订课程大纲、内容、结构和评价细节 确认课程材料准确无误 遵从样章的标准开发后续课程内容
开课前 1 个月	完成后续课程内容,包括课程所需视频和评价活动
开课	课程具体实施
课程结束	收集课程实施过程中的数据和师生的反馈,总结经验,优化课程内容,为下次开课作准备

(一)课程简介

我校教研团队在上海师范大学外国语学院专家组的指导下,梳理现有教材的相关内容,并筛选和重组课外教学素材,形成单元主题框架下具有地方乡土文化特色的校本课程的整体框架(图 1)。本课程以深入了解本地风土人情,培养学生跨文化交际能力为目标,以英语学科核心素养为基石,突出学生的个性化自主探究。

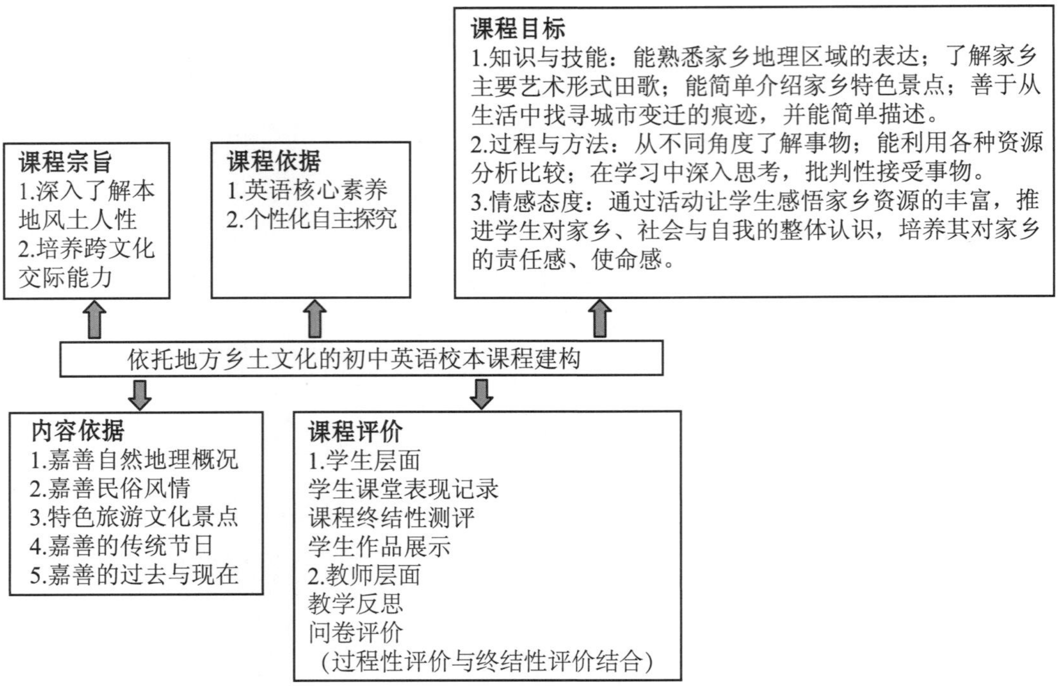

图 1　依托地方乡土文化的初中英语校本课程开发框架

（二）课程设计原则

课题组以项目化学习为原则，整合“音乐”“地理”“劳技”等课程，开发拓展课的课程内容，既让学生获得必要的地方文化知识，也要增加课程与学生实际生活的联系。

课程设计注重学生直观体验与感性认识的结合。活动方式以实践探究为主，引导学生利用已有的经验，亲历实践、亲身体验，在活动中感受家国情怀，提升民族自豪感。

课程既要发挥综合实践活动的“跨界”作用，又要尊重学生的兴趣，体现课程特色。因此，课程强调多元化实践形式，如调查研究类的家乡古今对比，社会实践类的设计旅游路线，劳动技术类的搭建江南水乡模型场景，等等。

课程设计关注学生核心素养的全面提升。在语言能力方面以听说板块为例，课程设置了听话能力、说话能力等活动，课题组开发设计了与此相关的活动类型，如“排序图片”“回答问题”“补全句子”“判断正误”“完成表格”以及“两人对话、组内对话”等。在提升思维品质方面，以阅读课为例，教研组设计了概括文章主旨、厘清文章线索等任务培养学生的逻辑性；以“今日田歌发展”培养学生的批判性思维，以“田歌新填词”培养学生的创造性等。在培养学生学习能力方面，以实践探索板块为例，教研团队以培养学习能力为目标，选取贴近生活的话题，设计表现型任务，如结合地图分析家乡的城乡变迁培养学生的观察力，制作江南水乡模型培养学生动手能力，设计景区游览路线培养学生解决问题能力等。在文化学习方面，以嘉善田歌文化为例，课程既有田歌起源，又有田歌代表作以及未来田歌发展思考等内容，培养学生家国情怀，为传承传统文化奠定基础。

（三）课程板块

本课程的开发充分利用地方文化资源，旨在拓展学生的学科知识和文化知识，增强公民意识，培植家国情怀，同时在课程板块设计中关注学生在真实情境中的文化体验，体现综合性、实践性以及“五育”融合。

本课程共有 5 个模块，15 个单元。每个模块中设有听说课、阅读课以及实践探究课（图 2）。同时每个模块中都配有辅助图片及视频材料，便于教师在教学时使用。学生在学习听说和读写单元后，在实践探究模块中需要创造性地使用所学知识，灵活应用音乐、美术、劳动技术等学科知识，完成相应任务。

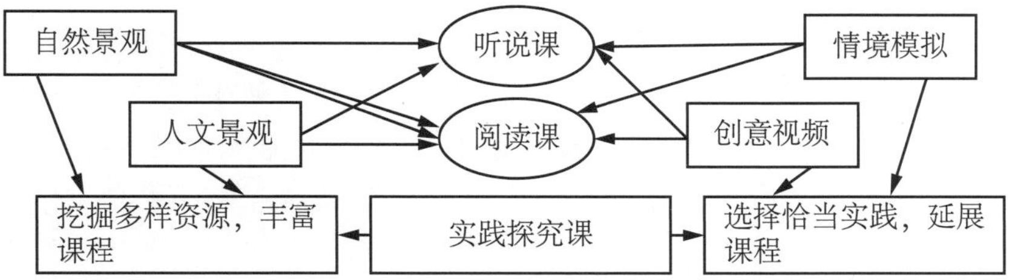

图 2　依托地方乡土文化的初中英语校本课程模块设计

（四）课程内容

在中学阶段开设地方文化系列课程，重在以英语思维方式提升学生文化理解能力，以激发探索兴趣、理解主题概念为出发点，通过系统、科学的课程内容设计，让学生接受体系化的、符合其认知发展规律的地方文化内容，提高运用语言工具理解传播文化的能力、实践能力及创新创造能力（表 2）。

表 2　基于地方乡土文化的初中英语校本课程设计

Chapter 1 The geographical features of Jiashan	Unit 1 Where is my hometown	2 课时
	Unit 2 The administrative areas of Jiashan	2 课时
	Practice and Explore 1	2 课时
Chapter 2 The cultural geography of Jiashan	Unit 1 The population and nationality in Jiashan	2 课时
	Unit 2 The religion in Jiashan	2 课时
	Practice and Explore 2	2 课时
Chapter 3 Life now and then in Jiashan	Unit 1 The great changes in Jiashan	2 课时
	Unit 2 The recall of a local bus driver	2 课时
	Practice and Explore 3	2 课时

（续　表）

Chapter 4 The Folk Custom	Unit 1 Jiashan Tian Ge is a special form of music	2 课时
	Unit 2 The society needs the further development of Tian Ge	2 课时
	Practice and Explore 4	2 课时
Chapter 5 The tourist attractions of Jiashan	Unit 1 What is it famous for?	2 课时
	Unit 2 A trip to Yunlan Bay	2 课时
	Practice and Explore 5	2 课时

（五）课程评价

课程评价不仅是一种导向机制，也是一个监控系统，在校本课程实施过程中，课程评价要始终贯穿其中，要动态地、连续地对课程实施效果进行评价。教研团队将学生的评价分为过程性评价和终结性评价，在过程性评价中以“开放性主题活动”为主要评价内容，要求学生在完成前两个单元的学习后，广泛查阅资料，并围绕主题作相应的报告，鼓励学生以团队形式完成相应任务，可自由组合也可教师指定。教师通过建立学生成长档案袋，记录学生的表现，以进行集体评比。终结性评价方面，学生以抽签形式选取五个主题模块中其中的一个，针对完成任务的成果进行展示和介绍，教师从思想内容、语言规范表达、呈现效果以及内容组织四个维度进行评价，同时同伴也参与成果展示评价。

四、研究成效

依托上海师范大学外语学院吕晓红负责的 UGS 项目，我校教研团队聚焦地方乡土文化的初中英语校本课程开发，丰富了初中英语校本课程教材体系，激发了学生家国情怀。通过对嘉善自然景观、人文历史的介绍，促进学生正确理解嘉善地区独特的地方文化，传承文化精髓；促进学生对本土文化的认同，在此基础上形成跨文化交际意识，以文化为载体，将文化意识与语言意识融为一体。同时通过教学材料，让学生学会欣赏地方文化内涵，并学会用简单的英语文本表达自己的观点。本项目的研究成效在学生和教师层面均有体现。

（一）学生层面

学生的语言表达能力得到了很大的提高。学生学会用英语介绍相关家乡文化知识，对语言的敏感度和词汇量都有很大的提升。

学生对于中国传统文化有了深刻的了解。如在介绍嘉兴灶头画时，学生实现了从零基础到自己创作的飞跃，同时对家乡的非物质文化遗产有了更多的认识，为以后更好地传播中国传统文化打下坚实的基础。

学生的思辨能力得到了很大的提升。通过学习课程，学生对家乡的传统文化有了一定的了解。与生活紧密相连的教学内容是培养学生思辨能力的良好素材，如对嘉善田歌发展中碰到的问题以及传承遇到的困境的思考;对描写社会现象的图画、文学作品表达自己的观点等,都激发了学生的兴趣,拓展了学生的思维,强化了他们的思辨能力。

学生的学习积极性得到了很大的改善。从课前资料查询、课堂中讨论并发言、课后作品写作表演等任务中都能看到学生主动学习的身影,学生学习也由“要我学”变成“我要学”,由“老师灌输”变成“同伴合作”,学习的主动性被充分地调动了起来。

课程结束时,参与这门选修课的 43 名学生完成了问卷调查,这些学生大多是土生土长的嘉善人,但是在学习课程之前他们对于嘉善的熟悉度仅停留于浅层,有些学生虽然出生成长在嘉善,却对嘉善方言不甚了解。他们对于深层次了解嘉善的事物有比较强的兴趣,也非常愿意学习如何用英语去介绍自己的家乡。调查结果表明,通过课程的学习,学生对参与家乡文化交流与介绍家乡的英语活动兴趣显著增加,对于地方文化知识的储备也明显高于课前。

(二)教师层面

教师的专业能力,尤其是课程开发和与主教材融合的整体教学设计能力有了明显提高。优秀教师团队的建设,需要借助一定的载体和平台来不断强化,校本课程研究就是这样一个平台。通过参与团队研修活动,教师相互学习经验、借鉴成果,实现专业共同发展。展示课例为教师发展提供了一个聚焦课堂、课例研究和成果交流的平台,形成新的团队教研活动范式,帮助教师解决课堂中存在的教学问题,促进有效教学。项目研究过程中,七、八、九三个年级备课组每组负责两个章节的开发与设计,通过话题认证、编撰课文、课例分享等活动,使参与课题教师的教科研水平得到了提升,促进了教师的自我反省、自我成长。主要体现在以下三个方面:

1. 更新了教师的教学理念

在常规的英语教学中,囿于教材本身内容等因素,英语教师一般关注对外国文化特别是英语国家文化的传播,通过以地方文化为特色的校本教材的开发,教师对于学生文化意识的培养能力进一步加强。

2. 促进教师对教学资源的整合能力

校本教材中很多话题与现行教材中的话题是可关联的,教师可统筹教学资源,在现行教材使用的基础上合理补充地方资源,传播中国文化。

3. 凸显创新意识

在课题研究中,无论是教学材料,还是主题活动、教材插图等,都倾注了课程开发者的集体智慧,教师针对地方文化资源的独特性,以及学生的学习特点,创造性设计课程单元主题、学习活动以及评价方式。

五、总结与启示

本项目研究探索并实践了以自然、人文为主线的地方乡土文化的初中英语校本课程。

课程内容以地方乡土文化的自然、人文环境为核心，以学习家乡的特色文化为主要教学目标，整合多种学科教材中的话题，开发了一系列教学内容，以情境模拟、创意视频为成果展示，课程实践初见成效，但对课程内容的挖掘和整理仍需不断深化和完善。

本课程将地方文化融合到英语教学中，在设计教学活动中体现综合性、探究性、成果可视化的特点，充分考虑学生的认知、态度、学习方式等方面的个体差异性，一方面给学生提供多元化的学习成果呈现方式，同时也满足了激励学生深层次的文化思考，提升学生思维品质的要求。实践证明本课程的可操作性较强，为今后开发以文化学习为特色的英语拓展课或是基于地域文化的英语校本课程提供了一种可借鉴的模式。本项目的实践也证明了高校教师的专业引领是项目成功的保障，UGS 项目正在成为校本教师队伍建设和教师教学科研能力整体提升的有力助推器。

项目化学习在课后服务课程中的应用研究

——“中国故事·世界表达”英语项目化学习课程开发与实践

郭一炜，吕晓红

（上海师范大学）

一、研究背景

《义务教育英语课程标准(2022年版)》(以下简称《新课标》)指出，“义务教育基础英语课程应体现工具性与人文性的统一”，英语教学在实现学生知识理解与应用的同时，应凸显学生在英语学习中的主体地位，实现深层次的教学目标。《新课标》将英语学科核心素养分为语言能力、文化意识、思维品质、学习能力四个维度，关注学生在具体情境中理解知识，在问题解决中应用知识、发展能力的过程，强调学生的全面发展。

我国义务教育阶段的英语教学在培养学生英语语感、主动表达积极性以及合作意识等方面还有所欠缺，课堂中还存在把知识碎片化、教学脱离真实情境、忽视学生社会技能发展等问题。《新课标》背景下的英语教学改革对教师的教学方法、教学理念等方面提出了更高的要求，在课程建设尤其是校本拓展性课程建设方面，要求增加综合性、活动性课程比重，进一步完善和丰富教学方法，注重学科之间的融合，实现学生综合能力的发展。

项目化学习具有聚焦核心概念、注重问题探究、强调亲身实践等特点，既可以是针对某一学科的项目化学习，也可以是跨学科项目化学习，兼顾知识建构与学生的学习兴趣，能够提供更多元、更综合、更有趣的学习内容。目前，我国对项目化学习的研究还处于实验和探索阶段，针对小学英语的项目化学习设计和实践较少。随着“双减”政策的落地实施，项目化学习在义务教育中的普及迎来了契机。《关于进一步减轻义务教育阶段学生作业负担和校外培训负担的意见》明确指出：“学校要制订课后服务实施方案，增强课后服务的吸引力。”项目化学习的推广应用对提升课后服务课程的质量意义重大，值得研究。

项目化学习也是融合学科德育的有益举措。“中华优秀传统文化教育”已成为中小学德育主要内容之一，表明文化意识的培养在学生综合素质发展中的重要作用。因此，本研究结合英语学科特征，以“中华优秀传统文化”为主题开发设计了英语学科项目化学习课程，将学科知识、德育要求与项目化学习形式相结合，引导学生在课程中实现全面发展。

本研究与上海师范大学附属松江外国语小学合作，该校以外语为特色，是上海市第一轮义务教育项目化学习三年行动计划项目实验校，学生具备一定的项目化学习经验。由上海师范大学外国语学院专家团队指导英语项目化学习的实践。本研究旨在为项目化学习在义务教育中的运用提供可行方案和建议。

二、研究内容

对小学《英语(牛津上海版)》教材各单元核心概念和语言知识进行分析和重组，确定项目化学习课程的主题为“中国故事·世界表达”。

运用项目化学习理论设计符合学情的“中国故事·世界表达”项目化学习拓展课程(含单元设计、教案和课件)并进行教学实践。

完成“中国故事·世界表达”项目化学习拓展课程对学生核心素养提升效果的评价及可推广性的论证。

本次项目化学习课程以英语学科多元育人目标为主线，融合文化和科学知识。本研究的主要数据来源于为上海师范大学附属松江外国语小学的 20 名四年级学生开设的共 18 课时的“中国故事·世界表达”项目化学习课程。授课期间，通过持续跟进项目化学习活动的实施过程，记录学生的学习成果及师生反馈，评估项目化学习活动在提升核心素养中的作用，将研究成果应用于未来英语项目化学习的开发与实践。

三、研究方法

（一）问卷调查法

采用问卷调查法，调查目前英语项目化学习在上海市小学中的开展情况，获得相关人员对项目化学习的需求和活动设计等方面的反馈。课程实践结束后，对参与课程的学生进行问卷调查，用于评估本次项目化学习课程对学生英语学科素养提升的影响。

（二）实证研究法

通过线上教学平台完成英语项目化学习课程实践。其间对学生上课表现、项目作业完成情况进行过程性记录和反馈式评价，通过收集、分析问卷和前后测的相关数据，检验项目化学习与小学英语教学融合的成效。

（三）课例研究法

项目完成了课程设计、线上授课与课后总结反思等环节，对教学实践的全过程进行了记录、调控和评价。团队反复打磨单元设计和课时教案，并在课程结束后进行教学反思和总结，对项目化学习课程的开发与实践进行深入分析和研究。

四、研究过程

项目经历了调研准备、课程设计与实践以及成效评价三个阶段，完成了小学英语项目化学习的理论梳理、课程开发与实践论证。

（一）调研准备

整理并研读与项目化学习、小学英语教学相关的文献和专著，梳理项目化学习设计原则，为项目化课程设计构建理论框架。通过问卷调查，获取上海小学英语教师与学生对英语项目化学习活动的了解程度，初步分析当前项目化学习在小学英语教学中的应用情况。

通过研读小学《英语（牛津上海版）》教材，围绕“中国传统文化”主题梳理教材中相关的主题单元、基础词汇、语法等内容，提炼核心概念，并参照项目化学习设计六原则，设计了“Self-discovery”“We Are What We Eat”“The 24 Solar Terms”三个教学主题，探究自我发展与家庭、学校、社会的关系，食物与文化，二十四节气与日常生活的密切关联。表1汇总了与本课程“We Are What We Eat”主题相关的教材单元主题内容。

表1　教材相关单元主题内容汇总

项目化学习单元主题 We Are What We Eat			
教材相关单元	词汇	语法	单元主要学习内容
一年级上册 Module3 Unit2 In the Fruit Shop	apple, pear, peach, oranges	数词与名词的单复数形式	学会用数词及名词单复数表达所买水果的数量
一年级上册 Module3 Unit3 In the Restaurant	hamburger, pizza, cake, pie	May I have ... please? Here you are	学会用 May I... 句型礼貌表达对某种食物的需求
一年级下册 Module1 Unit3 Taste and Smell	rice, soup, egg, noodles taste, smell	祈使句	学会用祈使句表达“尝”“闻”的动作，对食物的口味进行简单评价
一年级下册 Module2 Unit2 Food I Like	jelly, ice cream, sweet, biscuit	表达喜好的句型：Do you like ... ? Yes. /No.	学会用一般疑问句询问和表达食物的喜好
一年级下册 Module2 Unit3 Drinks I Like	cola, juice, milk, water	询问喜好的句型：What do you like? I like ...	学会用特殊疑问句询问和表达对饮品的喜好
二年级上册 Module3 Unit3 In the Kitchen	bowl, plate, spoon, chopstick	There be 句型：描述数量的句型：How many ... ? There is/are ...	学会用 There be 句型描述不同的餐具及其数量
二年级下册 Module2 Unit2 My Favourite Food	salad, carrot, fish, chicken	询问喜欢的食物的句型：What do you like eating? I like eating ...	学会用 like+v. ing 的形式询问和表达对食物的偏好

（续　表）

项目化学习单元主题 We Are What We Eat			
教材相关单元	词汇	语法	单元主要学习内容
三年级上册 Module3 Unit2 Shopping	apple，pear，peach，oranges，supermarket，plum	购物常用句型：Can I help you? May I have ... please?	学会在购物过程中描述所需的食物及其数量，完成简单的对话
三年级下册 Module1 Unit3 Tasting and smelling	sweet，sour，salty，bitter，lemon，coffee，salt	描述食物味道的句型：How does it smell/taste? It's ...	学会用形容词询问和描述食物的气味和口感
四年级上册 Module3 Unit3 In the Shop	a bar of，a bottle of，a bowl of	询问价格的句型：How much is it/are they? It's/They're ...	学会用不同的量词描述食物的数量并询问和回答食物的价格
四年级下册 Module1 Unit1 What Can You Taste and Smell?	watermelon，grape，plum，cherry，strawberry	表示猜测的句型：Is it ... or ... ? It's ...	学会运用选择疑问句描述和猜测食物
四年级下册 Module4 Unit2 Festival in China	the Spring Festival，the Dragon Boat Festuval，the Midautumn Festival rice dumplings，mooncakes，Double Nith cakes	What festivals do you like? What do you do? 等特殊疑问句；一般现在时	学会介绍中国传统节日的日期、天气、节日习俗等信息
五年级下册 Module2 Unit1 Food and Drinks	pork，cabagges，beans，nooldes	过去式；询问三餐的句型：What did you have for ... ? I had ...	学会用过去式询问和回答所吃过的食物，判断所吃食物是否健康

（二）课程设计与实践

在分析教材的基础上，课题组聚焦“中华优秀传统文化”大主题，采取主题引领下的单元教学模式，兼顾校本和地域特色，设计了本次项目化学习课程。以第二单元“We Are What We Eat”为例，在学情分析的基础上确定单元目标（图 1），进而构建由单元大主题统领下的三个相互关联子主题和项目化学习任务。在课程中聚焦食物、健康、文化三者的关联，以“What we eat”“How we eat”“Why we eat these foods”三个问题为驱动，在主题引领下层层递进，在教学中融入问题理解、分析、比较等思维训练，指向学生核心素养的发展。本单元项目化学习任务包含“我的一日三餐”“健康小厨我来当”等多种形式（图 2），学生在课程中公开展示与讨论成果，在分享中实现了师评、自评与同伴互评的结合。

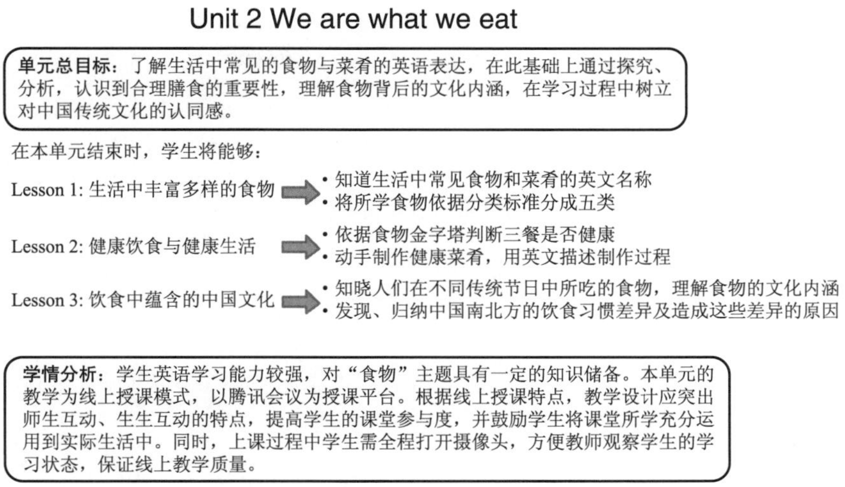

图 1　第二单元教学目标与学情分析

图 2　第二单元整体设计

（三）成效评价

在完成信息发布、家校对接、授课答疑等工作后，课题组对课程有效性进行了评估。成效评估既有基于课堂、作业的形成性评价，也有基于口语前后测的总结性评价，并结合了来自学生、家长与助教的评价内容，从语言能力、思维品质与文化意识、实践能力、合作意识等维度评估了学生在课程学习后的能力提升情况。

1. 学生语言知识得以丰富，表达能力得以提高

学生在课堂中主动参与问题驱动式学习，课后充分运用所学知识，收集相关材料对主题进行自主探究，完成了动手实践、绘制海报、录制微课等多个项目化学习任务。通过编制项目成果评价量表，对学生项目化学习任务完成情况进行打分，计算出各能力维度平均分，表 2 为第三单元项目化学习任务的评价量表。

表 2　第三单元项目化学习评价量表

<table>
<tr><th>评价维度</th><th colspan="2">评价细则</th><th>得分</th></tr>
<tr><td rowspan="3">语言表达能力
(30 分)</td><td colspan="2">1. 灵活运用课堂所学,单词、句式等使用正确,无语法错误</td><td rowspan="3"></td></tr>
<tr><td colspan="2">2. 单词发音正确,无明显的语音错误</td></tr>
<tr><td colspan="2">3. 讲解自信大方,表达清晰、流畅</td></tr>
<tr><td rowspan="3">思维能力与文化意识
(30 分)</td><td colspan="2">1. 海报/微课中包含 30%左右的自行查找、收集的资料</td><td rowspan="3"></td></tr>
<tr><td colspan="2">2. 海报/微课包括节气的自然与人文特征,阐释了自然气候与农耕、民俗的关联</td></tr>
<tr><td colspan="2">3. 在成果介绍中表达了自己的观点和看法,体现对中国节气文化的认同感</td></tr>
<tr><td rowspan="4">实践能力
(40 分)</td><td rowspan="2">多媒体操作能力(微课)</td><td>1. 灵活运用线上平台录制微课,画面清晰</td><td rowspan="4"></td></tr>
<tr><td>2. PPT 制作重点突出、画面美观</td></tr>
<tr><td rowspan="2">动手实践能力(海报)</td><td>1. 海报图文兼具,画面充实</td></tr>
<tr><td>2. 海报设计精美,有一定的创意</td></tr>
<tr><td colspan="4">总分:</td></tr>
</table>

通过量化分析,学生的语言表达能力(共 30 分)在三个单元的学习过程中逐步提升(图 3)。

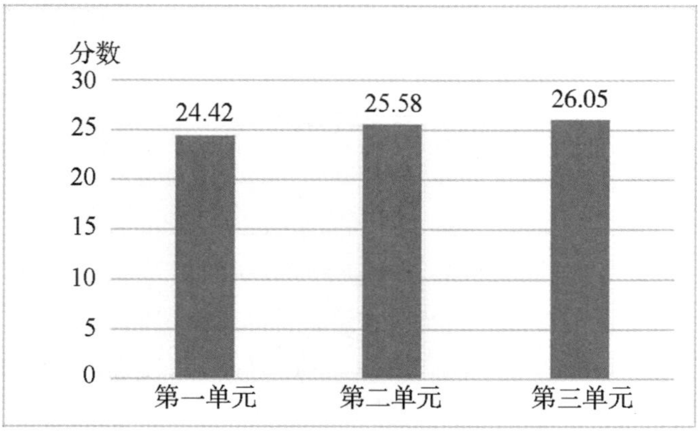

图 3　项目化学习任务中学生语言表达能力维度平均分

口语测试共四个大题 50 分,旨在考查学生语音语调、快速应答、针对具体会话主题合理提问及联系实际回答问题等方面的能力。前后测显著性差异与各题及总分的平均分对比情况如表 3 和图 4 所示。

表 3　前后测显著性差异

	平均值	标准 偏差	配对差值 标准 误差平均值	差值 95%置信区间		t	自由度	Sig. (双尾)
				下限	上限			
配对 1 前测-后侧	1.4250	4.1684	.9321	-.5259	3.3759	1.529	19	.143

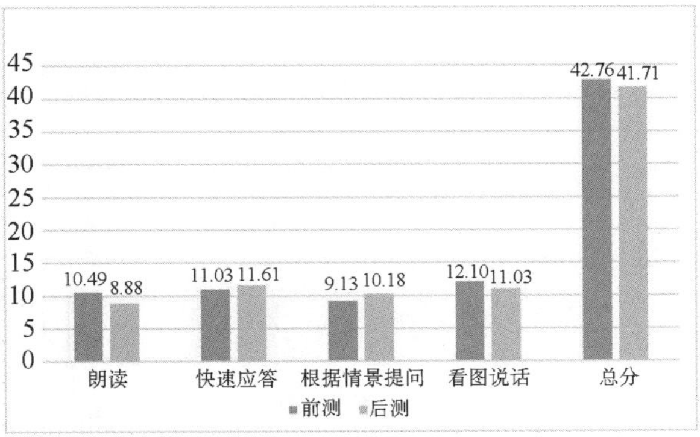

图 4　前后测各题得分和总分平均分比较

前后测总分无显著性差异，但就各小题来看，学生在快速应答及根据情景提问两个方面成绩有所提升，这与课程活动设计有密切联系。通过师生问答、生生对话以及学生讲解小报、录制微课等学习活动，学生词汇量得以拓展，语言表达和口语交际能力也得到了有效锻炼。部分题型平均分有所下降可能是受新知熟悉程度、测验准备时长的影响，这也表明通过项目化学习培养学生的语言能力是一个持久的过程，需要教师长期加以引导。

2. 学生高阶思维品质与文化意识获得发展

课程中，教师从每个主题的驱动性问题出发，引导学生从自身实际出发思考并解决问题，因此学生的思维能力与文化意识也呈现逐步上升趋势(图 5)。

学习过程中，学生充分发挥信息收集和自主探索能力，积极搜集资料，补充课堂内容，体现了学生思维的自主性和创造性；在三个单元的项目成果展示中，学生将传统美食、二十四节气等中国传统文化与自己的生活经验相联系，逐步增强了对中国传统文化的理解力、自信心和认同感。

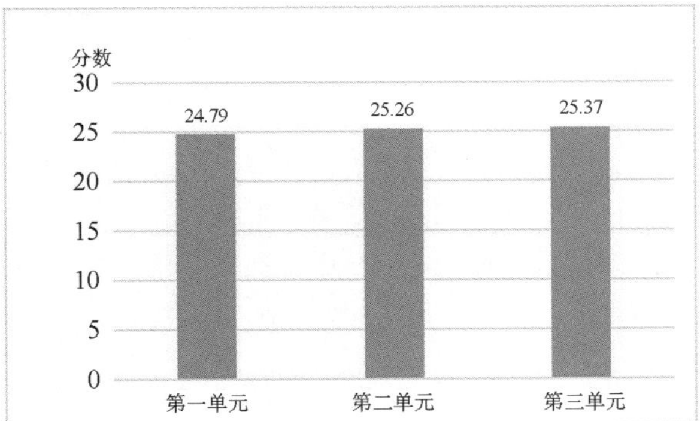

图 5　项目化学习任务中学生思维能力和文化意识维度平均分

3. 完成表现型任务，学生实践能力获得提升

在课程中，学生参与了制作健康菜肴、绘制日历、小报、录制微课等实践活动，将课堂所学融入真实的生活情境，展现出许多精美的成果。在成果测评中，学生实践能力维度得分也逐步提高(图 6)，表明学生在项目化学习中实现了心智技能与实践技能的成长。

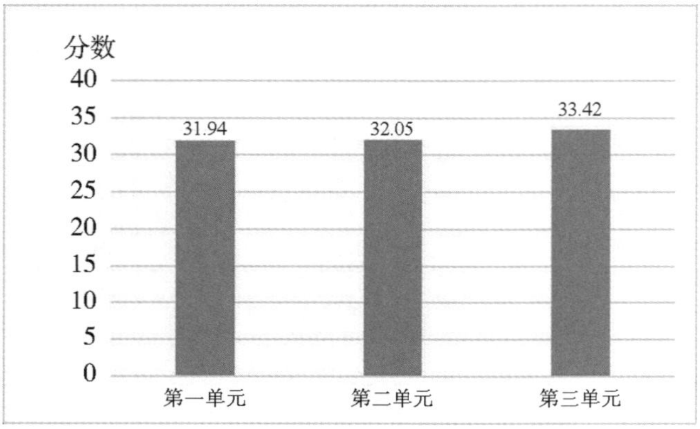

图 6　项目化学习任务中实践能力维度平均分

4. 课堂点评与成果展示，培养学生合作意识

在课程中，教师对学生的作品成果进行展示、设问和点评，创设了良好的交流情境，学生在相互交流中碰撞出思维的火花，推进问题的解决。本课程因采取线上授课形式，分组讨论、小组任务等学习活动的设置受到了一定影响，未能在最大程度上满足学生在项目化学习中互动探讨的需求，相信在线下项目化学习的实践中，学生的合作能力将获得更大的提升。

5. 多元评价佐证学生综合能力提升

课程后测自评问卷以五级量表形式呈现，学生从"完全不同意"至"非常同意"五个量级中作出选择，分别对应 1～5 分。问卷旨在了解学生对核心素养、实践技能、多媒体操作技能等六个维度能力的自我评估。

整体来看，问卷六个维度的平均分都在 4.7 分及以上(图 7)，且没有学生选择"不同意"或"完全不同意"选项，可见在项目化学习中学生对自己各方面素养的提升持肯定态度。

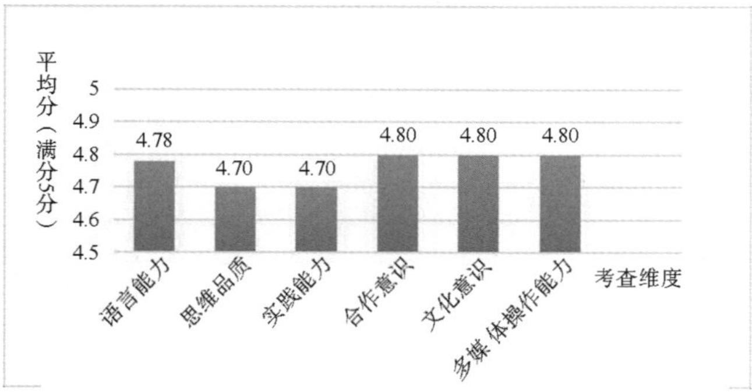

图 7　学生自评问卷中各维度能力得分

学生在语言能力、合作意识、文化意识与多媒体操作能力等方面的提升较为显著，而思维品质与实践能力的变化相对较小，说明培养学生的高阶认知与实践水平是一个长期的过程，需要经过项目化学习的长期引导才能获得质的提升。

此外，家长与助教也对项目成效给予了积极的评价。家长认为在本次项目化学习中“孩子变得自信了，锻炼了很多实际动手能力”；助教老师反馈“本次项目化学习以中华传统文化为学习主题，采用全英文授课模式，高校专家带领学生探究了中华优秀传统文化与自我、社会的关系，培养了学生核心素养，也给我校项目化学习积累了一定的经验。”由此可见，本次项目化课程的设计与实践为学生能力提升、学校课程建设等方面都带来了积极成效。

五、研究发现

（一）主题引领下的项目化学习促进学生综合能力提升

“中国故事·世界表达”项目化学习课程聚焦“中华优秀传统文化”大主题，培养学生欣赏文化、理解文化、阐述文化的语言能力与文化情怀。课程坚持主题引领，聚焦核心概念，既鼓励学生在已有知识的基础上积极吸收与项目主题相关的新知识，实现思维具象化，又在探究相关驱动性问题时，锻炼学生的发散思维能力，引导他们从不同角度感受中华文化的魅力。

在项目化学习中提升高阶思维能力与问题解决能力离不开与项目主题相关的知识积累。课程在“中华优秀传统文化”大主题下又设置了“饮食与文化”“自然与文化”等子话题作为切入点，为学生搭建必要的学习支架，兼顾语言学习和文化意识的培养。

主题引领的项目化学习指向明确、目标突出，能够在核心概念的整合与问题探究过程中起到重要的指向作用，实现零散知识的有机融合，形成多元的、综合的、具有一定挑战性的活动课程，更好地激发和维持学生的学习动机。

（二）注重单元整体设计，推动项目化学习向纵深发展

与传统教学相比，采用单元整体设计的项目化学习课程更凸显了思维性、探究性的特点。课程中，核心知识导入、问题探索、实践活动、成果公开展示等各个环节层层递进，逐步深入，教学单元与大主题密切相关又各有侧重，拓展了项目化学习课程的深度和广度，促进了学生对知识的理解与迁移应用。

六、总结和启示

项目化学习作为课程的一种组织形态，引导学生在真实问题的探究中运用不同学科知识和思维方式，发展核心素养与多元智能。项目化学习的优势体现在整合和重组学科核心知识，提升学生综合能力。在课程中，学生通过探索身边的文化现象完成多样化的学习任务，既理解了中国传统文化的内涵，又提升了语言能力。同时，项目化学习构建了真实的学

习情境和问题驱动型任务，学生在深度思考和亲身实践中内化学习成果，真切感受到了学习的乐趣与意义。

项目化学习在英语教学中的运用，需充分考虑教学内容与材料的选择、教师的教学方式以及学生的学习方式等要素。在教材内容的选择上，需要遵循项目化学习的设计原则，将课堂中零碎的单个学科知识加以整合和重组，形成综合性的教学主题与内容。在教学素材的选择上，需要注重素材与学生生活的关联性和学习材料本身的意义，从而深化学生对某一核心概念的理解。教学过程还应注重引导和启发，通过讨论、辩论等环节，发展学生创造性思维与合作意识，给予学生更多的表达机会。在学生学习方式上，教师要积极引导学生通过亲身实践与团队合作解决问题，鼓励学生主动挖掘更多的学习资源，发挥学生在知识建构中的主体性作用。

在专家团队的指导下，项目组顺利完成了本次项目化学习课程的开发和实践，项目成员的教学理论素养和实践能力获得了提升。在教学过程中，教师为学生搭建学习支架，通过师生互动激发学生的课堂参与积极性。此外，教师的课堂管理能力与信息素养也获得了训练和提升，能很好地兼顾课堂纪律和课堂的趣味性，获得了宝贵的教学经验。

上海师范大学学区
红色研学课程资源
的开发与运用研究

研学活动是我国中小学综合实践活动的主要方式之一，也是一种校外教育活动。近年来，在国家有关政策的支持下，许多学校对融入“四史”教育主题的红色研学活动课程十分重视，出现了一些较成功的案例，但这类活动在开展过程中依然存在着一些有待解决的难题，如对于低年级、不适宜远行的学生而言，如何设计符合其年龄特点和实际学情的高质量研学活动课程。因此，本项联合课题便是以上海师范大学学区内的求知小学为例，探讨解决这一问题的方法。鉴于目前同类研究较少，希望这项研究能给业者带来一些启迪。

区域中小学红色研学课程资源的开发与运用研究

王正瀚

（上海师范大学）

一、研究背景

（一）中小学举行研学活动的意义

1. 有助于培育和践行社会主义核心价值观

社会主义核心价值观为社会主义事业需要怎样的未来建设者提出了精神层面的基本素养要求。社会主义核心价值观要从小培育，同时不能通过灌输的方式进行，应运用丰富的教育资源、灵活的教育方法，发挥各种教育载体的育人作用，潜移默化地滋养学生的心灵和思想。研学活动因其内容丰富和形式多样而受到学生们的喜爱。因此，通过研学活动的方式来对他们进行社会主义核心价值观教育往往能取得较好的效果。

2. 提供了爱国主义教育的良好途径

爱国主义教育不仅要渗透到各门学科课程中，还要引领学生走出校园，用他们自己的视角去感受和观察国家的变化，树立崇高的社会责任感，增强对党、对祖国和人民的热爱之情。研学活动正好满足了这些需要，与“四史”教育主题相符的红色研学更为培养学生的爱国情怀创造了有利的情境条件。

3. 促进“双减”背景下素质教育的积极推进

研学活动突破了校内学习模式的局限，给予学生更多在“做中学”的机会，促使其将课本知识与生活经验有机联系，也有利于组织研学活动的教师更全面地了解学生，发现他们的潜力，这些对于培养学生的综合素质及创新精神都大有裨益。2021 年，国家有关部门出台了《关于进一步减轻义务教育阶段学生作业负担和校外培训负担的意见》等政策文件。作为与学校教育相衔接的校外教育的创新形式，研学活动对于中小学全面推进“双减”有关要求的落实也有积极意义。

（二）研学课程的主要特点

1. 探究性

研学课程的基本特点是在“研中学”，在“学中研”，它改变了传统课堂中教师教什么，学生就学什么的知识传授方式，让学生在研学中学会和习得知识的运用方法，通过自主探究获得知识和本领。

2. 社会性

研学课程的性质决定了它不可能是封闭的课程体系。研学活动像一座桥梁，一头连着学生的学校与课堂，另一头连接着广阔的自然与社会。学生在研学活动中学习的内容和素材都是开放的，接受的指导也可能来自不同身份的专业人士，从而广泛地接触了社会。

3. 合作性

研学是在学校和有关部门的组织下，由学生集体参加的学习活动。在研学开展的过程中，学生往往以团队的形式探讨问题，相互之间进行协作，同时要与教师、专业人员等在研学中提供指导的人员进行交流和讨论，这些都是研学活动合作性的体现。

（三）核心概念界定

1. 红色研学课程

2013 年国务院办公厅发布的《国民旅游休闲纲要（2013—2020 年）》正式提出了“逐步推行中小学生研学旅行”。2016 年，教育部等 11 个部门联合下发的《关于推进中小学生研学旅行的意见》指出：“中小学生研学旅行是由教育部门和学校有计划地组织安排，通过集体旅行、集中食宿方式开展的研究性学习和旅行体验相结合的校外教育活动，是学校教育和校外教育衔接的创新形式，是教育教学的重要内容，是综合实践育人的有效途径。”2017 年，教育部颁发的《中小学综合实践活动课程指导纲要》强调综合实践活动是与学科课程并列设置的必修课程，而研学旅行是中小学综合实践活动课程的重要组成部分。依据这些国家政策文件，本课题中的红色研学课程可概括为以中小学生为对象的，以爱国主义教育和革命传统教育为主题的，以反映革命战争、社会主义建设等各时期的红色事迹为题材的研学活动课程。

2. 学区

目前，关于“学区”的概念被广泛讨论，不同学者从地理位置、区域空间结构、管理定位等角度对此进行了阐释。本课题将“学区”界定为“各原有辖区内按照地理位置相近、强弱搭配原则将相同或不同学校划定的办学联合体”。上海师范大学学区（以下简称上师大学区）成立于 2014 年 12 月，现有 15 所学校（包括 1 所大学、1 所九年制学校、4 所中学、6 所小学、1 所特殊教育学校以及 2 所社区学校）。

3. 课程资源

课程资源是在课程设计、实施和评价等教学活动全过程中可利用的一切人力、物力以及自然资源的总和，包括教材、教师、学生、家长以及学校、家庭和社区中所有利于实现课程目标、促进教师专业成长和学生个性的全面发展的资源。

二、相关研究现状

2016 年和 2017 年，教育部等部门颁发《关于推进中小学生研学旅行的意见》《中小学综合实践活动课程指导纲要》等重要文件，强调了研学等实践活动对中小学育人的重要意义和要求。当前，随着我国教育界对这一问题的日益重视，相关研究亦逐渐开展并取得了一些成果。

（一）关于研学课程的理论探讨

对于研学课程的相关理论已不乏学者阐述，本文以 2020 年后的文献为据，一些研究者主要从教育学、心理学、学习论等视域对中小学研学旅行课程设置的理论基础进行了研讨，如殷世东①等人指出“实践教育观”“生活教育观”“具身认知观”“情境教育观”分别是研学旅行课程设置的“哲学基础”“教育社会学基础”“心理学依据”“教学论依据”。还有学者从整体式、体验式、马克思主义全面发展等不同角度论述了中小学生研学旅行的理论基础。

关于中小学研学旅行的内涵，学者们的阐述虽有不同，但都指明了其是以中小学生为主体、与旅行方式相结合，通过观察、体验和探究促进学生发展的教育活动。如有学者提出，新时代中小学研学旅行是一种让学生在旅行过程中学会生存与生活，学会关爱与合作，学会学习考察与探究，从而获得身心和谐发展的一种教育活动。还有学者更具体地将中小学研学旅行定义为“是进一步将旅行主体规定为中小学生群体，基于中小学生群体的特殊性、教学现状的局限性以及学生素养发展的需求等，由当地教育部门和学校有计划地组织安排，以学生学习与生活中的问题为目标专题的重要参考，将校内资源与校外资源相结合，通过集体旅行、集体食宿的方式，让学生进入真实情境中进行体验，获取直接经验，最终实现学生素养提升的教育教学活动”。这些观点为研学活动今后的发展提供了方向的指引。

（二）关于红色研学课程的实践探索

近年来，结合红色主题教育的研学课程也开始为各地各类学校所关注，业者在实践的基础上展示交流了各自开展红色研学活动的课程目标、研学内容、课程资源、相关案例等方面的设计，这些有益的探索为我们提供了宝贵的经验。例如，卢丽珍②的《红色教育研学旅行校本课程开发研究》、邹星③等人的《谈“鸡鸣三省”威信县初高中红色研学课程设计》等论文对广西、云南等地一些中小学开展红色研学的情况进行了介绍，颇具价值。

（三）关于研学课程实施现状和困境的分析

在研学开展的过程中，一些研究者也对其实施现状和存在的不足进行了分析，并提出了

---

① 殷世东，杨斯钫. 中小学研学旅行课程设置价值与理论基础[J]. 宁波大学学报(教育科学版)，2020，42(4)：26－34.

② 卢丽珍. 红色教育研学旅行校本课程开发研究[J]. 广西教育，2020(29)：25－27.

③ 邹星，黄晓园，郑祖槐，等. 谈“鸡鸣三省”威信县初高中红色研学课程设计[J]. 旅游纵览，2020(12)：93－95.

相应的策略。有学者强调红色研学课程要想更好地实现立德树人的教育价值，需要做到两点：一是和学生的成长紧密结合，二是和当地文化资源的深度融合。邓达④等人指出目前我国研学旅行课程在实践中尚存在目标定位模糊、设计不合理、活动方式单一等问题，还有学者指出一些农村中小学对研学旅行的不认同及相关师资队伍的不理想等因素影响了学校研学旅行课程的开展。对此，他们都主张要加强对研学课程的监督保障和教师培训，提升研学课程的实践指导力。

综观这些研学活动过程中所出现的问题，大多聚焦于研学资源开发、研学目标和活动形式设计、师资力量不足等方面，这些都是学校今后开展研学活动所需进一步思考和解决的。

（四）关于学区研学问题的研究

随着近年来学区化办学的发展，关于学区内中小学校的研学相关课程开发问题也开始引起了教育者的关注。例如庞国艳⑤等人介绍了学校联动、开设学区主题实践课程建设的情况，指出了该学区通过开创学校、家庭、社会及科研单位协同育人的新局面，形成了强大的教育合力，有力地提升了学区学生的核心素养和学校德育工作水平，但目前这类经验总结尚不多。

上述成果为我们深入研究中小学研学课程提供了理论和实践的基础，但总体而言，国内研学课程有待进一步的探索。而关于上海中小学的红色研学活动的实践研究更为薄弱，仅有寥寥几篇论文可供参考，这显然与上海这座城市的红色底蕴是不相称的。

三、主要研究内容及拟解决的重点问题

《关于推进中小学生研学旅行的意见》指出，中小学生的研学要遵循教育性和实践性原则，要结合学生身心特点、接受能力和实际需要，注重系统性、知识性、科学性和趣味性，为学生全面发展提供良好成长空间。作为中国共产党的诞生地和中国革命的摇篮，上海有着丰厚的红色文化资源。本课题研究将结合上师大学区学校的校情、学情和“四史”学习背景，精心选择和挖掘学区内的红色历史场馆资源，开发形成具有区域特色的上师大学区学校的红色研学课程资源，并探讨其运用的路径和方法。其中，挖掘、开发适用于学区中小学生研学的红色资源，探索如何将其转化成有效的课程资源并开展课程实践是本课题研究的重点。

四、主要研究思路与方法

依据研究对象的特点，本课题以上师大学区内的百年老校求知小学为例，由高校研究者与求知小学相关教师组成研究团队，结合校史主题的综合实践活动、校本课程、“双减”政策

④ 邓达，尹静，于敏章．中小学研学旅行课程发展现状分析及策略研究[J]．基础教育研究，2020(7)：29—31.

⑤ 庞国艳．“四联动”协同育人的实践探索——以南宁市滨湖路小学“缤纷四季大课堂・兰花节”课程实施为例[J]．广西教育，2021(12)：50—52.

实施下的课后服务等设计和实践，探究上师大学区红色研学课程资源开发运用的有效方式和方法，从而为中小学区域红色研学资源的研究添砖加瓦。本课题主要采用以下研究方法：

文献法。课题开展过程中，对相关文献资料和已有理论成果进行收集、梳理、研究和运用。

调查法。通过调查获取研学活动开展的相关材料，了解红色研学资源的开发情况。

案例法。通过设计和实践案例分析红色研学资源的运用方法和策略。

五、主要研究成果

（一）结合学校特点，深挖校史素材

学校作为学生日常学习和生活的主要场所，是他们最为熟悉且对其成长和发展产生直接影响的环境。因此，学校的发展历程以及在各个历史时期所培养出的杰出校友，成为了对学生进行红色教育的宝贵资源和生动素材。在学区内，分布着涵盖不同学段、具有不同特色的学校，这些学校本身的历史和传统资源是进行红色教育的重要财富。例如，位于上师大学区内的求知小学，这所历史悠久的学校创办于1904年，它在革命年代培养了许多英勇无畏、敢于抗争的师生。在中华人民共和国成立后的各个时期，求知小学也培养出了许多为社会主义建设和改革开放事业做出卓越贡献的校友。通过深入挖掘和利用这些学校校史中所蕴含的红色元素，我们可以开展丰富多彩、主题鲜明的红色研学活动，这对于中小学生了解和传承红色基因，增强爱国主义情感，具有重要的意义和深远的影响。

（二）因地制宜，体现地区特色

《关于推进中小学生研学旅行的意见》明确指出，学校应根据学生的学段特点和地域特色，逐步构建起一个从小学阶段以乡土乡情为主、初中阶段以县情市情为主、高中阶段以省情国情为主的研学旅行活动课程体系。这一指导性意见强调了研学旅行活动的系统性和层次性，旨在通过实地考察和体验学习，让学生更深入地了解和认识自己家乡的历史文化、社会经济以及国家的发展变迁。

在这一框架下，红色研学资源的开发和利用也应当紧密结合地域特色，并在必要时依托区域内各类场馆设施、企业机构、社区单位等进行选取与开发。例如，在本课题研究过程中，我们发现了一个具有重要历史意义的红色教育基地。1946年11月，中共地下党龙华区委漕河泾党支部在求知小学秘密成立，这一历史事件为我们提供了宝贵的研学素材。课题组成员通过查阅档案文献、地方志、回忆录等资料，进一步发掘和整理了漕河泾地区中共地下党以及一些教师在革命斗争中的英勇事迹，形成了具有教育意义的研学课程内容。

此外，我们还注重对学区周边特色资源的深度开发。例如，位于漕河泾地区的冠生园（集团）有限公司，这是一家创建于1915年的中国民族工业的名牌老字号企业。冠生园的发展变迁史不仅见证了中国民族工业的发展历程，也反映了改革开放以来中国经济的快速发展。因此，冠生园百年的发展史成为对学生进行爱国主义教育和改革开放历史教育的优质

素材。通过实地参观和学习，学生们可以更直观地感受到改革开放带来的巨大变化，从而激发他们的爱国情怀和历史责任感。

（三）注重针对性，贴近学生的心理和年龄特征

在进行研学资源的筛选过程中，我们也要认识到并非所有带有红色历史背景的资源都适合被开发成学生参与的研学活动内容。只有那些能够满足学生发展需求、贴近学生实际生活的资源，才能真正激励他们在研学过程中实现“在研究中学习”的目标。例如，在利用冠生园的相关素材进行研学活动时，针对低年级的学生，我们选择从他们熟悉的食品如大白兔奶糖入手，以此来吸引他们的兴趣和注意力；而对于高年级的学生，我们则选取了那些在国家科技发展方面作出杰出贡献的校友的学习和成长经历作为研学内容。有针对性地开拓资源是确保红色研学活动能够成功开展的有效途径。

在本课题的研究过程中，我们虽然已经取得了初步的成果，但由于这是一个相对较新的研究领域，如何更高效地开展区域内中小学红色研学活动还需要进一步地探讨和研究。例如，如何充实和提升指导教师的专业素养、如何合理安排研学课程的时间、如何开发利用数字资源以适应现代教育的需求等问题，都是我们接下来需要继续深入探索和实践的重要课题。通过不断地研究和实践，我们希望能够为红色研学活动的深入开展提供更加科学、有效的指导和支持。

红色研学资源在求知小学校本课程建设中的创新与实践

王龙昌

（上海市徐汇区求知小学）

作为一所创办于1904年的百年老校，求知小学始终坚持“自吾求知，蒙以养正”的办学理念。近年来，我校聚焦“双减”，在切实减轻学生过重作业负担的同时，对凸显学校教育主阵地、提升办学质量提出了更高的目标。我们认为学校的最大资源就是课程，好的课程既能丰富学生的学习经验，又能提升学生的学习能力。因此，如何有效实施校本课程，培养德智体美劳全面发展的新时代学生，成为当下学校工作的重点。而红色研学活动利用爱国主义教育、革命传统教育和国家现代化建设成就等丰富的教育资源，成为推动研学教育发展的重要手段。我校在校本课程的设计与实施过程中，研发了“红色求知之旅”主题式综合研学活动课程。

一、课程背景

（一）政策层面

《义务教育质量评价指南》规定：“学生发展质量评价主要包括学生品德发展、学业发展、身心发展、审美素养、劳动与社会实践五个方面，旨在促进学生德智体美劳全面发展，培养适应终身发展和社会发展需要的正确价值观、必备品格和关键能力。”上海市教委也明确把“优化小学课程建设，使课程更适合学生发展”作为开展小学主题式综合活动课程要求，采用体验、探究、游戏等方式，引领学生认识、发展自我，参与并融入社会，体验学习与探索的乐趣。随着“双减”政策的实施，结合课后服务工作的落实，围绕徐汇教育高质量发展的理念，我校合理整合多方资源，丰富课后服务内容，优化课后活动实施，创新课后服务方式，进一步开发学生喜闻乐见的素质教育活动与课程，彰显学校办学特色，促进学生健康成长。

（二）学校层面

学生的全面发展和个性化发展，已成为新时代教育的必然要求。对儿童个体而言，要养成好习惯，培养关键能力，使其更好地适应未来的发展，需要通过各种活动引发他们的兴趣，激发他们的认同感,从而带动他们价值观的建立、能力的增长和习惯的养成。而这些能力与习惯的培养,仅仅通过分学科的课程学习是不能及时、有效达成的。

课程是学校教育的核心之一,我校近年来着力推进学校特色课程的资源整合与实践,有步骤、分层次地逐步构建了以学校核心文化传承为基础,以“启智、养正、益趣”为三大支柱的“求知”特色课程群。但这些校本课程主要依托传统课程架构,是在“双减”政策执行背景下课后服务内容的延伸,如何更有效地设计拓展活动成为推进主题式综合活动课程的关键。学校必须加强学校课程的顶层设计和整体规划,才能创设有效的课程体系,以满足儿童化、特色化、优质化的学校课程建设,同时这也是对我校校本课程实施的重要补充和完善。

二、课程框架

我校积极探索学生成长规律,结合学校已有的课程基础,努力挖掘百年校史的文化传承,围绕红色资源的开发与实践,整合资源,优化学校校本课程体系,通过对特色项目的资源整合和课时调整,系统推进红色研学课程建设的顶层设计。我校初步采用“三·3”模式构建了“红色求知之旅”主题式综合研学活动课程框架,具体设计如表 1 所示。

表 1 “红色求知之旅”主题式综合研学活动课程框架

课程培养目标:乐求真知				
“三”大课程设计		“3”个学习维度		
课程板块	课程时间	为学	重研	促思
启智 课程培养目标:心康体健	课内教学时段	梳理思路	交流分享	弘扬精神
养正 课程培养目标:争冠治生	课后服务时段	探究寻访	实践体验	展示汇报
益趣 课程培养目标:手习脑勤	校外自由时段	学习整理	深度挖掘	提炼内化

求知小学有一百多年的文化传承和历史积淀,学校从办学理念到校风学风,已形成一整套特色鲜明的办学思想体系。校名“求知”,诠释的是最朴实的办学之道,学生到校学习的最大目标,就是在学习和做人上求得真知,即本课程案例的培养目标。

在构建“红色求知之旅”主题式综合研学活动课程框架时,我们尝试将求知特色文化内涵与课程培养目标有机结合,将整个研学活动课程的培养目标确定为“乐求真知”,用“三”大课程设计,“3”个学习维度即“三·3”模式具体实现。其中,“三”指课程设计“启智”“养正”“益趣”三大板块,三者相对独立。同时,每个板块的课程都围绕学、研、思 3 个学习维度有针对性地设置课程内容，把学校传统文化的传承作为课程培养的目标，诠释我校学风“手习脑勤、心康体健、争冠治生”的含义，以此来实现红色研学课程与校园文化的有效融合。

三、课程内容

我们一直在探索如何让每一个求知学子，从最初懵懂的孩童，逐渐成长为拥有学识、涵养、美德的少年。作为一所百年老校，我校校史馆内“百年树人”的校友题词生动诠释了学校教育的价值：树的成长需要经历风雨，学生正像一棵棵萌芽的树苗，在学校课程的滋养下成长。围绕我校的学生培养目标和主题式综合活动课程的指导思想，我们深度挖掘学校校史文化传承中的红色教育资源，帮助学生了解民族历史、传统文化等，初步形成社会责任意识，厚植爱国主义情怀。以我校在四、五年级开展的“红色求知之旅”主题式综合研学活动课程设计为例。

我校在四年级开设了“冠生启航，民族振兴——校景中的红色资源”研学课程。我校多年的校园文化积淀和历次校庆积累的“校园景点”课程资源，成为“红色求知之旅”主题式综合研学活动课程中的一条主线。为此，我们依据校风中“争冠治生”的内涵对校外的冠生园路进行了历史脉络梳理，赋予民族产业“正”的文化内涵（表 2）。

表 2 “冠生启航，民族振兴——校景中的红色资源”研学课程

课程板块 \ 学习维度	为学	重研	促思
启智	梳理思路 1. 学习校景，分享红色典故 2. 导师设疑，探讨研究重点	交流分享 1. 组建团队，开启研学之旅 2. 按图索骥，制订寻访计划	弘扬精神 1. 撰写心得，分享学习体会 2. 交流分享，树立成长志向
养正	探究寻访 1. 挖掘历史，了解冠生渊源 2. 结合史料，挖掘历史脉络	实践体验 1. 围绕重点，开展寻访活动 2. 整理资料，探寻冠生园史	展示汇报 1. 学习实践，完成作业汇报 2. 开展辩论，交流学习收获
益趣	学习整理 1. 对比资料，了解地区文化 2. 收集信息，分析历史背景	深度挖掘 1. 组织宣讲，传递学习收获 2. 拓展活动，参与宣传教育	提炼内化 1. 组织讨论，探究社会现状 2. 结合能力，展示研学成果

我校在五年级开设了“星火燎原，红色启蒙——校史中的红色党史”研学课程。该课程起源于校史中的一段红色故事：20 世纪 40 年代，时任校长薛惠人在校内建立了漕河泾地区第一个地下党组织，并在残酷的环境下坚持革命斗争。学生通过参观、梳理、采访和查资料等方式，体会地下工作所面临的危险，感受革命先辈的爱国主义精神和坚定的革命信仰，这些活动激发了学生的社会责任感，培养了学生的爱国主义情怀。

四、课程实施与评价

（一）课程实施方式与路径

根据“红色求知之旅”主题式综合研学活动课程的实施成效，我们对现有课程体系进行有机整合，通过“课时整合重组＋课外渗透落实”的方式开展活动，做好顶层设计与架构。课时整合重组指围绕综合活动课程实施需要，统筹安排拓展、探究课程，形成专题课时总量，并设计丰富多彩的主题活动引领学生体验课程，初步形成对自我、社会和自然的整体认识。课外渗透落实指在课程实施中充分利用课余时间，让学生在课后和校外进行活动。

（二）课程实施要求与内容

我校教导处根据相关年段实施“红色求知之旅”主题式综合研学活动课程的安排，统整一学期兴趣活动、专题教育、课后服务、社会实践、探究活动等课时，有序制订课程方案。在实施过程中，统筹协调各方资源，充分利用校内各类资源，确保学校开设的课程内容有序落实。在实施过程中，教师向学生布置课后进行调查、访问、资料搜集等任务，将活动延伸至校外教育基地、社区、家庭等场所。

（三）课程评价原则

“红色求知之旅”主题式综合研学活动课程旨在引领学生认识并发展自我，融入社会，初步形成对自我、对社会的整体认识。结合我校“乐求真知、手习脑勤、心康体健、争冠治生”的学生培养目标，在参与综合活动课程实践的基础上，对学生开展有效的、多元的评价。

1. 注重过程性评价

我们将学生的活动表现和活动成果作为分析考察课程实施、学生发展状况的重要依据。以“成长档案”为评价载体，对学生在不同阶段活动过程中的表现和结果进行综合评价，初步建立过程性评价机制。

2. 强化评价多元化

教师、学生与家长可以从活页夹中清楚了解学生情况，共同参与过程与成果的评价，更好地建立家校互动沟通机制，形成合力，促使学生认识自我，逐步养成良好的品德，助力未来的发展。

3. 倡导评价发展性

以档案袋为评价工具，收集记录学生的活动过程，根据活动中学生的表现与呈现的活动成果进行评价与实时反思，并对后续的活动方案进行及时修正，形成“目标→表现→成果→评价”的链条，并根据最终成果反思课程实施的效果。

（四）课程评价方式

根据主题式综合活动课程中不同的评价目标选择适合的评价方法与工具，评价者由单一的教师变为教师、学生本人、同伴、家长等多种主体(表 4)。

表 3 课程评价方式

评价目标	评价类型	评价方法与工具	评价者
活动中的表现	过程性评价	评价表、档案袋	学生、同伴、教师
活动成果	总结性评价	评价表、档案袋、展览与汇报	学生、同伴、教师、家长

评价表：根据具体活动的设计与需要，在课程实施的各个阶段开展记录与评价，设计符合学生特征的评价表，激励学生自我管理和同伴互助。

档案袋：围绕学校办学理念“自吾求知”中对学习自主性的要求，利用档案袋较完整地记录活动过程，积累学生成果，有利于教师和家长的共同参与，形成教育合力，促进学生健康成长。

展览与汇报：学生展览与汇报成果能有效促进学生合作分享、表达交流等方面的能力发展。绘画作品、创编小报等活动过程中积累的学生成果，学校既可以用来开展专题展览，也可以组织交流汇报、表演、辩论等专题展示活动。

综上所述，通过“红色求知之旅”主题式综合研学活动课程的实施，我校在实践中锻炼了教师队伍，丰富了校本课程，取得了一定的成效，但同时我们也深切体会到，“红色求知之旅”主题式综合研学活动课程是一个内涵丰富、外延宽泛的概念，根植于学校的教育教学，渗透在学生的课堂内外，伴随着学生的健康成长。学校将继续开展红色研学资源的开发与探索，依托校史资源，助力学生游中研，研中学，将红色基因润物无声般根植在师生的心田，精心培育好新时代社会主义接班人！

红色资源在小学低年级主题综合实践活动中的实施策略研究

——以求知小学"蒙蒙心向党"主题综合实践活动为例

沈蕾

（上海市徐汇区求知小学）

回顾中国共产党的百年历史，正是因为一代代共产党员对党和人民的无限忠诚和热爱，为党的崇高信仰顽强拼搏、不懈奋斗，中国共产党才取得了一个又一个胜利。历史川流不息，对党忠诚、不负人民的精神需要代代相传，学校教育需要大力传承红色基因、弘扬革命精神，广泛开展红色主题教育，努力把红色基因注入血脉，融入灵魂，化为行动。

《易经·蒙》有言："蒙以养正，圣功也。"意思是蒙童时期应该培养纯真无邪的品质。小学阶段是人生的"拔节孕穗期"，这一时期的儿童心智逐渐健全，思维进入最活跃的状态，需要精心引导和栽培，传授给他们正确的思想，引导他们走正路。

小学生在人生价值观建立的初期，需要通过实践体验来感受来获取认知，从而充实内化于心、外化于行的成长过程。如何让他们了解优秀传统文化、红色革命文化、先进社会主义文化，继而传承与发展，是新时代赋予教师的课题，也是学校需要不断探索并实施的一项长期任务。

求知小学自 1904 年创办以来，一直秉承"自吾求知，蒙以养正"的办学理念，围绕"乐求真知、手习脑勤、心康体健、争冠治生"的教育核心，努力办好令老百姓满意的家门口学校。校史馆陈列着求知百年历史，有战火年代办学建校的民族气节和智慧；有改革岁月教书育人的执着和坚守；更有新时代探索教改前沿的实践与决心。

《义务教育质量评价指南》和上海市教育委员会出台的相关文件都明确提出了优化小学课程建设，推进小学低年级主题式综合活动课程的要求。近年来，学校着力推进特色项目的资源整合和课程实践，目前已初步形成了以"知"为起点，以学校核心文化传承为基础，以"启智、养正、益趣"为三大支柱的"求知"校本课程群。

学校组建校级课程研发团队，通过对校训墙"知"文化的解构与思考，以"自吾求知"中"吾"的自我经历体验为核心，初步构建了"蒙蒙成长记"低年级主题式综合活动课程，倡导每个孩子"在课程的经历中启迪智慧——启我智，在课程的参与中涵养品行——养我正，在课程的浸润中培养兴趣——益我趣"，对应"我与自己、我与社会、我与自然"三大板块课程内容，让低年级学生在自我参与、亲身实践中体会探究的乐趣，习得能力，帮助学生更好地认识自我，适应未来的发展。

我们的综合活动课程涉及三个维度，每个维度设计了富有童趣的主题(图 1)，在不同的主题下设计了具有关联性的活动，同一个活动也关注从低年级到高年级的层递性。

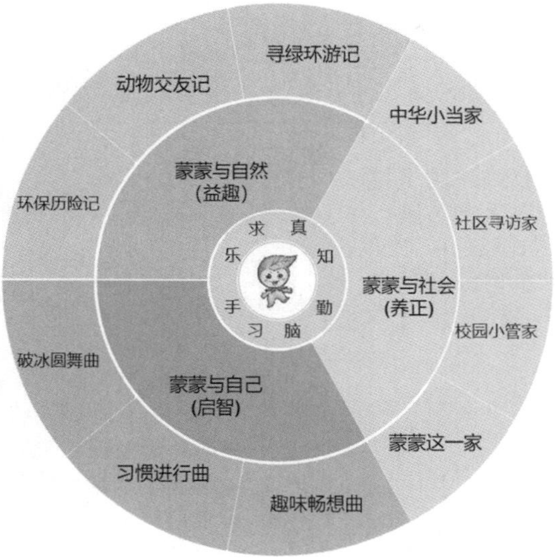

图 1 “蒙蒙成长记”低年级主题式综合活动课程主题

一、红色课程

在实践中，为了落实养正模块的内容，让学生在活动中能更好地吸收养分，建立文化自信，在血脉中根植红色基因，我们在“蒙蒙与社会(养正)”这个维度中增加了“蒙蒙心向党”这个独立的环节，挖掘学校百年校史中的红色资源，并引入实践活动课程中，设计内容从低年级至中高年级逐级递进。每个活动在达成度方面设计了分层，适合不同年龄、不同能力的学生课程内容在道法课、午会课、德育主题活动时落实，让学生在活动中感受到青少年作为新时代接班人的使命感。

(一) 课程内容(表 1)

表 1 “蒙蒙心向党”主题课程内容

侧重维度	主题	主题描述	活动	任务	
				普阶	高阶
蒙蒙与社会(养正)	蒙蒙心向党	通过挖掘校史资源，在红色宣讲、体验寻访，以及各类德育活动中让学生感受党的伟大，培养正确的价值认知，增强对祖国的热爱，厚植爱国情感	蒙蒙学党史	思政小讲堂	红色乐寻访
			蒙蒙爱学校	我是校园小导游	我是校史讲解员 校友寻访
			蒙蒙会劳动	劳动打卡，分享劳动成果	做劳动启明星 劳动者寻访

（二）课程实施（表 2）

表 2 “蒙蒙心向党”课程实施过程

<table>
<tr><th rowspan="2">主题</th><th rowspan="2">活动</th><th colspan="2">任务</th><th rowspan="2">红色资源</th><th rowspan="2">形成性评价成果</th><th rowspan="2">课程落实</th></tr>
<tr><th>分层任务</th><th>任务提示</th></tr>
<tr><td rowspan="4">蒙蒙心向党</td><td rowspan="2">蒙蒙学党史</td><td>思政小讲堂</td><td>1. 参与升旗仪式，聆听红色主题发言，养正思想认识
2. 与教师组成红色宣讲团，共同挖掘学校的红色资源，整理成故事，做小小红色发言人</td><td rowspan="2">20 世纪 40 年代，我校建立了漕河泾地区第一个地下党组织，做一些革命情报的收集与掩护工作。求知学子应延续党的优秀革命传统，传承红色基因</td><td>学习过程照片、宣讲稿</td><td>升旗仪式</td></tr>
<tr><td>红色乐寻访</td><td>1. 参加“蒙蒙云实践，寻访乐成长”活动，打卡学校周边的红色基地，了解红色历史故事
2. 在班级中分享自己的活动内容，布置红色园地
3. 组织队长宣讲团，以演讲的方式向少先队员宣讲自己的寻访经历以及寻访成果</td><td>红色小报、PPT 演讲稿、寻访任务单</td><td>课后活动
队活动课</td></tr>
<tr><td rowspan="2">蒙蒙爱学校</td><td>我是校园小导游</td><td>1. 校园景点打卡：根据打卡单了解校园文化，给已了解的景点涂色
2. 参观校史馆：听一听讲解，看一看展示，找一找熟悉的地方</td><td rowspan="2">我校有悠久的办学的历史，无论是办学理念，还是校园文化六景，都是求知学子了解校园历史的好素材，助力学子讲好学校的故事，做乐学守正的求知好少年</td><td>校园景点打卡单、活动相关评价表</td><td>拓展课程</td></tr>
<tr><td>我是校史讲解员</td><td>1. 学习校史小故事，参与校史问答小比赛，比比谁的了解多一点
2. 开展“谁的讲解更动人”比赛，参与校讲解培训，成为校史讲解员
3. 组织少先队寻访小队，寻访校友，寻根溯源，了解增补学校的文化故事</td><td>评比交流、讲解员手稿、寻访任务单</td><td>拓展课程</td></tr>
</table>

（续　表）

主题	活动	任务		红色资源	形成性评价成果	课程落实
		分层任务	任务提示			
蒙蒙心向党	蒙蒙会劳动	分享劳动成果	1. 完成月度劳动打卡，记录自己的劳动任务，解锁新的劳动技能 2. 以视频、照片、文字等形式分享自己劳动内容，布置劳动园地	通过生活岗位制度，建立自主劳动的意识，培养学生动手能力、解决问题的能力等。以劳动教育为载体，通过各类活动培养学生的责任担当	活动记录单	课后活动
		劳动者寻访	1. 参加学校的“志愿绿小队”活动，为学校护绿奉献爱心 2. 参加值勤周活动，为维护学校秩序奉献爱心 3. 寻访身边的劳动者，分享劳动故事，并参与学校的劳动实践活动		护绿记录单 值勤记录单 寻访任务单	课后活动

二、活动案例

（一）思政课堂，汲取红色力量

“蒙蒙学党史”是蒙蒙心向党主题模块中红色主题教育类的课程，其中的“思政小讲堂”以升旗仪式“国旗下的讲话”为载体，由党员、团员青年组成教师宣讲团，与学生代表一起大手牵小手，讲述中国共产党的光辉历史以及中华人民共和国成立以来祖国的变化，包括国防力量的增强、科学技术的进步，以及生活环境的变化，感受祖国在党的领导下蓬勃发展，感受新时代的欣欣向荣，感受中国梦在几代人的努力拼搏中逐渐呈现出美好的图景。

以 2022 年的思政小讲堂为例，我校结合习语经典和学校的月度主题，设计了五个主题课程，分别是二月的残奥精神主题，三月的生态环保主题，四月的龙华英烈主题，五月的劳动楷模主题，六月的红歌主题。宣讲团成员根据主题找到相匹配的内容，讲好故事，做好红色发言人，传承红色基因，厚植爱国情怀（表 3）。

表 3　2022 年我校思政小讲堂内容设计

模块	月主题	红色课程内容
思政小讲堂	残奥精神——乐观坚强自信，一起向未来（二月）	第一期：开学第一课“快乐健康向未来” 第二期：乐观坚强的陈建新
	生态环保——绿水青山就是金山银山（三月）	第一期：浙江大花园建设 第二期：中国式的水治理

(续　表)

模块	月主题	红色课程内容
思政小讲堂	龙华英烈——理想之光不灭，信仰之火不熄(四月)	第一期：龙华烈士陵园介绍 第二期：信仰之火永不熄——赵世炎 第三期：兄弟双雄——陈延年、陈乔年 第四期：一心为革命，清白家风照后人——杨匏安
	劳动楷模——向劳模学习，以劳模为榜样(五月)	第一期：最美奋斗者申纪兰 第二期：人民英雄张定宇 第三期：航天英雄刘洋 第四期：教育楷模于漪
	颂扬红歌——用好红色资源，赓续红色血脉(六月)	第一期：《灯火里的中国》——在灯火中发奋图强，舍小家为大家 第二期：《我和我的祖国》——个人与国家不可分割 第三期：《我们都是追梦人》——小小梦想筑起民族复兴的脊梁 第四期：《万疆》——长城文化，传承信仰

教师在选择故事时，首先要针对月度主题挖掘相应的故事内容，教师和学生一起打磨故事内容，用师生共话的形式讲好红色故事，传递欣欣向荣的时代主旋律，因此故事的修改和创编尤为重要。例如，在构思四月英烈主题故事时，教师带领学生云访烈士陵园，线上参观龙华烈士陵园纪念馆，收集烈士的资料。师生共同细读烈士的生平资料，被这群为了祖国解放抛头颅洒热血的青年而感动，他们无畏牺牲，只因民族已到了存亡之际，他们奋不顾身，用自己的血肉之躯诠释对党的忠诚和信仰。有了这样真切的体悟，作为红色发言人的师生团队以“理想之光不灭，信仰之火不熄”为主题，讲述烈士的故事，真挚而感人。这就是思政小讲堂活动设计的初衷，运用好红色资源，传承红色基因，讲好党的故事，做好新时代接班人。

为了更充分地挖掘学校历史中的红色资源，我们联合上师大红色研学的研究团队，与我校教师组成红色资源项目组，挖掘百年校史中的红色历史，以及学校周边民营企业的爱国故事，比如冠生园向浴血奋战的抗日将士捐献大量食品的爱国之举，集合成校本红色课程资源。通过思政课堂的学习，让学生在一个个真实的历史故事中汲取红色精神的滋养，让爱党爱国的基因在心中深植，做一个心向党、跟党走的好孩子。

(二) 红色寻访，筑牢红色信仰

根据学生渴望在寒暑假、国庆长假实践体验的需求，我们挖掘了校园周边丰富的红色资源，设计了形式多样的“红色乐寻访”实践活动，让学生走出校园，通过打卡红色场馆、红色基地，深度了解场馆、楼宇背后的故事，从而增强学生对革命文化、历史文化的信仰，增强学生的文化自信，从中获得精神力量。

以“蒙蒙‘云’实践”活动为例，我们组织学生以自己居住的社区为中心在地图上画一个圈，定位自己想要寻访的红色基地，形成“我的实践清单”(图 2)。学生寻访前需要确定寻访任务，继而围绕一个寻访主题开展实践考察，将自己了解的内容与大家分享，最后再分享自己的寻访心得。

实践寻访之后的输出环节，学校让各班开展“蒙蒙乐成长”的主题班会，分享交流各自的寻访内容。教师组织队干部做红色专题宣讲，围绕人物或事件讲述背后的故事。这样的形式夯实了实践活动中学生考察学习体验后的收获，交流分享之后会形成更好的良性互动，激发学生对祖国的热爱，帮助学生树立正确的人生观。

图 2　蒙蒙“云”实践活动任务单

三、策略总结

基于学校主题式综合活动课程，将养正板块与红色课程资源的开发和利用相结合，一是对学校综合活动课程的补充，二是将红色党史教育的理论认识具象化，给学生带来更直观的感受和体验，从而做好红色党史教育，为学生的成长扣好第一粒扣子。

活动任务的设计，分为普阶和高阶两个层次。普阶是指学生在日常校园生活中需要完成的任务，比如参加升旗仪式，听红色宣讲，党史学习教育；参与活动打卡，通过感受和体验，端正态度，修正品行。高阶是指学生要在红色党史课程中的提高环节，以寻访任务作为主要推进的方式，学生参与了前期的教育活动之后，将自己所感受体验到的精神、品质内化为正确的思想认识，再通过各类寻访活动得以强化。

我校挖掘学校百年校史中的红色资源，与“蒙蒙心向党”模块对接，将红色资源中的党史内容对应思政党史学习模块，校园文化内容对应校园实践体验模块，校本活动内容对应德育活动，形成以校史红色资源引领为核心的学生党史主题校本系列课程，通过系统的红色课程教育，使学生能蒙正养穗，在小学阶段形成正确的思想认识，走正路，有正确的价值导向。

四、反思和展望

红色理想、红色精神作为一种让人成长进步的力量，要以润物细无声的方式根植在每个求知学子的心里，践行在每个求知人的行动之中。在上师大红色研学团队的帮助和支持下，我校基于红色资源课程的结构与体系规划逐渐完善。经过不断地探索和实践，红色课程资源在我校主题式综合活动中的策略和研究已经取得初步成效，我们还将不断地开发其价值，使我校建立在养正课程下的德育活动能迈上一个新的台阶，成为百廿老校的办学特色之一。

基于校史的红色研学资源开发与活动设计案例

付含菲

（上海市徐汇区求知小学）

2016年12月，教育部印发《关于推进中小学生研学旅行的意见》明确提出，要“开发一批育人效果突出的研学旅行活动课程”，这一意见赋予了研学活动立德育人的价值。红色研学则进一步承载了红色教育的使命，旨在通过开展主题研学实践活动，学习和研究红色精神。在此背景下，求知小学基于校史，挖掘红色资源，开展研学活动，以更新鲜、更贴近生活的方式，促进学生了解革命光荣历史，学习红色革命精神，传承光荣革命传统。

一、红色研学活动的教育价值

（一）贴近红色历史，发挥爱国教育意义

2020年7月23日，习近平总书记致中国少年先锋队第八次全国代表大会的贺信中指出：“新时代，少先队要高举队旗跟党走，传承红色基因，培育时代新人，团结、教育、引领广大少先队员做共产主义事业接班人，为坚持和发展中国特色社会主义、实现中华民族伟大复兴的中国梦时刻准备着。”

整合学校现有德育活动资源和综合活动资源，开发设计基于校史的红色研学活动，能够为学生传承红色基因提供鲜活的教材。通过参与基于校史的红色研学活动，学生能够与学校的红色历史对话，近距离了解红色历史，倾听红色事迹，切身感受革命光荣传统，在潜移默化中传承红色精神，培养爱国主义情怀，激发新时代青少年的奋斗意志。

（二）关注整体学习，实现个人发展意义

《中小学综合实践活动课程指导纲要》指出，综合实践活动课程要结合学生发展的年龄特点和个性特征，以促进学生的综合素质发展为核心，均衡考虑学生与自然的关系、学生与社会的关系、学生与自我的关系这三个方面的内容，对活动主题的探究和体验，要体现个人、社会、自然的内在联系。

红色研学活动作为一种综合实践活动，是促进儿童作为个体在与自我、自然和社会的关

系中健康成长的重要途径和载体。学校开展基于校史的红色研学活动，有助于学生认识社会，认识自我，从而实现个人的全面发展。

二、红色研学活动的资源梳理

（一）整理资源——百年求知校史

求知小学自1904年创办以来，虽几度更名，但校址依旧；虽时事变迁，但教育初心不变。校史馆陈列着求知百年历史，看得见战火年代的民族英雄故事；看得见改革岁月教书育人的执着；看得见教改前沿探索实践的智慧。校园里醒目处立有静字石，“人须学，而学须静”，静字石时刻提醒莘莘学子在学习中能静，方能集中思想、沉着思考。校园操场边一口古井，提醒求知学子饮水要思源。

学校“乐求真知，手习脑勤，心康体健，争冠治生”的学风，总结了校名的含义和学校周边的历史变迁。学校西门正面对习勤路，路名取自李铠《读书杂述·家训》中的“习勤忘劳，习逸成惰”，意思是习惯于勤奋，就会忘掉劳苦；习惯于舒适，就会养成懒散的作风。学校南侧是冠生园路，因中国民族工业品牌老字号企业冠生园（集团）有限公司的旧址而得名。冠生园创建于1915年。1937年“八一三”事变爆发，冠生园向浴血奋战的抗日将士捐献大量食品，其爱国之举备受关注。

漕河泾镇曾与龙华镇并为龙漕镇，抗日战争时期，地下党人在漕河泾以自行车修理为掩护，协助动员龙华水泥厂的党员和进步青年工人，成立龙华地下军，多次谋划并实施破坏日军的活动。1946年初，中共龙华区地下党负责人陆康常指示党员张绍圻，在求知小学以教师身份悄悄发展地下党组织。同年11月，在时任薛惠人校长领导下，中共地下党龙华区委漕河泾支部在求知小学成立，是漕河泾地区的第一个地下党组织。支部组织教工进行了反饥饿、迎解放、护校等斗争。

（二）探索利用——综合评估资源情况

百年求知校史中的红色资源，是学校设计与开展红色研学活动的宝库。我们对学校内部、学校周边环境和漕河泾街道这三个层面的资源进行初步评估（表1），评估主要关注可查询、可阅读的史料情况，考量相关资源与今天的学生生活经验、知识储备之间的距离，由此针对不同的年段开展设计红色研学活动。

表1　求知校史中的红色资源评估

类型	内容	史料情况	距离学生	适宜年段	适宜形式
学校层面	校训	多	近	低段	了解、表达 参观、实践等
	校景				
	校史				

（续　表）

类型	内容	史料情况	距离学生	适宜年段	适宜形式
学校周边环境	习勤路	多	近	中段	实践、表达 参观、体会等
	康健路				
	冠生园路				
漕河泾街道	地下党的革命活动	少	远	高段	参观、探究 分析、表达等
	漕河泾地下党支部				

三、红色党史研学活动的主题与目标

（一）基于校史的主题设计——星火燎原，红色启蒙

基于我校曾建立了漕河泾地区第一个地下党组织，并在残酷的环境下坚持革命斗争的史料，结合我校的校训和学风，在五年级开展主题为“星火燎原，红色启蒙——校史中的红色党史”研学之旅。

（二）分维度的目标设定

知识维度：通过参观、梳理、采访和查资料等方式，学生应知道求知校史中的红色历史；感受特殊时期的地下工作，体会地下工作所面临的危险；了解漕河泾地区的发展变化及原因。

能力维度：通过小队合作，培养分工合作能力；通过采访等方式，培养为学习红色精神寻求答案的能力；创设情境，培养借助信息技术传播红色能量的能力。

情感与认知维度：通过采访、参观、观影等方式，感受革命先辈的爱国主义精神和坚定的革命信仰，激发作为社会主义建设接班人的责任感，传承红色基因，深入培养爱国主义情怀。

四、红色党史研学活动的实施与评价

（一）第一课时：校内参观，制订计划

1. 研学问题

校史中有哪些红色历史？

2. 研学内容

（1）重温校史，聚焦红色历史

参观校史馆，寻找求知百年校史中的红色印记；认识薛惠人校长，知道漕河泾地区第一个地下党组织是在求知小学成立的；记录想进一步了解的内容。

(2) 组建团队，制订研学计划

自由组建研学小队，根据研学活动的主要任务，结合各自小队汇总整合的待解决问题，制订具体的研学计划(表 2)。

表 2 “星火燎原，红色启蒙”活动手册(1)

活动记录	自我评价	得星
参观校史馆后，我想要了解：	1. 我参观了校史馆，找到了红色印记	
	2. 经过思考后，我能提出与研学任务相关的问题	
听完导师讲解后，我还想了解：	3. 倾听导师讲解后，我补充了与研学任务相关的新问题	
活动记录	**教师评价**	**得星**
小队待解决问题清单：	1. 能整合小队成员的待解决问题	
	2. 制订的计划与研学主要任务相吻合	
小队研学计划：	3. 制订的计划可行，能帮助解决问题	
	4. 制订的计划分工安排合理	

3. 研学指导：问题驱动，重在启发

第一课时为研学准备课，通过参观校史馆激发学生的好奇心，形成问题，驱动后续研学活动的安排和开展。参观校史馆目的非常明确——寻找校史中的红色印记。教师在带领学生参观中，明确研学的主要任务，鼓励学生自主组建研学小队。以小队为单位结合任务制订研学计划时，教师引导学生探索完成任务和解答疑惑的方法，明确任务分解、时间安排和队员分工。

4. 研学总结

通过参观校史馆，聚焦校史中的红色印记，学生对“地下党组织”“红色校史”这些名词产生了浓厚的兴趣，了解了研学活动的主要任务后，自由组成小队，根据研学任务做计划。

（二）第二课时：多样体验，点燃星火

1. 研学问题

地下工作者是怎样工作的？会面临哪些危险？

2. 研学内容

(1) 设计采访，把握红色历史

结合研学任务和待解决问题，设计采访提纲，采访学校党支部书记或党员教师，了解校史相关的地下党组织、地下工作以及教师参与情况。

(2) 参观纪念馆，寻找革命前辈

线上参观龙华烈士纪念馆，重点参观“信念的坚守”“民族的脊梁”“胜利的奋斗”三个展

区，寻找与校史中红色历史相关的革命人物或革命事件。

(3) 观看电影，了解地下工作

观看文艺作品《永不消逝的电波》，了解地下党员工作的危险环境，交流内心的感受。具体活动内容及评价见表 3。

表 3 "星火燎原，红色启蒙"活动手册(2)

活动记录	教师评价	得星
小队的采访提纲：	1. 采访提纲与研学主要任务吻合	
小队的采访对象：	2. 能够主动大方地开展采访，分工合作完成任务	
小队的采访记录：	3. 能够通过采访解答提纲中的问题	
活动记录	**小队自评**	**得星**
参加纪念馆的发现：	1. 云上参观时，能够细心发现，记录收获	
观看电影后的感受：	2. 能认真观看电影，记录观影感受	

3. 研学指导：线上活动，重在组织

第二课时为本次研学活动的主体部分。针对采访活动，围绕"什么是地下党组织？""地下党员是怎么工作的？""学校老师会参与地下工作吗？""地下工作有什么危险？"等问题，为学生提供半结构化的采访提纲，引导学生结合小队计划补充采访问题；训练学生掌握基本的采访技能，帮助学生连线学校党支部书记或党员教师进行采访。通过腾讯会议共享屏幕，一起云参观龙华烈士纪念馆，引导学生发现纪念馆中与漕河泾地下党组织相关的内容，重点了解其中的故事。提供《永不消逝的电波》影视作品和舞台剧作品的资源，学生自由选看，并记录观看感受。

4. 研学总结

经过第一、二课时的活动，学生对红色校史已经形成了比较丰富的感性经验和一些理性认识，如学生认为地下党员的工作需要极强的隐蔽性，稍有不慎便会陷入危险；地下党员都有坚定的革命信仰，临危不惧、视死如归。学生们了解到，在特殊时期，地下工作者完成了不少看似不可能实现的工作，对取得抗日战争和解放战争的胜利起到了很大作用，为新中国的成立做出了贡献。

（三）第三课时：今昔对比，实现启蒙

1. 研学问题

你想对革命先辈说些什么？你能为社会发展做些什么？

2. 研学内容

(1) 今昔对比,了解发展变化

查阅资料,收集中华人民共和国成立前后求知小学乃至漕河泾地区各方面的情况。以照片、图画等形式,制作漕河泾地区今昔对比图册,分析发生翻天覆地变化背后的主要原因。

(2) 模拟发报,告慰革命先辈

学习使用模拟电子发报设备,尝试编辑一份电报,体验革命年代先辈的工作,告慰那些为革命斗争作出贡献的先辈。

(3) 宣讲发声,传播红色力量

参与红色校史的"星火讲解员"活动,分工合作撰写讲解稿,在学校、小区和街道的红色主题活动中,向大家讲述红色校史。具体活动内容及评价见表 4。

表 4 "星火燎原,红色启蒙"活动手册(3)

活动记录	小队之间互评	得星
小队查阅的主要资料: 小队搜集整理的资料主要涉及哪些方面: 小队制作的今昔对比资料册:	1. 能积极查阅相关资料,并对资料进行简单梳理和归类整合	
	2. 能分工合作,完成今昔对比资料册	
	3. 初步分析,能表达发展变化的主要原因	
活动记录	**教师评价**	**得星**
小队发送的报文是:	1. 学会使用电子模拟发报设备	
	2. 能统一小队意见,编辑内容适切的报文	
	3. 能分工合作,按要求完成报文发送任务	
活动记录	**家长、学校或街道评价**	**得星**
小队的宣讲活动分工: 小队撰写的讲解稿:	1. 能分工合作,各自承担讲解任务	
	2. 能充分利用前期积累的资料,撰写主题鲜明的讲解稿	
	3. 能在学校或街道的红色主题活动中热情大方地进行讲解	

3. 研学指导:红色发声,重在激情

第三课时为研学活动的总结升华篇章,展示研学活动的收获。教师帮助学生确定搜索关键词，引导学生从漕河泾地区的街道风貌、居住人口、生活水平、教育水平等不同方面归整资料，制作对比图册。在模拟发报任务中，教师引导学生以简短的文字表达崇敬之情，以国家富强、社会进步的巨大变化告慰革命先烈；学生自由选择前往龙华烈士纪念馆，使用模拟发报器完成模拟发报的具体任务。“星火讲解员”活动，引导学生对研学活动的收获进行总结，以实际行动传播红色精神。

4. 研学总结

通过制作今昔对比图册，学生直观地感受社会发展变化之巨大，激发了自豪之情，体会到中国共产党领导下的国家日益富强，人民生活越来越好，从而从心底增强对革命先辈的感恩之情。通过参与“星火讲解员”活动，以校园和社会主人翁的身份传播红色力量，激发对当下美好生活的珍惜和对祖国的热爱之情。

研究孵化成果

1. 发表论文

付含菲. 星火燎原红色启蒙——求知校史中的红色党史研学活动实施案例[J]. 现代教学，2022，(19)：16－17.

2. 获奖情况

(1) 徐汇区第十届“汇师杯”小学低年级主题式综合活动课程方案设计比赛三等奖(2023年)。

(2) 徐汇区第九届“汇师杯”低年级主题式综合活动课程校本化实施方案设计评选活动一等奖(2021年)。

(3)《我是小蒙蒙？我是小蒙蒙！》获上海市小学低年级主题式综合活动课程案例评选优秀实践案例(2023年)。

上海师范大学学区
红色研学旅行课程
的一体化设计研究

红色研学旅行是中小学校开展红色文化教育非常有效的途径。本课题对上海师范大学学区(以下简称上师大学区)内中小学校开展红色研学旅行的情况开展了初步调查,对周边红色研学区域进行了调研,分别围绕宋庆龄故居、钱学森图书馆等场馆进行中小学研学课程开发,并协助中小学校完善红色研学课程的实施。

中小学红色研学旅行课程一体化设计

——以“走近宋庆龄”为例

刘兰[1]，周悦多[2]

（1. 上海师范大学；2. 上海市洋泾中学）

一、研究缘起

在对中小学生开展革命文化教育时，红色研学旅行是其中非常有效的途径。研学旅行是学校教育和校外教育的衔接，属于学校课程体系中综合实践活动课程的范畴，2016 年教育部等 11 个部门发布的《关于推进中小学生研学旅行的意见》，将研学旅行上升到立德树人根本任务的高度，并纳入学校教育教学计划。红色研学旅行是将红色文化与地域相结合，集中体现地方特色的红色教育活动。本研究立足上师大学区内的学校，开展红色研学课程的开发。

上海市红色文化资源丰富，所以针对上海市的红色研学旅行课程研究很有价值。上师大学区成立于 2014 年 12 月，由区域内 15 所学校组成，包括 1 所大学，1 所九年制学校（上海师范大学第三附属实验学校），4 所中学（世界外国语中学、康健外国语实验中学、汾阳中学、中国中学），6 所小学（康宁科技实验小学、上海师范大学第一附属小学、世界外国语小学、康健外国语实验小学、求知小学、樱花园小学），1 所特殊教育学校（董李凤美康健学校），2 个社区学校（康健社区学校、漕河泾社区学校）。

徐汇区红色研学资源很多，例如巴金故居、龙华烈士陵园、钱学森图书馆等。整合学区内的红色研学资源，开发大中小一体化的红色研学旅行课程，对于推进学区内红色研学旅行的有效性具有积极的意义。徐汇区青少年“励志地图”小程序列出了徐汇区内各红色研学场馆的名称和位置，起到了一定的宣传作用，但是对其教育效果目前还没有深入的研究。

二、文献综述

（一）意义阐述

很多研究论述了开展红色研学旅行能够使学生在学习实践中领悟中华优秀传统文化的博大精深，体会革命战争年代的艰苦奋斗历程和如今幸福生活的来之不易；红色研学旅行活动的开展，对于引导学生树立正确的审美观、陶冶情操、造就德智体美劳全面发展的社会主义建设者和接班人有十分重要的意义；红色研学活动通过寓教于乐的方式，让广大青年学生在实践参与过程中领悟红色文化内涵，引导学生在参与中学习，在实践中领悟，推动全面实施素质教育，引导学生主动适应社会，促进书本知识和生活经验相融合；红色研学课程能够深入挖掘红色文化，丰富中华优秀传统文化内涵。学校承担着文化传承的神圣使命，是红色文化传承的重要阵地。依托红色文化资源，开展将研究性学习和体验性旅行相结合的红色研学旅行，是教育教学活动的创新，是综合实践育人的新途径。

（二）实际操作

当前的研究主要集中在红色研学旅行的应对策略、标准建设等方面。各省区关于红色研学的研究，很多是关涉某一具体地点的红色研学旅行的，如大别山、井冈山、沂蒙山、三明市等红色研学课程设计与开发；2019 年 5 月，浙江省金华市教育局、金华市文广旅游局等 10 部门联合出台《关于推进中小学生研学旅行的实施意见》，对金华市研学旅行精品路线和精品课程做了介绍。这些研究中，区域特点在红色研学旅行中得到了重视，但是对于区域中红色文化的联系没有深入分析，对于课程实施的具体策略研究不多。

（三）目前红色研学旅行实施存在的问题

有效性问题：目前的红色研学旅行的活动，学生们还是以观摩、听讲解为主。注重讲解内容的权威性和思政性，致使距离感过强。在实施层面上，更多地停留在形式的翻新上，而内容的创新不足。

地域性问题：轻视地方性、微观性、独特性的研究，仅重视重要人物、重大事件、重点区域的研究；轻视红色文化的乡土化，仅重视浅层次的社会公益，致使缺乏特色。

红色研学课程融合问题：只关注了红色文化旅游单一方面，而缺乏对相关背景的适度关注；在文教融合上，只注重对红色文化思想政治教育视角的解读，而缺乏从文化地理学和历史学等其他视角的解读。

总体来说目前红色研学旅行的课题研究成果较为丰富，对于红色研学旅行基地建设和课程开发内容也较多，但是关于课程实施、课程评价方面资料较少，处于现状调查和理论探索阶段，开展实施阶段的实证研究资料不足。

三、研究问题、研究内容和研究方法

本研究以上海师大第一附属小学、康健外国语实验中学作为研究基地，着重解决以下两个问题。

问题 1：中小学开展红色研学现状如何？

问题 2：如何在不同学段开展红色研学课程的设计？

研究内容：

1. 通过文献查阅和对上师大学区内中小学开展调研，了解中小学开展红色研学活动或课程开发的现状。

2. 通过对有关景点调研分析，设计基于不同学段的中小学研学课程。

3. 将设计的课程引入中小学，对实施情况开展跟踪调研，并根据实施结果进行修改完善。

研究方法：

文献研究法。对红色研学旅行领域进行资料的收集、整理与分析。

实地调查法。实地走访上师大学区内的红色研学场馆，并进行现场采访、个别交流。了解学区内研学场馆的课程开发现状，针对课程资源进行调查研究。前往学区内各中小学调研走访，开展问卷调查和现场调查，了解目前中小学社区学校红色研学实施情况。

案例法。针对某一典型场馆，深入挖掘其红色教育价值，编写相关研学旅行学习手册和不同学段的活动单，最终形成一份适用不同学段的研学实践校本教材，配套相关背景知识的专题内容讲解。

专家访谈法。本研究对课程设计专家、一线教师进行个别访谈，借鉴其教育教学经验，并在专业视角下细化研学旅行课程设计。

四、研究结果

（一）红色课程设计原则

1. 教育性

中小学红色研学一体化课程是深入贯彻“课程思政”的有关精神，利用红色场馆与资源，就地开展红色教育实践活动，具有重要的教育意义。本研究以宋庆龄纪念馆为实践场馆，以“走近宋庆龄”为主题，通过现场实地参观，让学生更加全面真实地了解伟人的事迹，树立正面人物典型。同时，通过参观了解与宋庆龄故居隔街相望的武康大楼的历史，引导学生拓宽视野，体会中西方文化的融合。

2. 实践性

中小学红色研学一体化课程依托校外红色教育实践场地，转变传统的校内“教师讲，学生听”的被动学习模式，让学生在真实社会环境下，借助教师预先提供的任务单，逐步开展实地活动，充分调动学生积极性。对于各年龄段的学生，采取不同的活动方式，沉浸式体验解决问题的过程。在整个过程中，学生除了知识方面的收获，更有领导力、人际交流、表达能力等全方位素养的提升，落实“实践育人”的相关要求。

3. 整体性

中小学红色研学一体化课程需要全学段共同构建。研学目标的设置具有层次性，各阶段学生侧重不同核心素养的培养；研学内容具有连贯性，同一主题在不同年级实施时，有不同难度的任务引导学生探索，体现螺旋上升式教学；研学后评价具有延续性，每一阶段的研学后通过不同的评价方式获得该阶段的研学成绩并记录于学生成长档案袋，客观展示学生在红色研学中的各方面表现。资源方面，各校共同创建红色研学资源库，鼓励学生和家长提供优秀研学成果，并提出反馈意见。

（二）红色课程设计开发

本研究以“走近宋庆龄”红色研学课程为案例，分析课程目标、课程内容、课程评价的开发与设计。

1. 课程目标的确立

（1）小学阶段

结合前期教师访谈和小学部分学科课程标准，小学阶段的红色研学课程目标主要关注情感、态度与价值观的培养，引导学生从小树立正确的人生观、世界观与价值观，根植爱国主义情怀，增强国家文化认同感。同时，尽可能通过自主探究活动，让学生开展合作学习与自主学习。因此，小学阶段的“走近宋庆龄”红色研学活动具体目标如下：

通过网络资料查询并聆听现场讲解员的讲解，能够向家人介绍宋庆龄的身世。

通过参与“宋庆龄故居寻宝之旅”活动，列举宋庆龄相关事迹，感受伟人高尚品格，培养文物保护意识。

聆听“宋庆龄与儿童”故事，制作一枚具有爱国元素的彩蛋。

快速绘画武康大楼外形，说出武康大楼与中国传统建筑的异同点。

（2）初中阶段

基于初中阶段部分学科课程标准总目标，初中阶段的红色研学课程目标将融入相关学科知识，力求将理论与实践相结合，通过研学活动，指导学生通过多渠道获取信息，并且学会分析信息的方法，为将来深入的自主学习打下良好的基础。初中阶段“走近宋庆龄”红色研学活动具体目标如下：

按照参观顺序，绘制“走近宋庆龄”研学地图，培养区域认知能力。

结合历史背景，按时间顺序阐述宋庆龄对国家的发展所作出的贡献。

通过搜寻馆内印章并了解印章背后的故事，阐述与宋庆龄一起对国家发展作出贡献的其他历史人物的故事，开阔视野。

通过查找资料和教师讲解，说明武康大楼的建筑风格在中西方融合方面的特色。

（3）高中阶段

高中阶段的红色研学课程目标应更加符合该阶段学生理性思维快速发展的特点，不仅需要大量补充相关基础学科知识，还要鼓励学生在庞大冗杂的信息量面前学会处理信息，用批判性思维看问题，用全面的视角分析问题，在“知史”的基础上“明理”，形成自己独特的见解。高中阶段的“走近宋庆龄”红色研学活动具体目标如下：

综合时代背景与场馆内的信息，阐述宋庆龄对国家作出的贡献及其意义。

根据前期查找的资料与讲解员讲解，通过分组活动，再现宋庆龄当时工作的场景，感受伟人的风采。

深入武康大楼内部，观察建筑细节，讨论邬达克设计的建筑在中西融合细节上的特色，总结如何体现融合“百家之长”，回校运用地理信息技术绘制“上海邬达克建筑”分布图。有条件的学校可在假期组织场馆志愿者活动,鼓励学生服务社会、热心公益。

2. 课程内容的选择

“走近宋庆龄”中小学一体化红色研学旅行课程中的内容选择(表1),主要考虑以下几个方面的影响因素:

第一,课程内容需要紧扣活动主题,渗透爱国主义教育内容。选择与宋庆龄有关的红色场馆展开活动,深入挖掘上海宋庆龄纪念馆内的鲜活事迹,使学生感受到这位为我国的发展做出卓越贡献的伟大女性的坚定信念,激发学生立志报效祖国的情感。同时,通过参观宋庆龄去过的武康大楼,使学生零距离感受中西方建筑文化的融合,培养国际视野。

第二,课程内容的选择需要符合不同年龄段学生的身心特点。小学阶段的学生天性好动、乐于动手实践,课程内容可以更偏实践性,在动手做中渗透爱国情怀;初中阶段的学生开始系统学习历史等学科,学习能力增强,课程内容中可以引导学生将课堂所学与场馆资源相结合,进行简单的问题分析;高中阶段的学生思维发展较为成熟,能够通过多渠道分析问题、解决问题,课程内容需要在思维层次上对该学段的学生提出更高的要求,结合学生自主选择的课题方向,有的放矢地进行课程内容调整。

第三,课程内容针对不同年龄段学生具有层次性。虽然该课程的实施集中在宋庆龄纪念馆和武康大楼两个地点,但是在选择课程内容时需要具有层次性,特别是对于已参加过研学旅行课程的学生,参加更高学段的研学活动时,应提出更高一级的课程目标。

表1 “走近宋庆龄”中小学一体化红色研学课程内容

场馆	学段	课程内容
上海宋庆龄纪念馆	小学	宋庆龄的身世及相关事迹
		“宋庆龄与儿童”的故事
	初中	宋庆龄对我国发展所作出的贡献
		其他与宋庆龄一样对我国发展作出贡献人物事迹
	高中	宋庆龄对我国发展的贡献及其意义
武康大楼	小学	武康大楼与中国传统建筑的异同点
	初中	邬达克建筑在中西方融合上的特色
	高中	邬达克建筑中西融合细节上的特色

3. 课程活动的实施

(1) 小学阶段

小学阶段主要在每学期的社会实践类活动中开展,时间大多为半天。考虑到该年龄段的学生年龄较小且需要以安全为主,因此,小学阶段红色研学活动的实施既可以由学校统一组织实施并在活动过程中严格统一行动,也可以作为低年级学生假期的小队实践活动内容,以小组为单位,在家长的带领下开展相应活动,家长可从网络共享资源库内获取相应的活动指导手册和学习活动单，指导学生规范化开展。表 2 为小学阶段学校统一组织的“走近宋庆龄”红色研学活动安排。

表 2　小学阶段“走近宋庆龄”红色研学活动安排

时间	活动内容
12:30—13:00	学校集合整队出发，车上进行集体安全教育
13:00—13:30	到达宋庆龄纪念馆，集体跟随讲解员顺序参观纪念馆
13:30—14:30	根据场馆所提供的“宋庆龄寻宝之旅”地图，分班级在各展厅完成各项任务，任务期间由班主任老师负责学生安全，学生不得单独离开或前往下一场地，整个过程集体行动
14:30—15:30	聆听“宋庆龄与儿童”的故事，在专业老师带领下，完成爱国主义元素彩蛋绘制
15:30—16:30	集体步行前往武康大楼，在安全地带进行武康大楼速写，在教师的带领下寻找武康大楼与传统建筑物的异同点，初步了解中西方建筑特点的差异

(2) 初中阶段

初中阶段学生可以在安全环境下独立进行分组合作学习。这一阶段的学生在研学活动前已有历史等相关学科的知识基础，具有基本自学能力，因此在活动中需要开始关注学生综合能力的提升，落实素质教育相关要求。表 3 为初中阶段“走近宋庆龄”红色研学活动安排。

表 3　初中阶段“走近宋庆龄”红色研学活动参考安排

时间	活动内容
12:30—13:00	学校集合整队出发，车上进行集体安全教育
13:00—13:30	到达宋庆龄纪念馆，跟随讲解员顺序参观纪念馆，用思维导图的形式在任务单上厘清宋庆龄对我国发展所作出的贡献；整个过程中注意记录沿路主要标志物并辨别方向，方便回校后绘制研学线路图
13:30—15:00	分组在宋庆龄纪念馆内集印章，关注印章背后的任务故事，在任务单上做好相应记录
15:00—16:00	集体步行前往武康大楼，围绕武康大楼一周，细致观察其外观上的特点，分批进入大楼内部，记录观察到的建筑细节，体会中西方建筑风格上的融合

(3) 高中阶段

高中阶段的学生逻辑思维能力快速发展形成，可以发表一些具有深度的独立见解，同时该学段学生学科知识基础进一步夯实，已形成一定的科学学习方法。因此高中阶段的研学活动可以采取课题模式，事先分组确定研学主题下的子课题后，小组成员带着问题进行研学。在合作学习的模式下，鼓励学生保持思维的独立性，勇敢发表自己的想法，在思维碰撞后，共同选择最优解决方案，形成研学报告。表 4 为高中阶段“走近宋庆龄”红色研学活动安排。

表 4　高中阶段“走近宋庆龄”红色研学活动安排

时间	活动内容
12:30—13:00	学校集合整队出发，车上进行集体安全教育
13:00—13:45	到达宋庆龄纪念馆，跟随讲解员顺序参观纪念馆，用表格对照的方式，在任务单上列举宋庆龄对我国发展所作出的贡献，讨论分析这些工作对我国发展历史的意义
13:45—15:00	根据前期查阅的资料，通过分组活动，在对应展厅再现宋庆龄当时工作、参加活动的场景，通过情境再现的方式走近宋庆龄
15:00—16:00	集体步行前往武康大楼，聆听讲解员讲解关于邬达克建筑的故事；随后，分批进入内部参观，仔细观察内部各户型房间的设计及走向，包括门楣等细节处，尽可能详细地记录于任务单中
16:00—16:15	组织有兴趣的同学在场馆服务中心处，报名参加假期“小小讲解员”活动
研学后	以小组为单位，完成课题研究报告以及利用地理信息技术制作“上海邬达克建筑”分布图

4. 课程评价方案

本研究中的课程评价采取过程性评价的模式，分为“学科基础知识”“学习过程与方法”“情感、态度与价值观”三个维度，根据小学、初中、高中身心发展特点与前期课程目标的设置，三个维度在不同阶段分别赋予不同的比例，具体评价标准如表 5 所示。其中，“学科基础知识”“情感、态度与价值观”板块的评价者为跟队随行的教师，“学习过程与方法”板块采取生生互评模式。个人研学最终成绩为所有教师与同小组学生互评后计算平均分所得出。成绩约在研学后一周发布，对于研学成绩最优异的 5 名同学，发放荣誉证书，并给予一定的奖励。各阶段的教学评价表均放入学生研学活动档案袋中。

表 5　“走近宋庆龄”红色研学活动教学评价表

评价分类	评价指标	优秀（16～20）	良好（11～15）	合格（6～10）	须努力（0～5）
学科基础知识	语文				
	历史				
	政治				
	地理				
	其他跨学科知识				
	合计				

（续　表）

评价分类	评价指标	优秀 （16～20）	良好 （11～15）	合格 （6～10）	须努力 （0～5）
学习过程与方法	信息提取能力				
	信息分析能力				
	信息加工能力				
	团结合作				
	见解独到				
	合计				
情感、态度与价值观	具有强烈爱国情怀				
	政治立场坚定				
	研学活动参与度				
	研学时认真守则				
	研学汇报展示				
	合计				
总分					
评分方法：依据实际情况勾选符合的选项，各单类总分 100 分 小学：总分＝学科基础知识＊10％＋学习过程与方法＊20％＋情感、态度与价值观＊70％ 初中：总分＝学科基础知识＊25％＋学习过程与方法＊25％＋情感、态度与价值观＊50％ 高中：总分＝学科基础知识＊40％＋学习过程与方法＊40％＋情感、态度与价值观＊20％					

5. 课程展示平台

为进一步提升中小学一体化红色研学课程的质量，帮助学生在活动中有更多收获，可在网络上展示研学成果，互相学习。在网络共享平台上增设讨论区进行意见反馈与交流，有利于开展“学区联通、家校合作、生生互助”的研学模式。

除了线下研学活动的组织实施与线上线下相融合的成果展示外，也可考虑利用网络共享平台进行线上课程资源的共享，让学区内每一所中小学的教师、家长、学生都参与到课程内容的建设中。教师通过共享平台事先发布研学背景知识视频、活动任务单、家长指导手册（针对小学低年级段），各校教师集体修改与讨论，明晰教学过程与深度。家长与学生在网络共享平台上可以下载教师所提供的材料，更好地构建一体化课程体系。

（三）中小学红色研学一体化课程设计建议

1. 根据学区属地原则，利用本区红色教育资源进行教学

通过对徐汇区红色资源的开展调查和摸底，我们发现徐汇区不仅拥有丰富的红色研学资源，而且这些资源在教育性方面表现突出。学区内众多的中小学校可以依据学生的不同

年龄段、实践活动的持续时间以及研学地点之间的距离等因素，综合考量并选择与之相匹配的主题红色研学点，构建出“以点带面”的红色教育课程模式，使得研学活动更加有条理和系统化。同时，将研学活动的范围限制在本学校所在区域之内，不仅能够使课程设计者在选择研学点时更加具有针对性，而且还能确保中小学各个阶段的研学活动涉及的学科知识有较高的连贯性。这种连贯性对于充分挖掘和利用各红色研学点的教育内容具有重要意义，有助于学生在研学过程中更好地理解和吸收相关知识。此外，由于研学活动的范围相对有限，整个研学活动的安全性较高，有助于低年级学生在安全的环境下进行学习和探索。

2. 红色研学内容需符合年龄段特征，逐步渗透跨学科知识

在中小学红色研学一体化课程的设计过程中，我们必须考虑不同学段的学生在身心发展水平上的显著差异。因此，为了确保课程的有效性和吸引力，应精心挑选适合不同学段学生的研学内容，既符合他们的学习能力，又能激发他们的学习兴趣。在当前跨学科教学日益受到重视的教育背景下，我们在设计研学课程时，需要重视学科知识与各个学科的课程标准相吻合。这需要整合不同学科教师的专业力量，共同探索和挖掘红色研学地点中具有教育意义的元素，不断丰富研学课程的内容，为学生营造一种综合性的学习体验。我们的目标是打造一个高质量的中小学红色研学一体化课程，实现知识的融会贯通，同时能够细水长流地培养学生的红色素养。

3. 贯彻“以学生为主体”理念，激发学生参与研学活动的积极性

在中小学红色研学一体化课程的活动组织过程中，各个学段的学生参与活动的方式存在显著差异。具体来说，小学阶段的学生由于年龄较小，自理能力和安全意识相对较弱，因此他们的活动往往需要家长的陪同和监护。在这种情况下，可以通过组织小队活动的形式，让孩子们在家长的陪伴下，共同参与一些寓教于乐的红色教育活动，在轻松愉快的氛围中接受爱国主义教育。而到了初中阶段，学生们已经具备了一定的自我管理能力和安全意识，因此可以由老师统一带领，组织他们在一定的范围内进行自由探索和实践活动。这样的活动形式不仅能够锻炼学生的自主性和团队协作能力，还能让他们在实践中更深入地了解红色历史和文化。进入高中阶段，学生们已经具备了较强的自我管理能力和独立思考能力，因此可以在进行必要的安全教育后，独立开展相关的红色研学实践活动。这样的安排不仅能够进一步提升学生们的自主性和责任感，还能让他们在实践中更加深入地理解和传承红色精神。

总之，红色研学课程活动应当始终贯彻“以学生为中心”的教育理念，充分调动学生的积极性和兴趣，使他们在参与过程中能够主动学习和探索。此外，这些实践活动不仅要注重学生能力的提升，还要注重其趣味性，真正发挥研学活动的价值。

4. 研学手册可读性与专业性并存，发挥“研学助手”价值

研学手册是整个研学课程开展的核心载体，应确保其内容能够适应不同年龄段学生的身心发展特点。它不仅需要具备能够激发学生学习兴趣的元素，同时还要保持一定的专业性，保证教育质量。具体来说，研学手册的内容应当涵盖研学目的地的历史背景、文化特色以及相关的学科原理性知识，此外，还应包括实验性内容的详细指导，例如具体的活动单，以

便学生能够亲身体验和实践。

在设计研学手册的过程中，设计者应当考虑到如何帮助学生构建问题解决的思维模式。通过精心设计的问题和活动，引导学生逐步学会主动发现问题、深入思考问题，并最终找到解决问题的方法。研学手册的设计不仅要提高学生的学习积极性，还要培养他们的批判性思维和创新能力。因此，研学手册不只是一本简单的指导书，它应当成为师生在研学旅程中的得力助手，帮助他们在探索新知识、新技能的过程中，不断进步和成长。

5. 课程评价以过程性评价为主，形成学生研学活动记录档案

中小学红色研学一体化课程作为一门实践性课程，其主要目的是为了补充和丰富学生在校外所能接触到的红色教育资源，提升学生的综合素质和能力。因此，该课程适合采用过程性评价模式，将学生在整个课程过程中的各种表现都纳入到评价体系中，而不仅仅依赖于传统的知识性考试来作为评价手段。在评价标准的设定上，可以包括分组成果展示、个人实践报告、个人活动单记录等多种形式，每一种形式都可以根据实际情况进行细致的分级赋分，从而形成学生在该课程中的最终成绩。这些成绩将被详细记录在学生的研学活动档案中，以便于长期跟踪和评估学生的学习进展和成长情况。

针对中小学不同阶段的课程评价，应当有不同的侧重点。在小学阶段，课程评价可以更多地关注于培养学生的爱国情怀，通过红色教育的实践活动，让学生从小树立正确的价值观和历史观。初中阶段，课程评价则可以侧重于跨学科知识的渗透，通过红色研学活动，让学生在实践中学会将不同学科的知识融会贯通，形成更为全面的知识结构。到了高中阶段，课程评价则应当更加注重学生问题解决思维的形成，通过红色教育的深入实践，培养学生的批判性思维和创新能力，使他们能够在未来的学习和生活中更好地面对各种挑战。整个研学活动档案将能够客观地反映出学生在红色教育实践课程中的进步与成长，为他们的全面发展提供有力的支持和证明。

6. 课程资源线上线下相结合，学区内师生共享资源

学区内各学段的学校共同进行课程开发并资源共享，集中力量来丰富和充实课程资源。中小学红色研学一体化课程资源可以分为两个主要部分：线下资源和线上资源。线下资源主要包括一系列研学手册、研学活动评价记录表、家长指导手册等，线上资源则包括研学背景知识微课程、学生研学活动作品展、活动开展意见交流板等。通过这样的线上线下结合的方式，学生不仅有了明确的研学任务单可以依托，还拥有了展示自己学习成果的平台。家长则可以通过家长指导手册更加明确地指导低年龄段的学生深入开展红色研学活动，配合学校完成好教育任务。教师则可以通过了解其他学段红色研学开展的程度，适时调整课程内容，进行有效的信息交流，共同完善中小学红色研学一体化课程的方案，从而提高教育质量。

寻找“初心与信仰”

——上海师范大学第一附属小学红色研学实践

王卿，裴捷，徐祎，赵亦珺

（上海师范大学第一附属小学）

中小学红色研学活动主要是让中小学生通过实地考察了解中国革命历史、先烈的革命事迹和革命精神，从而培养爱党爱国情感。上海师范大学第一附属小学精心筛选学校周边资源，基于区域特色开展了一系列红色研学课程的探索。

一、钱学森图书馆红色研学

2021年正值钱学森先生诞辰110周年，我校某中队的同学参与了上师大学区红色研学旅行课程，在钱学森图书馆开展了红色研学之旅。

参与研学课程的同学，已经学习过语文课本中的文章《祖国，我终于回来了》。有的同学阅读了课外书籍《听馆长讲钱学森故事》《钱学森画传》《钱学森精神读本》；有的同学观看了央视纪录片《钱学森》，有的同学利用班队会时间观看了电影《钱学森》。

钱学森图书馆之旅的研学内容是基于学生已经对钱学森先生有比较深入了解的基础上设计的，要求学生带着任务去研究。学是目的，学生将已了解的知识融入对钱学森图书馆的研学中；游是载体，学生能够在“游”的环境中轻松地实现研学目标。学生分成小队进行开放式的研究性学习，充分发挥了主观能动性。研学结束之后进行成果汇报，由兴趣的产生到开放性研究，再到成果展示，最后对研学活动有所思考。

（一）拓展课本知识，初识钱学森

学习了《祖国，我终于回来了》这篇文章后，学生对钱学森归国前的处境有了一定了解，能够通过钱老先生的言行体会到他的爱国情怀。

学生对钱学森图书馆产生了极大的兴趣，比如在初识钱老的过程当中，有学生和同伴分享了展馆独特的外观：以“方正的石头”寓意钱学森心系祖国大地的赤子情怀。“裂开的石头”寓意钱学森领导下的“两弹一星”伟大事业是石破天惊的历史事件。从了解钱学森图书馆开始，学生查阅资料，对暑期小队研学活动充满期待。

（二）小队领取任务，前往钱学森图书馆

学生根据自己的特长和对钱学森先生的初步了解，以及钱学森图书馆的馆厅分布情况，分为七个小队，领取任务，分头开展研究性学习活动。活动在暑假展开，学生的时间比较充裕。研学活动以小队为单位，能够最大限度提高学生的参与程度。本次活动有七大主题任务：对话钱学森、人的成长和选择、风从东方来、虚拟与现实、我有一个航天梦、英语中的中国味、浩瀚书海。各小队根据兴趣和特长领取任务。

（三）参观红色经典，协作研学

“五年归国路，十年两弹成。”钱学森是我国航天事业的一面旗帜。钱学森图书馆馆厅内丰富的图片、多媒体影像资料、导弹实物、大量珍贵手稿和经典著作等展品全面而直观地展示了钱学森卓越的科学成就和学术思想。小队研学的过程中，队员们无一不被钱学森先生严谨求实、勇攀高峰的科学精神，淡泊名利、宁静致远的奉献精神所感动。

（四）成果展示

一小队：对话钱学森——人民科学家风范

一小队采用课本剧的形式，小队成员在参观的过程当中，分头行动，重点了解钱学森的亲笔信以及馆内独家影像资料。他们收集钱学森语录，汇总采访内容，深入了解钱学森的事迹。根据资料，他们编排了五幕短剧，由小队成员演绎，体会和宣扬钱学森精神。

二小队：人的成长与选择——科学梦想由此启航

二小队的任务是以课内文章为切入点，他们厘清了钱学森一生的几个重要阶段，在参观展馆的过程中详细记录、拍照和整理。以队员的微型演讲和手绘海报的形式，宣传钱学森的初心和信仰。

三小队：风从东方来——科学技术前沿的开拓者

三小队的任务是认识和了解钱学森图书馆的镇馆之宝——东风 2A 型增速中程弹道导弹。队员通过参观和研究学习，了解钱学森主持完成的导弹设计研发工作和中国首颗人造卫星的研制。小队成员虽然知识储备有限，但在成果展示的过程中，他们激情澎湃地向大家介绍了“双弹耦合”试验，他们利用手头现有的彩纸和彩泥等材料，还原东风导弹模型，对原子弹、氢弹的研究显示出了浓厚的兴趣。

四小队：虚拟与现实——敢想敢做的潮流先驱

四小队了解到三十年前，钱老就对“人工智能”有所预言和研究，多份与“灵境”有关的手稿，让小队成员吃惊不已。他们从自己了解的虚拟现实技术出发，列表格、找实例，印证了钱学森先生在手稿《用“灵境”是实事求是的》中提到的“Virtual reality 是指用科学技术手段向接受的人输送视觉、听觉、触觉、嗅觉信息，使接受者感到如亲身临境”。他们由此拓展开来，为中队同伴解释其中的关系。

五小队：我有一个航天梦——中国航天事业奠基人

五小队的队员动手能力较强，他们在钱学森图书馆中重点研究了航天飞机和火箭发射

原理，参与了钱学森图书馆中的科普课程。队员利用道具向人们展示了火箭发射的过程，解释了发射原理。虽然这部分知识在中学物理中才会涉及，但是队员通过实践，已经初步掌握。五小队的队员还向大家分享了近些年中国在航天领域取得的成就，这些成就的取得，都离不开“中国航天事业奠基人”钱学森！

六小队：英语中的中国味——杰出的语言学大师

六小队的成果是理解钱学森在翻译时表现出的“中国味”。小队成员采用拍照记录，查询词典等方法进行初步理解。“激光、航天、航空……”这些词都是钱老译定的，他的翻译体现出他炽热的爱国情怀、严谨的科学精神和丰富的学术思想。他认为：“对于汉语名词的命名，要根据汉语习惯定名，要让人一看就有中国味。”他们通过研究展馆中钱老用英文翻译的部分手稿，向人们展示钱学森的经典翻译，并利用这些词汇创作了航天小故事，做了双语演绎。

七小队：浩瀚书海——战略科学家的成功之道

钱学森一生参阅过的书籍、期刊达三万多本，在馆藏的手稿文献中，有 24500 多份钱学森自己做的如同艺术品一般的剪报。七小队收集和整理展馆中钱学森的读书笔记和试卷，仿照剪报的形式，向大家展示了团队研学的成果。此外，他们还收集整理了“钱学森先生书单”，为对科学有兴趣的伙伴提供参考。

最后，七个小队根据小队特色和钱学森图书馆的标志性展品，为钱学森图书馆设计了徽章，并且赋予了独特的含义。

这次钱学森图书馆红色研学之旅促使学生协作研究，共同进步。学生被钱学森先生的博学广知、坚持不懈和深深的爱国情怀所打动，最重要的是，他们在研学中增强了信心，开阔了眼界。

二、龙华烈士陵园红色研学

我校选择龙华烈士陵园作为红色研学基地，引导学生深入感受革命先烈伟大的精神品质。

（一）忆英烈

引导学生回顾学过的关于英烈的课文，了解英烈的事迹。开展建党百年红色阅读活动，要求学生完成阅读卡，进一步感悟英烈的崇高精神。组织学生交流阅读体会，总结英烈们共有的精神品质。

（二）祭英烈

第一阶段：清明祭奠英烈，感受龙华精神。在清明祭扫活动中，通过参观龙华烈士陵园，感受先烈们热爱祖国、坚贞不屈，为了伟大理想一往无前的崇高精神。

第二阶段：探寻英烈生平，体悟龙华精神。在龙华烈士陵园的介绍中选定一位自己最想了解的英烈，选定对象相同的学生结成一个小组，运用查询资料、走访其他红色学习基地等多种形式，深入了解英烈的生平和革命事迹，并完成任务单。与其他同学分享探寻结果，交流讨论对龙华精神的理解。

（三）颂英烈

在上述基础上，要求学生以小组合作的形式，从讲述英烈故事、创作颂扬龙华精神的诗歌、制作英烈小报、设计英雄徽章、绘制“龙华魂”书签等方式中至少选择三种方式来颂扬龙华精神。各班开展讲故事比赛，优胜者向全校同学广播讲述先烈的英雄事迹。各班开展诗歌评选活动，优秀作品报送参与区诗歌创作比赛。张贴展示小报、徽章、书签，学生投票评选优秀作品。

（四）学英烈

在“我是小小兵”一日营活动中认真完成各种既定任务，践行龙华精神。在队列评比中展现自己的学习成果，努力为中队争得荣誉。完成所有既定任务的学生可参与队列展示评比活动。以中队及个人两种形式开展队列展示评比，个人优胜者可参与发射小火箭的活动。

本次红色研学活动通过引导学生循着忆英烈、访英烈、颂英烈、学英烈的轨迹，不断加深对“何为英烈”的理解，深切体悟英烈们的爱国、勇敢、坚忍等崇高品质，激发学生对英烈由衷的敬佩之情，并在活动中通过实际行动成为龙华精神的继承者。

三、上海博物馆的研学活动

针对我校美术社团学生的拓展性学习，学校以上海博物馆作为学生了解中华优秀传统文化的研学基地，利用上海博物馆中琳琅满目、丰富多彩的文物藏品，使学生在学习实践中领悟中华优秀传统文化的博大精深，激发学生的创作热情。

在前期的调研中发现学生对馆藏文物相关的美术知识的了解有明显差异，大部分学生对馆藏文物只有非常浅层次的了解，具体的艺术价值、时代背景、历史文化知之甚少。通过“上海博物馆研学活动”，培养学生在文化情境中认识美术的能力，使学生在学习实践中领悟中华优秀传统文化的博大精深，进而激发学生的创作热情。

学生通过活动前的资料收集，知道上海博物馆的展品的布局，初步了解不同主题馆内的代表性展品，设计适合自己的最佳参观路线；根据自己设计的路线参观上海博物馆；完成研学活动单；全班交流分享。整个活动的设计具有引领性与系统性，明确引导学生具有针对性地从一个点出发，根据环环相扣、层层递进的学习任务，指导学生一步步加深对问题的思考，从侧面系统地引领学生在参观与探究某件文物的过程中了解原始或古代社会的生活状况及历史背景，激发其探究历史的兴趣和保护文物的意识。

（一）上博寻宝

活动前，大多学生能够通过网络、书籍或官方 App 等途径，知道上海博物馆的设置和展品的布局，了解不同主题馆内的代表性展品。在将藏品序号标注在上博平面图的过程中，既能帮助学生清楚了解上海博物馆的展馆分布,又能引导学生将藏品进行分类,进一步帮助学生明确区分藏品的类别,对藏品有初步的认识。结合场馆的平面图,启发学生根据自己的需求与兴趣,设计出适合自己的最佳参观路线,自主、有序地参观、探索藏品,实现学生的个性化发展。

(二)走近文物

在详细阅读任务单,明确任务要求的基础上,社团学生根据课前资料收集时对藏品的疑问,带着问题与思考进行参观活动。通过任务单上的问题逐步引导,学生针对某一件藏品进行深入细致的探索与研究,在实地参观的过程中,结合藏品简介尝试对其进行描述与思考,归纳感悟并形成个人态度和观点。

(三)艺术创作

学校的美术社团分为绘画、书法、剪纸与泥塑四种门类,每位学生都有自己擅长和喜爱的艺术表现形式,学生在感受了馆藏文物的艺术魅力并且完成前两项研学任务后,初步具备探究历史的兴趣和保护文物的意识,能够从中体会中华优秀传统文化的博大精深与文明的悠久深厚,产生了将对文物的兴趣转化为艺术创作的动力。培养学生在文化情境中认识美术并灵活运用,正是本次"上海博物馆研学活动"所要达成的目标。

本次研学活动有两方面的收获:一是提高了学生对中国优秀文化的兴趣。短短一次对馆藏文物的参观,引发了学生课后主动深入学习的欲望,有助于他们养成不断研究、反复思考的好习惯,如对"藏品中还隐藏了怎样的细节?""藏品背后还蕴藏了怎样的古代智慧与信仰,这些智慧与信仰在当下有了何种演变与发展?"这些问题的思考,为学生带来了课堂所不能提供的收获。二是激发了学生的敬畏之心。无数文物经历过战火的摧残,四处流浪,正是一代代文物工作者像爱护生命一样爱护文物,它们最后才能回到博物馆向大众展览。一次短暂的参观让学生对历史产生了敬畏,对优秀传统文化有了独特的感情,愿意进一步去挖掘、领悟、品味源远流长的中华文化。

“走进广富林，共寻文化行”研学旅行活动的设计与实践

顾依琳[1]，赵蕾[2]，季海凤[2]
（1. 上海外国语大学附属外国语学校松江云间中学；2. 上海市康健外国语实验中学）

一、研学地点基本概况

广富林文化最早被辨识是在上海松江的广富林遗址，文化内涵以该遗址出土的广富林文化遗存为代表，根据考古学文化定名原则称为“广富林文化”。广富林文化主要存在于长江下游环太湖地区，是环太湖地区介于良渚文化与马桥文化之间的一种新石器时代末期的文化。广富林遗址的文化层分为三层：上层为春秋战国时期的吴越文化层，中层为夏商时代的马桥文化层，下层为新石器时代的良渚文化层。1977 年 12 月，广富林古文化遗址被列为上海市文物保护地点。2013 年 5 月，广富林古文化遗址被国务院核定为第七批全国重点文物保护单位。

二、研学目标

（一）培养人文底蕴

学生通过参观广富林文化展示馆，观察不同时期的人类文明特征、考古记忆、上海成陆演变等场景设计，阅读古文，了解广富林文化的概况，意识到文化是人类存在的根和魂，在真实情境中加深对历史、地理、语文等学科知识的理解和掌握，增加实际获得感。

中华文化历经了几千年的发展历程，源远流长、内涵丰富，其中徽州文化是非常重要的一部分。学生通过参观广富林文化遗址内的民居建筑，初步感受徽派建筑这一建筑流派，对广富林文化中的徽派文化有更为直接的认知。通过比较我国南方和北方不同的建筑风格和地域文化，深化学生的区域认知，从区域的角度，分析和认识不同地理环境所产生的文化底蕴差异。

学生通过参观骨针广场及富林照壁，理解先贤的智慧，加深对家乡、民族、国家的认同感，理解并认同中华优秀传统文化和社会主义核心价值观，培养文化传承的意识。

（二）践行科学精神

通过观察广富林文化遗址沿岸河流的水文特征，以科学的态度探究河流对区域发展的影响，了解到当地亲民的“水文化”，感受当地的一“水”风貌，探索当地的“水文化”给人们带来的便利，辩证地分析水与人类生存的关系。将课本中学习到的河流水文知识迁移到实践中，树立“生活中处处有地理”的意识，自觉思考劳动、科技发展与人类生活之间的关系。

（三）丰富学习内容

开展小组学习，以自主、互助、探究的研学模式进行探究，能从选址、建筑材料、建筑外形等方面描述徽派建筑的特点，充分发挥学习的自主性。通过自主探究，绘出沿路观察到的植物，记录植物的名称、外形特征和生长习性。

（四）锻炼健康体魄

在研学活动中，从广富林文化遗址到广富林郊野公园这段路程由学生徒步完成，这在一定程度上是对学生身体素质和心理素质的锻炼。因此，研学活动在学习各类学科知识的同时也能加强身体锻炼，培育意志品质。

（五）培育责任担当

通过领略先贤们的智慧，厚植历史情怀，培养对家乡建设的使命感和责任感。小组合作的探究方式有助于培养学生的团队合作意识、独立思考能力、不畏困难的品质和责任心。

（六）提升综合能力

认识人类社会和地理环境的整体性、关联性、动态性，掌握不同尺度下地球表面、地理区域、历史文化等因素的交互影响，能够以协调发展、持续发展的眼光综合分析地理现象和事物，培养保护生态环境的意识。锻炼对野外实习工具的使用能力，开阔思维，培养个人在野外的生存技能。通过观察广富林郊野公园的生态环境、地貌、植被构成，识别常见植物，掌握地理观察法、地理实验法等地理探究手段，学习自然地理、生态学等跨学科知识。

三、研学活动准备

（一）教师行前准备

1. 根据学情制订研学主题及目标。
2. 熟悉研学地点，梳理研学讲解内容。
3. 研学工具及其他准备。

（1）发放研学手册，准备研学工具，如罗盘、放大镜、地图等。

（2）告知学生本次研学情况的时间、内容、过程安排、学生分组安排。

(3) 学生安全教育,备好常用医药品。

(二) 学生行前准备

1. 熟悉研学手册,阅读研学手册上对研学地点介绍及研学基础内容,复习所学学科知识,对研学情境有基本概念。

2. 安全教育学习,明确研学活动各项规范。

四、研学线路设计(表 1)

表 1　上海市松江区广富林文化遗址研学路线设计

组织形式	6 人一组,并选出小组长,每组配一位老师		
物资准备	罗盘,放大镜,地图,研学旅行手册,有通信、摄像功能的手机(提前下载六只脚 App),出行衣物及运动鞋,雨伞,防蚊用品等		
线路设计	广富林文化展示馆→富林塔及周边建筑→骨针广场及富林照壁→广富林郊野公园		
考查内容		教学内容	设计意图
水下的远古印记	1. 明脉络 在任务单中记录不同文化时期人们的劳动工具、劳动方式及劳动成果并进行比较。 探究“广富林考古遗存为什么不称为崧泽文化、良渚文化,而命名为广富林文化?”这一问题 2. 知变迁 通过广富林考古记忆、上海成陆演变等场景设计,体验和阅读上海这座城市,了解比较城市风貌的变迁在今天上海市民日常生活中的体现,与同伴讨论,完成任务单中城市发展的进程和特点 3. 谈体会 选择自己在参观时感触最深的一种文化或上海成陆演变的过程,记录在任务单中,进行感悟分享和组内交流	1. 观察不同时期的人类劳动工具、方式及成果的差异。探究“广富林文化”这一命名的原因 2. 观察广富林考古记忆、上海成陆演变等场景设计,理解城市发展的进程及特点 3. 根据所参观到的事物,选择在参观时感触最深的一种文化或上海成陆演变的过程,总结归纳并分享	1. 明确上海地区史前文化从马家浜文化—崧泽文化—良渚文化—广富林文化—马桥文化的发展序列;了解不同时期人们主要的劳动生产工具和劳动特点 2. 了解上海城市发展历史,厚植历史情怀,培养对家乡建设的使命感和责任感,从空间和时间综合的角度分析地理事象的发生、发展和演化 3. 分享参观后的感悟,提高学生的语言表达能力,增强学生对于上海历史的情感体验

（续　表）

考查内容		教学内容	设计意图
水上的文化古韵	1. 拍摄、记录参观沿路的房屋建筑风格、桥梁特点，绘制建筑风格的主要特点 2. 小组讨论及成果分享：讨论广富林文化遗址的房屋构造特点（徽派建筑）与北方建筑的差异及其形成的原因；小组各代表对先前绘制出的建筑特点进行描述	1. 通过观察沿路民居建筑，掌握建筑风格的主要特点 2. 通过小组讨论，比较徽派建筑与其他类型建筑的差异及原因，可从选址、建筑材料、建筑外形等方面进行其特点的描述 3. 观察河流凹地，推测汛期对沿岸植被的影响，寻找最高水位，探究水文特征产生的原因及河流对人们生活的影响	1. 能够采用正确的方法与工具认识区域 2. 提高学生的观察能力和绘图能力 3. 培养学生交流表达能力，体会在人为和自然原因的相互影响和作用下产生的不同建筑风格，加深学生对人地关系的正确认识。通过比较我国南方和北方不同的建筑风格和地域文化，深化学生的区域认知，从区域的角度，分析和认识不同地理环境所造成的文化差异
陆上的绿丛生态	1. 边走边画出指定区域的路线，并在图中标注出沿路的树种名称 2. 通过荷花观赏区、油菜花展示区和水蜜桃展示区的游览，观察这三类植物生长的特征、习性等 3. 选取最令自己印象深刻的植物，绘出其部分器官的特征，如叶片、果实等，将叶片制作成标本的形式保存，并交流分享成果	1. 记录指定区域走过的路线，在图中标注出沿路的树种名称 2. 了解不同植物生长的特征、习性等 3. 抓住植物特征，进行绘画，并交流分析成果	1. 用"形色"软件进行植物识别，自行思考如何利用手边的工具绘制地图，锻炼学生工具的使用，开阔思维，培养个人在野外的生存技能 2. 加深学生对植物的认识，激发学生对自然的兴趣，培养学生的动手能力
陆上的先贤智慧	1. 通过参观具有代表性的历史文物，画出骨针广场和富林照壁独有的特征 2. 小组讨论，探究如何保护这种历史文物及传承先贤们的智慧	探究文化建筑可以留存至今的原因，及如何更好地保存历史文化建筑	1. 感受江南水乡的文化底蕴。理解并认同中华优秀传统文化和社会主义核心价值观 2. 培养表达能力和绘图能力

五、教学评价

（一）注重实践创新的培养

本次研学旅行活动涉及较多的调查环节，学生需要利用多种渠道收集研学相关知识，这是培养学生的学习方法、锻炼实践创新能力的良好机会；精心设计研学问题，引导学生发现研学区域的集地理、历史、生物等多学科的综合性问题，并尝试用所学知识分析问题产生的原因，提出未来发展规划，让学生在真实的自然环境中发现问题、探索问题，锻炼实践能力。

（二）体验生活中的人地协调

“天人合一”是中华民族的智慧，在广富林文化遗址的文物建筑中随处可见。本次研学活动让学生体验到人类活动与广富林文化遗址及公园的自然环境的协调性，理解“人地协调”的内涵，懂得人与自然和谐相处、尊重并保护历史文化的重要性。

六、实践后的反馈

通过深入参与广富林文化遗址的研学活动，学生能够更全面地了解上海的发展历史与文化底蕴。这一活动不仅丰富了他们的课外知识，也加深了他们对家乡上海的认同感和热爱之情。

在研学过程中，学生被分为不同的小组，每个小组都分配了具体的研学任务。这些任务涵盖了遗址的自然环境、历史遗迹、文化特色等多个方面。学生通过实地考察、资料搜集、小组讨论等方式，深入了解研学地点的自然状况和历史发展脉络。同时，教师还设置了相应的评价要求，以确保学生能够深入探究并充分观察研学地点的各个方面。

在研学活动中，学生表现出极高的热情和积极性。他们认真完成每一项任务，积极提出自己的见解和问题。通过与教师的互动和交流，学生逐渐认识到研学活动的重要性，并学会如何将学科知识与实践相结合。许多学生认为，有教师带领的研学活动不仅能够帮助他们更好地掌握学科知识，还能够开阔他们的视野，增强他们的实践能力。

在今后的学校教育中，研学活动将成为一项重要的日常教育活动。学校将结合本校的实际情况和特色，有计划地开发适合本校的系列研学课程。这些课程将注重培养学生的实践能力、创新精神和团队协作能力，帮助他们更好地掌握学科知识，提升核心素养。学校还将加强与家长和社会的沟通和合作，共同推动研学活动的发展和完善。

结合场馆资源的红色研学设计研究

教育是一个生态体系。大学、中小学、场馆虽然处在不同的子系统中，但可以互动，发挥协同育人的效应。研学活动让学生走出学校，来到场馆，提供了一种跨场景的学习方式。

UGS联合课题的设立是一种跨场景的教育探索。本章以大学生的红色研学活动、上师大学区内的两所学校（一所小学和一所中学）为例，介绍基于场馆资源的红色研学设计研究的情况，呈现不同学段开展研学活动设计和实施的方式和成效。

本章第一篇主要梳理了基于场馆资源开展红色研学活动研究的背景、现状和相关研究成果，结合课题组以上海师范大学大学生为对象设计的活动案例，呈现红色研学活动的开发过程。第二篇呈现的是学区内的康宁科技实验小学如何以钱学森图书馆为场馆资源，把爱国主义、科学精神的育人目标与学校基础型课程、拓展型课程相结合，开展活动设计与实践。第三篇呈现的是学区内的中国中学如何在钱学森图书馆中设计红色研学课程序列，呈现馆教结合的研学课程深度开发设计与实践。

结合场馆资源的红色研学设计研究

鲍贤清[1]，毛章玉[2]，汤婉琴[3]，张佳怡[4]
（1. 上海师范大学；2. 上海市闵行区七宝文来学校；3. 上海开放大学浦东南校；
4. 上海市师范大学附属金山龙航小学）

一、研究背景

近年来，教育主管部门发布了一系列政策文件支持中小学对场馆资源的利用。2015年，教育部联合国家文物局在《关于加强文教结合、完善博物馆青少年教育功能的指导意见》中指出，要把博物馆资源与中小学课堂教学、综合实践活动的实施有机结合起来，使利用博物馆学习成为中小学校日常教学的有机组成部分。2016年教育部等11部门正式印发了《关于推进中小学生研学旅行的意见》，要求各地将研学旅行摆在重要的位置，并明确指出“要将研学旅行纳入中小学教育教学计划”。2020年教育局和国家文物局发布的《关于利用博物馆资源开展中小学教育教学的意见》明确指出，要充分利用博物馆资源，组织开展爱国主义、革命传统、中华优秀文化、生态文明、国家安全等主题的研学实践教育活动。2021年8月，教育部在针对“关于加快推进中小学红色教育研学实践的建议”的答复中表示，高度重视中小学爱国主义教育，将联动红色教育基地，做好中小学生红色教育研学实践工作，帮助中小学生培育良好品行，坚定理想信念。

中小学阶段正是形成人生观、世界观、价值观的重要阶段。《中小学德育工作指南》（以下简称《指南》）依据小学低年级、小学中高年级、初中学段、高中学段四个学段设计了分段目标，为各阶段学生的德育工作指明了方向。针对培养德育的途径，《指南》强调要利用“课程育人”将中小学德育内容细化落实到教学目标当中，渗透进入教育全过程，同时注重“实践育人”，利用革命纪念地、烈士陵园等开展革命传统教育，利用博物馆、文物展览馆等地开展中华优秀传统文化教育。

红色研学课程的设计对培养学生品德、形成正确的价值观及今后的人生发展有着至关重要的作用，设计针对不同年龄阶段的红色研学课程，实现学校及场馆的红色文化互动，丰富学生的红色实践活动势在必行。本课题希望从学生的身边红色文化入手，用好本土红色资源，让学生了解身边的红色事迹和革命先辈的红色故事，培养家国情怀。依据小初高的阶段学习目标，研学内容逐步递进，避免简单重复，增加场馆学习的有效性，实现馆校合作育人。

二、文献调研

研学，又叫“修学”或“游学”，在我国其由来可追溯至孔子周游列国以广求知识、丰富阅历，在西方可追溯至17世纪欧洲兴起的“大游学”运动。本文所指的研学旅行主要是以学校青少年为主体，让学生在旅行的过程中增长见识、收获知识，并提高将知识应用于实践的能力。我国在2013年出现了“研学旅行”的概念，2014年，教育部基础教育司的王定华司长在第十二届全国教育学校论坛上发表题为“我国基础教育新形势与蒲公英行动计划”的主题演讲，指出研学旅行的概念是“学生集体参加的有组织、有计划、有目的的校外参观体验实践活动”。

研学与博物馆之间关系密不可分。2014年教育部印发的《关于培育和践行社会主义核心价值观 进一步加强中小学德育工作的意见》第一次把中小学生的研学旅行与博物馆联系在一起。2017年底在全国甄选的第一批中小学生研学基地中，204家单位里面有86家单位是博物馆。我国馆校合作在近十年内急剧增加，其中博物馆研学是馆校合作的形式之一。

博物馆研学不仅仅是馆校合作的有效形式之一，也是红色教育的途径之一。红色研学活动既能发挥课堂教学的主导作用，同时又发挥着实践育人的功能。红色研学活动充分利用红色旅游资源，不仅能提升其社会、经济效益，也能充实爱国主义教育内容，发挥革命类博物馆的社会教育功能。因此红色研学旅行活动是馆校结合的一种新形式，将学校与博物馆等文化场所结合起来，让学生在探索场馆的过程中获取知识，培养实践能力。馆校结合是一种不可缺少的学习形式，能够为学校教育提供重要的补充，使学生学习更多的知识，而且能够活跃学生的创新思维。

如何有效开展红色研学活动以达到应有的教学目标还有待研究。在实际操作中，学校和博物馆教育工作者的理解和操作方式也存在差异。一些研学活动未能根据青少年的学习需要来设计，也没有将学习目标真正融入研学结束时所要考查的要素，因此研学旅行存在着重游轻学的问题，学生不能正确认识研学的目的，参与活动不足。部分红色研学活动没有深入满足学生学习需求，大多浮于表面，学生处于被动地位。张瀛月①发现中学生在红色研学中存在信心不足、创新不足，教师参与不足等问题，并且学生在研学过程中行为参与度远高于认知参与和情感参与，对学生的思想教育意义较浅。

同时，部分研学旅行的活动组织和课程安排随意，与学校相关课程脱节，缺少系统育人价值要素设计。针对此种现象，已有研究者开始关注红色研学旅行活动的设计及开发，例如，庄宁②的研究中将学校的学科教学与研学活动结合，师生通过查阅资料，实地考察身边的红色资源，然后利用地理知识分析区域特征，完成具体的学习任务。崔勇前③等人选择便于观察井冈山地形地貌的红色文化景区，确定研学目标，让学生学习地理区位、地形地貌、气候

① 张瀛月. 中学生红色研学旅行参与及满意度的实证研究[D]. 北京：中国青年政治学院，2018.

② 庄宁. 中学地理教学中开展红色研学的策略探析[J]. 中学地理教学参考，2021(22)：92—93+96.

③ 崔勇前，崔润宇. 红色研学旅行活动的设计与实施：以“井冈山红色研学旅行活动”为例[J]. 中学地理教学参考，2021(22)：94—96.

生态等知识，并进行在线研讨，学生感受到了革命前辈不怕牺牲、艰苦奋斗的精神。史洁[④]等人针对革命文物开展红色研学模式设计，提到要依据学生学情，设计体验式研学目标，然后结合思政教育，设置沉浸式研学项目。

基于以上背景，本研究试图从 UGS 大学与中小学合作的视角，对不同学段开展有针对性的红色研学活动的设计与实施的研究。

三、研究内容

基于博物馆资源的红色研学活动设计与开发。以上海淞沪抗战纪念馆、龙华烈士纪念馆和钱学森图书馆为对象，开展场馆调研，挖掘各个场馆的展项特色和教育内容。结合学段特点，有针对性地进行博物馆红色研学活动（包含学习单等配套资源）开发，探索活动的设计流程和设计方法。

学区内分层研学活动的设计方法。前期调研中，学区学校反映学生从小学至高中多次参观同一个场馆的问题。本课题将从学区一体化视角，与学区学校研讨分层设计研学活动的方法。

激发学生参与红色研学的教学实施方法。本课题分别以淞沪抗战纪念馆和钱学森图书馆作为大学生和中小学生开展研学活动的实践场所，探索将红色主题融入不同学段的学科教学、学校主题活动的方法。

四、研究过程

作为 UGS 大中小一体化的合作研究项目，本课题分为三个阶段来实施。第一阶段，带领大学生走访场馆，挖掘研学素材，设计研学案例。第二阶段，课题团队与学区学校研讨适合小学和中学的研学方式，由学校开发红色研学活动和课程。第三阶段，在学区学校实施红色研学活动和课程，观察效果，思考改进措施。

本文聚焦课题组在第一阶段的调研和研学案例设计过程。本章的第二篇和第三篇文章将分别呈现学区内一所小学和一所中学以钱学森图书馆为对象设计的红色研学活动和课程。

（一）走访相关场馆，挖掘研学素材

1. 钱学森图书馆

钱学森图书馆是中国科学家国家级纪念馆、博物馆，馆内四个展厅分别介绍钱学森的学习与成长历程、在科学理论研究上的学术成就、钱学森对中国导弹航天事业的历史性贡献、钱学森的科学品质及崇高精神。

---

④ 史洁，马凤悦，于梦玮，等.利用革命文物开展红色研学教育的有效途径——山东沂蒙山区红色研学模式设计[J].中国文化遗产，2022(1)：18－25.

钱学森图书馆是教育部办公厅公布的第一批全国中小学生研学实践教育基地、全国爱国主义教育示范基地、全国科普教育基地，为学校团队提供参观、专题讲座、主题观影、研学实践、课题探究等丰富的学习资源。研学实践主要是以具体的研学任务为主，学生以个人或小组为单位完成任务的活动。此外，针对不同年级阶段的学生和对象，钱学森图书馆提供了视频学习资源，为教师提供了相应的讲座和课程资源。例如，“钱学森的辩护词”研学任务，要求以小组为单位，为钱学森在回国时受到无理扣押和审讯写一份 3 分钟的辩护词，证明钱学森有权利回到祖国。这个任务需要学生们团结协作，依据当时的时代背景，分析钱学森的处境，并将内容精练成 3 分钟的辩护词，设身处地体会钱学森当时面临的多方压力和困境，站在钱学森的角度理解钱学森，感受钱学森的爱国情怀。

钱学森是我国伟大科学家的杰出代表，其科研精神、爱国主义精神和崇高的道德品质都值得青少年学习。利用钱学森图书馆内资源开发研学课程，使馆内资源与学科课程相结合，培养学生的学习能力和思想道德品质。

2. 龙华烈士纪念馆

龙华烈士纪念馆以“英雄之城孕育英雄，英雄精神激励后人”为主题，以“以史叙事、以事带人、以人见精神”的布展理念，集中展示了 257 位英雄人物的生平事迹。整个馆藏是按照时间顺序来安排的，展览共分为“信仰的召唤”“使命的执着”“信念的坚守”“民族的脊梁”“胜利的奋斗”“时代的先锋”六个部分，记录了 1840 年鸦片战争以来中华民族的内忧外患，陈列了辛亥风云、中共一大、第一次国共合作、上海工人三次武装起义、四一二反革命政变、一·二八淞沪抗战、文化抗战、八一三淞沪抗战等历史事件以及龙华二十四烈士信念坚守的故事。在布展陈列上，龙华烈士纪念馆使用了全息投影、影视模型等生动形象的设备，让学生身临其境了解革命烈士的故事。面对馆内大量的文字及图片资料，找到适合学生学习的方法十分重要。

3. 上海淞沪抗战纪念馆

上海淞沪抗战纪念馆设有艰苦卓绝——上海抗战与世界反法西斯战争主题展、血沃淞沪——淞沪战役主题展、战上海——上海解放革命历史陈列等常设展览。一直以来，淞沪抗战纪念馆聚焦红色资源的传承弘扬和保护利用，注重发挥“加强社会主义精神文明建设、践行社会主义核心价值观、开展爱国主义教育和推动社会主义先进文化”的积极作用。本研究选择上海淞沪抗战纪念馆为调研对象，就是要深入挖掘史料，讲好红色故事，从历史中汲取养分，传承伟大的抗战精神。

（二）研学活动开发案例

课题团队首先以淞沪抗战馆为实践点，设计上海淞沪抗战纪念馆研学活动。研学活动以基于任务的学习为核心设计理念，依托上海淞沪抗战纪念馆馆内相关展项和资源，采用以游戏化任务探究的形式，引导到馆参观的学生深入挖掘展品背后的抗战故事，加深对淞沪会战中将士们表现出的顽强抗争的精神的认识和理解。研学活动以参观前、参观中、参观后为学习活动流程和主线，采用线上线下并行的混合模式。

课题首先根据上海淞沪抗战纪念馆线上相关资料和虚拟博物馆导览，梳理了该馆的陈列和参观路线。而后通过查阅博物馆非正式学习活动设计相关文献，结合本项目成员的红色研学经验，最终以游戏化的探究任务为主线，设计了第一版学习活动方案，学生的主要任务为将特定展品展项与对应名称相匹配。

在实地参观上海淞沪抗战纪念馆后，我们发现纪念馆做了重修，馆内的展品、展项和参观路线已大有改变。因此课题组根据实际的观展情况设计了第二版学习活动方案。这一版学习活动明确了三个教育理念：基于任务的学习、游戏化学习以及混合式学习。活动以参观前—参观中—参观后的顺序为主线，参观前和参观后以线上学习和分享为主，参观中则为线下实地参观，并充分利用新媒体平台和本项目制作的宣传视频进行学习。在线下实地参观阶段，我们丰富了游戏化探究任务的题型、拓宽了学生发挥创意的空间，同时为部分展品提供额外的音视频资料，以供学生进一步学习展品背后的抗战故事，领会其精神。

在第三版学习活动设计方案的修改过程中，我们主要考虑如何加深学生对战役背景和发展脉络的理解。馆方工作人员提出了两点修改建议：注重文字表达的精准和严谨；增加参观者为展品撰写介绍文字的环节。因此第三版学习活动方案中设计了相应的学习指导单，活动流程如下：

参观前，学生通过公众号或官方平台预约来馆参观，利用课题组制作的宣传视频进行入馆前的学习。

正式入馆参观时，为每位学生发放“淞沪不屈萃国魂”学习活动指导单。指导单根据上海淞沪抗战纪念馆的展厅展览顺序，选择最具代表性、值得深入挖掘的展品展项，融入游戏任务中，学生们根据指导单提示寻找到对应展品展项，了解背后的抗战故事和英雄精神。同时我们在学习单对应展品板块内附二维码，补充相关展品的音视频等资料，丰富展品故事。

参观结束后，学生可将自己拍摄的照片、视频，为展品撰写的介绍文字等制作成影集或短视频，发送至馆方微信公众号或微博等平台。馆方定期进行展示分享，同时在积极参与展示活动的学生中抽奖并送出纪念品。

五、研究小结

在对红色场馆学习活动进行深入研究和实践的基础上，课题组结合了博物馆教育的理论和相关文献资料，提出了红色场馆学习活动设计框架(图1)。该框架的核心理念是基于任务的学习方法，同时巧妙地融入了游戏化的元素，以增强学习的趣味性和参与感。为了更好地实现学习目标，该框架将学习活动分为三个阶段：参观前、参观中和参观后，每个阶段都有明确的学习主线和目标。参观前，学习者将通过线上平台获取相关的历史背景知识和任务指南，为实地参观做好充分的准备。参观时，学习者将在现场通过互动式展览和任务挑战，亲身体验和探索红色故事，从而更深刻地理解历史事件和人物。参观结束后，学习者通过讨论反思活动，进一步巩固所学知识，并将红色精神融入日常生活和学习中。该框架采用了线上线下相结合的混合学习模式,既利用了现代信息技术的优势,又保留了现场体验的独特价值。这种混合模式旨在激发学习者的主动性和积极性,吸引他们深入了解场馆中的红色故事,领悟红色精神。

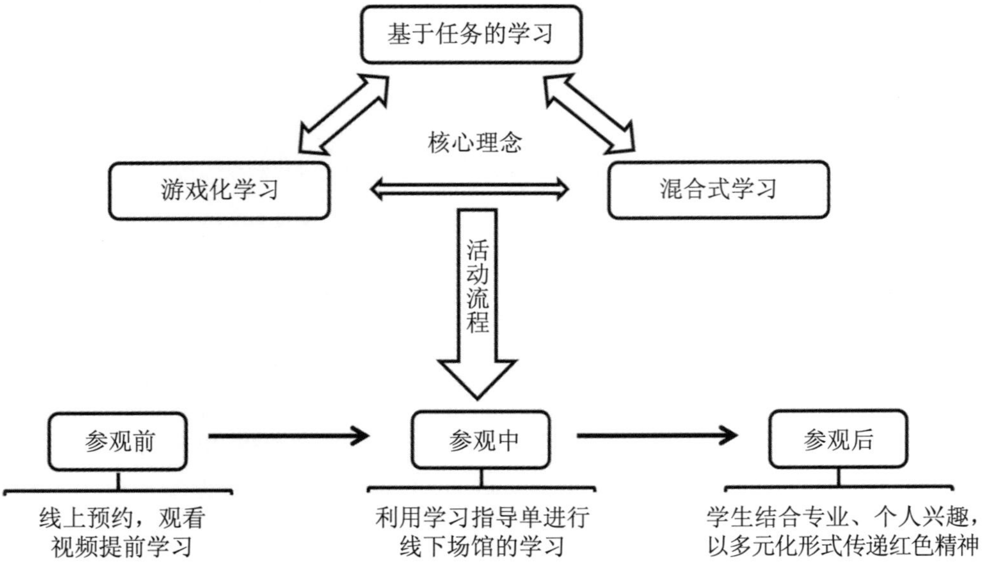

图1　红色场馆学习活动设计框架图

在本项目中,课题组以上海淞沪抗战纪念馆作为研学地点,深入挖掘馆内展览中最具代表性和教育意义的展品和展项。通过精心设计的学习指导单,课题组引导学生在参观过程中结合实际情况,传递红色精神,使学习活动更具教育意义和实践价值。

在后续的研究中,课题组计划与学区内的学校紧密合作,共同探讨如何在充分考虑学区内小学生和初中生的学习特点和需求的基础上,结合学校的教育特色,开发更多元化的教学方法。通过这种方式,课题组希望能够丰富区域研学活动设计的内涵,为学生提供更加丰富和多元的学习体验,从而更好地传承和弘扬红色精神。

小学红色研学活动设计与实践研究

——以徐汇区康宁科技实验小学“瞻仰院士风范 立志科技创新”活动为例

张深

（上海市康宁科技实验小学）

2015 年以来，《关于加强文教结合、完善博物馆青少年教育功能的指导意见》《关于推进中小学生研学旅行的意见》《关于利用博物馆资源开展中小学教育教学的意见》等文件陆续颁布，从顶层设计角度，对学校用好博物馆资源，组织青少年进行研学活动，开展爱国主义、革命传统等主题的实践教育活动提出了具体明确的要求。徐汇区康宁科技实验小学结合区情、校情、学情，将徐汇区的钱学森图书馆作为学生开展研学活动的场馆，组织了“瞻仰院士风范 立志科技创新”红色研学活动，带领学生了解科学家生平，感受科学家为祖国和人民不懈奋斗的爱国情怀和崇高品质，在学生心中埋下热爱科学的种子，从小立志，敢为人先、勇攀高峰。

一、研学活动背景

红色研学活动是以革命遗址、革命纪念馆等场所为载体，以其所承载的革命历史、革命事迹和革命精神为内涵，通过研究性学习和旅行体验相结合的方式，增加学生对红色文化的认知与了解，培养学生的爱国情感，加强爱国主义教育的一种综合实践活动课程。用好红色场馆，组织学生开展好红色研学活动，是学校对学生进行爱国主义教育的良好途径。

上海市徐汇区康宁科技实验小学在 20 多年办学历程中，围绕“崇尚科学”的核心办学理念，逐步形成了科技教育特色，确立了“康体宁心、创智敦行”的育人目标。学校各班级、中队均以科学家名字命名，学习科学家事迹，感受“爱国、创新、求实、奉献、协同、育人”的新时代科学家精神，是学校德育工作的重要抓手。学校还以“康宁少年科学院”为依托，设计开发了 20 多个融合拓展和探究的综合活动课程，为学生创新能力的提升搭建活动平台，培养了一批热爱科学的“小小科学家”。

精心挑选场馆，设计实施基于场馆特色的红色研学活动，有利于丰富学校德育活动的内容与形式，将课堂从校内向校外延伸。红色研学活动在对学生进行爱国主义教育的同时，也让学生更真切感受科学家精神，对于学校的科技教育大有裨益。

二、研学活动实施

（一）确定研学点

1. 与学校办学特色的结合

作为一所科技教育特色学校，学校组织开展的德育活动、社会实践等都与科技教育紧密结合，在各类活动中对学生进行科学知识的启蒙，培养学生对科学的兴趣、创新意识和实践能力。徐汇区内红色资源丰富，龙华烈士陵园、宋庆龄故居、光启公园、土山湾博物馆、钱学森图书馆、柯灵故居、巴金故居等场馆，都非常适合开展红色教育。在选择研学点的过程中，学校充分考虑了以科技教育为出发点，与红色研学紧密结合，最终选择钱学森图书馆作为研学实践场馆。在学校开展的“科学偶像”推选的活动中，钱学森是学生们推选出的十位科学偶像之一，学校还有一个四年级中队名为钱学森中队。将钱学森图书馆选为学校的红色研学点，既紧密结合学校的科技教育，又能帮助学生更多了解科学家的事迹、感受科学家的爱国精神。

钱学森是享誉海内外的杰出科学家和我国航天事业的奠基人，为我国火箭、导弹和航天事业的创建与发展作出了卓越贡献。他的科学精神、感人事迹和崇高品格，是我们国家和民族宝贵的精神财富。钱学森图书馆于 2011 年 12 月 11 日钱学森诞辰百年之际在上海交通大学徐汇校区建成开馆，是全国爱国主义教育示范基地、全国科普教育基地、上海市爱国主义教育基地、上海市科普教育基地、上海市国防教育基地。馆内收藏保存着 61000 余件钱学森珍贵文献、手稿、照片和实物，布置陈列着 3000 余平方米的“人民科学家钱学森”主题展览，是对学生进行爱国主义教育、科学精神教育的鲜活教材。

2. 与教材的关联

结合小学语文、道德与法治教材内容来看，在统编版小学语文四年级下册中的科普单元有《千年梦圆在今朝》一文，讲述了“嫦娥四号”的探月活动。口语交际栏目“说新闻”中提及了有关 C919 国产大型客机、我国发射火星探测器的新闻。在统编版小学道德与法治五年级上册教材中，《屹立在世界东方》一课有两弹一星的相关内容。这些教材中的内容与钱学森的杰出贡献、爱国情怀有密切的联系。将钱学森图书馆作为红色研学点，可以将这些课本上的内容与实际生活紧密相连，给学生带来更加真切、鲜活的感受。

（二）设计研学内容

研学活动以“瞻仰院士风采 立志科技创新”为主题，以钱学森的爱国情怀和科学精神为核心，将钱学森图书馆各场馆展示陈列内容，与学校基础型课程、拓展型课程结合开展。研学活动方案如表 1 所示。

表 1　研学活动方案

	活动目标	活动内容	活动地点	课时安排
板块一	学习相关课文内容，初步了解祖国科学技术发展情况，激发学生的自豪感、自信心	语文教材中的《千年梦圆在今朝》和“说新闻”栏目、道德与法治教材中《屹立在世界东方》相关内容学习	校内	1 课时
板块二	了解科学家生平，知道在中华民族伟大复兴的征程上，科学家心系祖国和人民，不畏艰难，勇攀高峰，为我国的科技发展作出了重大贡献，感受科学家精神	参观钱学森图书馆，浏览馆内相关展品，分成学习小组，完成研学活动单，了解钱学森生平及杰出贡献	钱学森图书馆	3 课时
板块三	交流展示研学收获，并结合日常学习生活，继承发扬以国家民族命运为己任的爱国主义精神、以爱国主义为底色的科学家精神，积极创建科学家中队	召开创建科学家中队主题队会，交流展示研学成果，进行活动评价	校内	1 课时

（三）组织和实施研学活动

1. 研学前

（1）构建工作小组

研学活动由学校整体策划，德育部门牵头，以年级组为单位，组织研学活动工作组，总负责为年级组长，年级组全体教师一起参与。

（2）制订活动方案

学校德育部门与年级组长对研学基地进行实地考察，召开研学活动工作组会议，共同研讨，形成红色研学活动方案，明确活动目标、相关内容、负责人、具体要求。设计研学单、评价单。

（3）组织学科学习

语文、道德与法治学科教师组织学生完成学科中与研学相关内容的学习，在教学过程中注重与钱学森图书馆内相关知识的融合，学校少年科学院组织开展少年科学院年会，进行小院士评选，帮助学生在研学活动前对活动中涉及的知识打下基础。

（4）落实活动安排

年级组长联系好场馆，召开本年级组带队教师会议，介绍整个活动的时间安排、人员安排、活动流程、注意事项。班主任做好研学活动组织发动工作，提前下发研学活动单（表 2），做好学生分组安排，活动过程中指导学生根据活动单收集记录信息。

表 2　钱学森图书馆研学活动单

参观钱学森图书馆　感受科学院士风范 班级________第________小组　　组员______________________	
打卡点	研学任务 （每个小组一份“夺宝奇兵”地图，根据地图提示进行参观）
图书馆外墙	钱学森图书馆以“方正的石头”寓意________，“裂开的石头”之中迸发出东风二号甲导弹的建筑空间场景，寓意____________ (1) 钱学森心系祖国大地的赤子情怀 (2) 钱学森“两弹一星”的伟大事业“石破天惊”
序厅	1. 找到展厅内“升腾的智慧”，这个装置由 4015 页“钱学森手稿”组合而成，请你了解一下 4015 的含义 2. 观摩巨幕影片“钱学森与中国航天”，了解钱学森为中国航天事业做出的贡献
第一展厅	1. 参观展厅内展品，你们小组最感兴趣的展品是____________ 2. 体验低速风洞试验段，了解风洞原理及钱学森为中国空气动力事业做出的贡献
第二展厅	参观展厅内展品，了解钱学森在科学理论研究上的诸多学术成就，选择其中一项深入了解
第三展厅	1. 参观展厅内展品，找一找钱学森所获得的奖项 2. 观看视频短片《忠于中国人民》，和同学交流观后感
第四展厅	1. 参观展厅内展品 2. 说一说：钱学森毕业于__________，是____________ 3. 观看影片《人民科学家钱学森》，联系语文课和道德与法治课上所学内容，想一想，要为国家作出贡献，需要哪些知识和本领？
延伸活动	航天动手做——动力风车（选做）

2. 研学中

(1) 确保活动安全

研学活动以班级为基本单位，分学习小组进行。各学习小组的导师负责该组学生的安全。

(2) 关注活动质量

各学习小组导师指导学生围绕学习单完成研学各项任务。对于研学活动中学生遇到的困难及时予以帮助，小组讨论中及时帮助学生调整方向，帮助学生高质量地完成活动任务。

(3) 进行过程性评价

各学习小组导师要实时关注学生活动状态，及时做好学生活动情况的记录，对学生参与活动的态度、过程进行评价。

3. 研学后

(1) 小组成果汇总整理

研学后，各小组根据学习单进行成果汇总，并选择其中一个研学点作为重点，展示交流。

(2) 活动课分享交流

组织开展中队主题会，各小组围绕研学活动的收获，进行汇报分享交流。活动结束，班主任组织学生做好活动评价，并做好资料收集整理工作。

(四) 落实活动评价

1. 学生参与活动情况的评价

整个研学活动的评价，以学生参与活动情况及目标达成情况为重点，以场馆参观情况、研学活动单的完成情况、小组汇报交流情况为评价内容，从参与活动的兴趣和态度，研学活动的收获和成果等维度展开评价，并关注评价主体的多元，综合教师评价、学生自评、同伴互评(表 3)。

表 3　研学活动评价表

评价维度	评价指标	自评	互评
活动兴趣	1. 对学校组织的红色研学活动很感兴趣	☆☆☆☆☆	☆☆☆☆☆
	2. 乐于参加展馆内的实践体验及互动	☆☆☆☆☆	☆☆☆☆☆
	3. 乐于和小伙伴交流信息，分享研学收获	☆☆☆☆☆	☆☆☆☆☆
活动收获	1. 对人民科学家钱学森的生平和重大贡献有所了解	☆☆☆☆☆	☆☆☆☆☆
	2. 知道祖国科学技术发展日新月异，感受科学家们不畏艰难、勇攀高峰，为我国的科技发展奉献自我的精神	☆☆☆☆☆	☆☆☆☆☆
	3. 主动运用所学的科学知识、技能与方法解决生活中的问题	☆☆☆☆☆	☆☆☆☆☆
活动成果	1. 小组学习单	☆☆☆☆☆	☆☆☆☆☆
	2. 小组交流汇报	☆☆☆☆☆	☆☆☆☆☆

2. 研学活动组织情况的评价

研学活动的组织情况由学生进行评价(表 4)，主要了解学生对活动组织、活动效果的感受及意见建议，为进一步组织好红色研学活动提供参考。

表 4　研学活动组织情况反馈表

班级		姓名		
用“√”表示				
1	你以前参观过类似场馆吗？	经常参观 (　　)	偶尔参观 (　　)	不参观 (　　)
2	你对此次红色研学活动的安排满意吗？	满意 (　　)	基本满意 (　　)	不满意 (　　)
3	如果让你来组织这次红色研学活动，你还会安排些什么内容？(用一两句话写一写)			

三、总结与反思

（一）发挥育人价值

“瞻仰院士风范 立志科技创新”红色研学活动从学生实际出发，将学习的场所从校内延伸到校外，将学生课内所学知识与课外生活结合。经过前期校内的学习之后，学生进入钱学森图书馆，在展品的浏览和小组的交流中，学生自己去寻找、发现、探索，感受科学家心系祖国和人民，以国家民族命运为己任，不畏艰难，勇攀高峰的精神。学校课堂中所学的知识，在现实中得到联系和印证，进一步加深了他们的认知，激发了他们的情感。随后组织开展科学家中队创建活动，指导学生将情感内化并投入实际行动。校内外紧密结合，充分发挥育人作用。

（二）丰富办学内涵

我校是科技教育特色学校，以“康体宁心 创智敦行”为育人目标，重视学生的身心健康，培养学生创造性思维能力和实践能力，引导学生坚守社会道德、肩负责任使命，培育学生崇尚科学、实事求是、尊重规律的科学精神。“瞻仰院士风范 立志科技创新”钱学森图书馆红色研学活动，和学校的育人目标紧密契合，和学校现有的课程教学、少先队活动紧密结合，是对基础型课程教学中相关内容的拓展，也使学校的“科学家中队”创建活动有了鲜活生动的案例，将学校科技教育办学特色与爱国主义教育融合，进一步丰富了学校科技教育的内涵。

乐育研学

——中学红色研学活动设计与实践

郑敏芳

（上海市中国中学）

育人之本，在于立德铸魂。教育部等11部门《关于推进中小学生研学旅行的意见》中提到“研学旅行可以帮助中小学生了解国情、热爱祖国、开阔眼界、增长知识，提高社会责任感和创新精神”。教育部《关于进一步加强新时代中小学思政课建设的意见》中提到，“创新教师教与学生学的方式方法，用案例式、项目式等教学方法，注重学生身边的事例和典型任务，调动学生参与思政课的积极性”。为了丰富思政教育形式，提升思政学习效能，中国中学整合区域内场馆资源，设计了“行走中国”红色研学课程序列。从中共一大会址、钱学森图书馆、四行仓库、渔阳里弄堂一路迈向南京、绍兴、井冈山、天安门等地的红色教育基地，完成“从石库门到天安门”的红色研学课程序列，培育红色基因。其中，馆校结合深度开发的钱学森图书馆系列研学课程在区域内起到了辐射引领、示范带动的作用，具有一定的影响力。

一、乐育研学的实践背景

中国中学创办于1933年，是全国唯一以国家名字命名的完全中学。近百年的发展历程中，学校确定了要培养“中国心、世界眼、未来梦”的时代新人。学校初中部作为上海市初中学生综合素质评价实施的“种子基地”，研发了钱学森图书馆系列研学课程。

（一）资源基础：区域优质文化教育资源

中国中学周边汇聚了区内众多优质的文化教育资源。以徐汇区的钱学森图书馆为例，馆内拥有丰富多样的馆藏资源，涵盖了科技、工程、文学、历史、艺术、创造等多个领域。钱学森的家国情怀、科学精神、实践探究能力以及人文艺术修养等特质，也为中学生提供了宝贵的学习素材。这些资源与中学生的学科核心素养紧密相连，为他们提供了广阔的成长空间。

（二）育人诉求：以核心素养为导向的育人导向

中国中学设立系列研学课程培训的初衷，是在秉持“评价先行，直指终点”的教育理念下，紧扣学生的核心素养作为航标，深入挖掘并展现各学科在培育学生核心素养方面的潜在价值。通过系列研学课程，让学生具备跨学科的学习视野，提升综合能力，为他们的未来发展奠定坚实的基础。

（三）课改实践：撬动学校课程改革的一个支点

中国中学致力于通过大概念、基本问题和核心任务来引导学生进行探究学习，强化其学习迁移能力，使教学重心从单纯的知识传授转变为核心素养的培养。系列活动和课程评价成为推动综合素质评价有效实施的关键途径之一，也是学校课程改革的重要支点。

中国中学积极将钱学森的家国情怀和钱学森图书馆的红色资源融入初中研学实践课程中。75 位教师围绕这位爱国科学家，依托图书馆中的红色资源，共同开发了“朴棫”研学活动和“钱学森图书馆跨学科项目化学习”课程，在研发和实施的过程中，中国中学的师生更加坚定了红色信仰。

二、乐育研学的发展之路

“朴棫”二字，最早可追溯至《诗经・大雅・棫朴》中的“芃芃棫朴”。在中国中学的校史馆中，曾任职南京市市长的马超俊先生，为学校留下了宝贵的题字“朴棫作人”，寓意深远。设计团队围绕钱学森这一杰出人物，将文学、历史、科学、创造等多元内容融为一体，由点及面，层层深入。以“朴棫”二字命名此次研学活动，旨在向学生传达活动的核心理念：做学问，首先要朴素扎实，脚踏实地。学校期望通过这样的研学活动，进一步拓展学生的知识体系，激发他们的求知欲，完善他们对各学科的认知，从而助力学生的全面发展。

（一）“朴棫研学”1.0：在研学活动中传承红色基因

2019 年初，我校初中部作为上海市初中学生综合素质评价实施的“种子基地”，进行了一次具有深远意义的爱国主义教育研学活动——朴棫研学活动。本次活动由 35 位精心选拔的“种子”教师主导，他们分别聚焦钱学森的家国情怀、创新精神与实践能力、艺术素养等多个维度，整合钱学森图书馆内的资源，精心设计了一系列兼具趣味性和教育意义的研学任务，让学生在亲身参与中感悟钱学森的精神力量，提升实践能力，并深化家国情怀的培养。

在研学活动实施过程中，学生们往返于钱学森图书馆和交大校园之间，分别完成了“历史人文”和“数理科学”两大领域的研学任务。在钱学森图书馆，学生们通过观察、探索、动手制作和表演等方式，深入了解钱学森的生平事迹与精神风貌。例如，他们通过求援信翻译、微演讲、寻找钱学森成绩单的秘密、制作寄往克利夫兰总统号的明信片等一系列活动，亲身感受了钱学森的求学经历与归国之路的艰辛；在交大校园里，学生们聆听这所百年高校的辉煌历史，并参与了体育拓展挑战，锻炼了身心素质。

（二）特色课程转型探索下的钱馆 2.0：在课程开发中厚植家国情怀

一年后，我校与钱学森图书馆（以下称钱馆）的合作层次迈上新台阶。这一阶段，中国中学将视角聚焦“基于跨学科视角下的钱馆课程开发”，将原本为期一天的短期研学活动，拓展延伸为跨越一年的丰富课程。

在专家的精心指导下，30余位一线教师进一步深入发掘和利用钱馆的教育资源。他们将钱馆中与思政德育、创新精神、身心健康以及艺术素养等相关的内容融入课程设计中，围绕“科技发展与时代精神”“家国情怀与责任担当”等维度，教师们成功研发出五门各具特色的研学课程（表1）。这些课程在跨学科融合方面展现出了创新性和实用性，为学生的学习与成长提供了更为广阔的舞台。

表1　研学课程设计

	课程名称	主题内容
课程1	九天揽月	火箭设计、建模和发射
课程2	天问计划	中国现当代航空航天史探究
课程3	科学与艺术	创新教育探究
课程4	漫漫回国路	重现重大历史时刻
课程5	大时代中的大人物	钱学森生平研究

三、乐育研学的实践案例——九天揽月

（一）大单元、大概念的确定

在课程启动之初，团队成员前往钱馆进行实地探访。馆中陈列的火箭模型、钱学森丰富的研究经历为课程的构思提供了宝贵的灵感。为了能在课程教学中既点燃学生探索未知领域的热情，又能让他们在实践中深刻领悟钱学森精神，团队经过深入研讨，初步确立了以火箭模型制作为核心的课程主题。随后的讨论会上，课程的可行性问题成为了组员们热议的焦点。团队中地理和理化学科教师提供了详尽的可行性分析，为构建课程框架提供了坚实的支撑。大家对火箭模型成功试飞充满了信心。

最后，团队将课题确定为“火箭设计、选址及发射”。这一课题不仅涵盖了火箭制作的技术层面，还注重在选址与发射环节中培养学生的综合实践能力，充分体现了理论与实践相结合的教育理念。

（二）跨学科融合设计

在明确主题后，团队成员从各自的学科领域出发，围绕火箭的设计、制作与发射三个核心环节，深入挖掘本学科对此课程的支撑点，献计献策。英语老师提议，钱学森留下了很多英文手稿，通过阅读这些英文资料，学生可以深刻体会到他浓厚的爱国情怀与对科学的坚定追求。英语是国际交流的重要语言，因此，我们在课程设计中设置了中英文新闻发布会的环节，将英语学科融入研学课程。化学老师提出了利用燃料解决火箭模型发射的问题。美术老师负责火箭外壳的设计。地理老师指出火箭发射时必须考虑选址因素。数学老师提出模

型制作需要精确计算。语文老师建议搜索相关文献资料并撰写火箭模型说明书等。经过各学科教师间的深入交流与磨合,“火箭模型制作”这一初步想法逐渐被充实,初步形成了本课程的基本框架。

在搭建好课程基本框架的基础上,团队成员进行了5E教学法(吸引、探究、解释、扩展、评价)的培训并进行了现场演练。此后还开展了4次专家培训和6次组内头脑风暴,并在群组中随时分享相关资料。经过这些努力,团队将课程框架补充完整,充实内容同时设置了任务串和问题链。

(三)聚焦困惑,解决问题

在探索过程中,团队多次遇到了困难与瓶颈。以终期汇报为例,研学课程任务中设置了举办一场新闻发布会的环节。团队老师精心设计了模拟真实发布会的情境,并将评价内容前置,确保终期汇报能够充分展示之前探究内容的成果。然而,专家并未对该环节有过多评价,而是建议我们要深入挖掘火箭设计、选址、发射背后的科学原理、工程实践等维度的内涵,同时强调对火箭发射的安全性进行深入思考。

团队成员积极面对挑战,共同思考解决方案。我们期望这门课程能够呈现出一个完美的作品——成功升空的火箭。虽然大家的目标是一致的,但在实际推进的过程中要在确保安全的情况下考虑诸多细节,经过多次激烈的讨论,我们再次聚焦于模型火箭的发射方式这一核心问题。通过文献检索和专家建议,我们总结出以下几种发射方式:水火箭、压力火箭(利用气压发射的物理变化),或利用小苏打和醋酸或硝糖反应作为发射的动力来源。化学发射方式虽然直观效果好,但危险系数较高;而物理发射方式中的水火箭已有诸多学校尝试,难以突显创新。团队化学老师经过反复试验,终于找到了一种安全系数较高的发射方式,为整个课程的成功奠定了基础。同时,充分考虑到学生个体能力的差异,确保每个学生都能在项目中有所收获,团队讨论决定,将呈现形式的选择权交给学生,让他们根据自己的兴趣和特长自主选择。

四、乐育研学的实践成果

总体而言,中国中学乐育研学取得了丰硕的成效。在75位教师的不懈努力下,我们成功举办了13次富有成效的活动,构建了5门系统完善的课程,覆盖了近千名学生,积累了2万字的课程介绍以及近5万字的课程开发设计文本资料。

在这个过程中,教师们深切体会到,设计符合学生实际学情的研学活动和跨学科主课程,是对教师专业技能和跨学科素养的严峻挑战。为此,教师们不断自我提升,学习新知识,掌握新技能。同时,各学科教师组成的团队紧密合作、互相学习,为教师队伍注入了新的动力,提升了教师的跨学科素养和授课能力。一批批优秀的跨学科“种子教师”脱颖而出,成为推动学校课程改革的中坚力量,助力学校向着更高层次的发展迈进。

实践视域下
新时代中小学劳动教育课程
一体化建设研究

《中共中央 国务院关于全面加强新时代大中小学劳动教育的意见》指出，劳动教育是中国特色社会主义教育制度的重要内容，一直以来，各类学校在劳动教育方面不断探索，获得了一定成效，但同时近年来劳动教育出现被弱化、异化、淡化的现象也不容忽视，要采取各类措施落实与加强劳动教育，构建新时代劳动教育体系，整体优化学校课程设置，将劳动教育纳入中小学国家课程方案中。教育部印发的《大中小学劳动教育指导纲要（试行）》则重点针对劳动教育是什么、教什么、怎么教进行了阐述。

2022 年 4 月，教育部发布《义务教育课程方案和课程标准（2022 年版）》，对各学科课程设置进行了优化，将劳动从综合实践活动课程中独立出来，颁布《义务教育劳动课程标准（2022 年版）》，对劳动课程的性质、理念、目标、内容、实施及劳动素养作出了明确要求。自此，劳动课程成为一门国家要求各阶段学校正式、规范、科学实施的重要课程。

劳动课程作为实施劳动教育的主要途径，关于新时代下劳动课程如何建设、实施、改革也成为教育研究者与各大中小学校关注的重点。本章顺应新时代教育的最新发展，聚焦大中小学劳动教育一体化建设，依据不同阶段学生的身心发展规律，强化学生的实践体验，提高学生的创造性能力，实现纵向的全过程育人和横向上的全方位育人。本章主要介绍了实践视域下新时代中小学劳动教育课程一体化建设研究的背景、研究的主要内容与方法，并呈现学校的部分实践案例，希望能为相关问题的解决带来一些启迪和帮助。

知行合一,劳动创造价值

陈勇

(上海师范大学)

一、选题依据

(一)现实背景

劳动教育在新的时代背景下重新确立了其在五育中的重要地位。作为其他四育的黏合剂,劳动教育在育人成才过程中发挥着“树德、增智、强体、育美”的重要作用。如今,劳动课程已成为中国教育制度的特色内容,并在教育领域引发了广泛的关注和讨论。

劳动课程作为实施劳动教育的主要途径,关于新时代下劳动教育课程如何构建、实施、改革也成为教育研究者与各中小学校关注的重点。新时代背景下,劳动教育课程虽再次得到重视,而在现实中却遭遇了诸多困境,存在着一些亟待解决的问题。

从课程目标来看,一方面,学校劳动教育课程目标仍较为笼统,学段之间的衔接性不足,尤其是小学中高年段与初中学段课程目标的区分与衔接上表现模糊。另一方面,当前许多学校劳动教育将提升学生的劳动知识与技能、产出符合要求的劳动成果作为主要课程目标,忽略了劳动教育对学生心理发展产生的影响。在劳动教育的课程目标定位上应讲求“工具性”与“人文性”的统一。在课程内容上,劳动教育课程内容缺乏不同教育要素和学科知识的融合,如只重视劳动知识教授的课堂教学或简单地将劳动实践作为课程主体,使得课程本身的教育意义削弱。

在课程实施上,许多学校的劳动教育课程往往只注重在学校内进行,忽视了其在实践、空间上的一致性与连贯性。新时代背景下,劳动教育很难仅依靠一种教育方式就达成教育目标,而要通过学校、家庭、社会三者协同合作,促进劳动教育目标的最终实现。

在课程评价上,一方面学校的劳动教育课程评价主体单一,以教师评价为主导,缺乏多方参与;另一方面,劳动教育的意义更多的在于过程性,过多追求劳动教育课程的结果与产出,会大大影响劳动教育的现实意义。

（二）理论背景

1. 理论研究发展

劳动教育的概念由来已久，早在1981年，万勇翻译的深山尚男所著的《新教育课程中的劳动教育》一文，系统地阐述了劳动教育的内涵。然而，随后的一段时间里，劳动教育并未得到足够的关注，这主要源于当时的教育现实。在20世纪80—90年代，教师往往是课堂的主导角色，而学生则更多地处于被动接受知识的状态，整个教学工作的重心都围绕着升学率展开。

进入21世纪后，教育领域逐渐实现了从以教师为中心到以学生为中心的转变，“素质教育”的理念开始广泛传播。作为素质教育的重要组成部分，劳动教育也逐渐进入了人们的视野，但其被重视的程度仍显不足。直至2016年，教育部明确提出“加强中小学劳动教育”，劳动教育才正式成为教育领域的一大关注点。自此以后，“校本课程”“教育课程”“劳动课程”“课程实施”“五育并举”“课程构建”等关键词频繁出现。然而，关于劳动教育课程的构建与实施方式，学界仍存在着诸多争议和分歧。过去，国内学术界的研究主要聚焦于劳动教育的价值探索，在劳动教育课程的研究方面存在明显的不足。近年来，关于劳动教育课程的代表性研究不断涌现。例如，有研究者认为劳动教育课程不仅满足学习者个体成长的需求，同时也顺应社会发展的步伐。有学者将劳动教育课程视为实现劳动教育目标的主要途径，并从文化、社会、育人三个维度重新解读劳动课程的价值，从而揭示了劳动教育在个体发展和社会进步中的深远意义。有学者强调，劳动教育课程化是推动劳动教育深入发展的必然要求，是培育学生核心素养的必由之路，也是解决当前劳动教育被淡化、弱化问题的现实需求。

总体而言，国内学术界已逐渐认识到劳动教育课程价值对于劳动教育理论研究的重要性。在实践层面，开展劳动教育课程被视为实现高质量劳动教育的核心途径，同时也是学生教育过程中不可或缺的一环。

2. 劳动教育课程“一体化”改革的研究

2020年3月，《中共中央　国务院关于全面加强新时代大中小学劳动教育的意见》提出努力办好新时代劳动教育，需要加强劳动教育的改革创新，统筹推进大小学劳动教育一体化建设。由此可见，建设一体化劳动教育课程体系关乎劳动教育课程改革的推进，关乎学生的劳动教育体系搭建。王玲[①]认为当前统筹推进大中小学劳动教育一体化建设在理论上存在着对其内涵、要求与目标不够明晰的问题，在实践中存在着大中小学劳动教育课程体系衔接不够、师资队伍一体化建设亟待优化、管理机制一体化建设有待完善等问题。统筹推进大中小学劳动教育一体化建设，要优化劳动教育的顶层设计，注重劳动教育的学校作为，形成劳动教育的协同育人机制。李刚[②]等人认为大中小学劳动教育课程的一体化建设旨在引导学生树立正确的劳动观——崇尚劳动、尊重劳动。要依据不同阶段学生的身心发展规律，强化学生的实践体验，提高学生的创造性能力，以新时代背景下的新形态劳动与新格局劳动实现

① 王玲.统筹推进大中小学劳动教育一体化建设的若干思考[J].思想理论教育，2020(6)：22－27.

② 李刚，吕立杰.大概念视域下我国大中小学劳动教育课程一体化建设的思考[J].教育科学，2020，36(5)：19－26.

纵向上的全过程育人和横向上的全方位育人。

二、研究思路与方法

（一）研究思路（图 1）

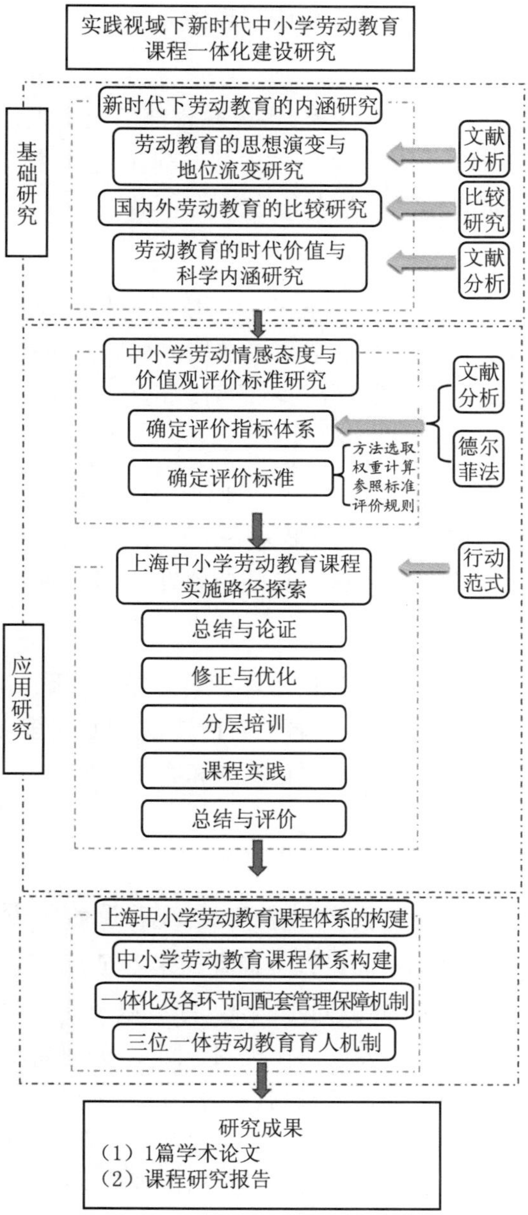

图 1　课题研究思路

（二）研究方法

1. 文献分析法

本研究采用文献分析方法，通过查阅和整理国内外学术著作、硕博士论文、期刊文献、报纸以及各类网络资源等相关文献，梳理国内外关于劳动教育的研究成果，并以此为主要依据来考察劳动教育思想演变和地位流变的过程，厘清其发展的逻辑与内在思路，并系统梳理该领域的研究成果，把握该研究领域的国内外研究趋势。

2. 访谈法

本研究将对若干名劳动教育领域专家、各级教育部门负责人及学校领导、教师进行访谈，征询他们对于劳动教育理论研究与实践的看法与建议，收集相关信息与资料，为中小学劳动教育课程一体化建设研究提供有力的实证参考。

3. 案例研究法

由于各学校、各学段在不同时期下实施的劳动教育实践具有差异化特征，因此，本研究将深入两所附属学校进行实践、探索，总结两校在新时代背景下劳动教育的实践经验和教训，并通过概括归纳，总结出新时代背景下劳动教育理论与实践的一般特征和规律。

4. 行动研究

行动研究贯穿研究工作的始终，通过“制订计划—实施行动—积极考察—反思改进”四个主要环节，以实践行动为中心，以实践结果为修正依据，遵循否定之否定规律，不断依据实践结果修正课程计划，从而最终形成有效可行的劳动教育课程的一体化建设体系。

5. 历史研究法

借助资料，按历史演变顺序对已产生的劳动教育政策与实践结果进行研究。梳理我国教育系统针对劳动教育这一领域所采取的行动与措施，总结归纳实践经验及教训，并将这些经验和教训进行理论的概括和升华，形成理论成果和实践成果。

（三）研究内容

1. 破解教育主体协作弱、全员劳动教育意识不强的问题

目前，我国在劳动教育课程体系的设计上尚存诸多不足，缺乏全面系统的构建，且缺乏课时、场所、师资及制度等方面的保障。同时，学校、家庭以及社会对于劳动教育的价值认识尚显浅薄，三者之间尚未形成稳固有效的协作机制。因此，如何高屋建瓴地设计劳动教育的学校课程体系，并建立起切实有效的协作机制，成为本课题亟待突破的关键难题之一。

依靠单一模块或单一维度的劳动教育实践，难以承担起新时期劳动育人的重任。为此，当代劳动教育必须向着综合多元的实践路径迈进，以实现劳动教育在学校、家庭以及社会三个维度教育资源上的有机整合，从而充分发挥其育人的作用，推动劳动教育的全面发展和提升。

2. 破解学段纵向衔接不足、学科横向贯通不够的问题

在新的时代背景下,劳动教育立德树人目标的达成,不仅需要通过长效化、常态化的实施路径来稳步推进,更需要以创新性、开拓性的大格局来引领发展。劳动教育立德树人并非仅属于某一学科的范畴,也非某一教师的专属责任,更不应依赖单一的实践活动。它要求我们跨学段、跨学科地整合资源,打破学校的局限,让不同层级、不同领域的人员共同参与,构建起一个劳动教育育人实践共同体。而如何确保大中小学全学段在纵向上的有效衔接与学科在横向上的贯通,是本课题预期突破的关键问题之一。

3. 发挥集团化办学的优势,加强成员校之间的沟通与合作

优质教育的核心在于不断追求教育质量的提升,而集团化办学被视为学校实现自我提升的有效途径之一。教育目标的明确、教育过程的优化、教育资源的整合、教育结构的完善、教育环境的营造、教育内容的丰富、教育方法与手段的创新、教育评价的科学以及教育人员素质的提升,这些方面既能体现各校自身的优势,也是集团成员校共同追求的目标。

在集团化办学的框架下,劳动教育课程一体化有了更为丰富的内涵,其建设过程也得以有效推进。依据乔纳森·休斯的资源共享理论,学生共同的教育需求是推动校际合作的关键因素。这种共同的教育价值取向和需求,势必促进校际间的沟通合作与优势互补,具体表现在两个方面:一是集团内专家和教师携手共建劳动教育课程,形成合力;二是成员校在课程实施过程中实现资源共享,互利共赢。

三、研究过程

本研究项目以上海师范大学附属第二实验学校和上海师范大学第四附属中学为实践基地,探索和研究了上海地区中小学劳动教育课程体系及其实施路径。研究团队采用行动研究范式,通过实地考察、文献研究和教育实践,构建了一个科学、系统、可操作的劳动教育课程体系。

1. 调研与论证阶段

在这一阶段,研究团队首先对上海师范大学第四附属中学即将实施的“五步三维”生活劳动教育模式进行了深入的调研和论证。该模式通过五个步骤(认识劳动、体验劳动、反思劳动、实践劳动、创新劳动)和三个维度(知识技能、情感态度、价值观)全面培养学生的生活劳动技能和劳动精神。同时,研究团队还对上海师范大学附属第二实验学校在前期所采取的“职业角度诠释劳动精神”和“分年段设定的劳动教育要求”等活动进行了细致的调研和论证。这些活动旨在通过职业体验和年段化教学,培养学生对劳动的正确认识和积极态度。

通过对比分析,研究团队提炼出了两所学校在劳动教育方面的成功经验,如课程内容的创新性、教学方法的多样性和评价机制的合理性,同时也指出了存在的不足,如课程资源的分配不均衡、部分课程内容教学实施的难度较大等。

2. 修正与优化阶段

基于对两所学校前期经验与设想的总结与论证,研究团队参照基础研究阶段所取得的

成果，对两所学校的设想方案和劳动教育实践进行了系统性的修正与优化。具体措施包括：

（1）分层培训

研究团队设计并实施了分层培训计划，针对不同层次的教师和管理者，提供差异化的培训内容，包括劳动教育理论、教学方法、课程设计等，以提升教师和管理者的专业能力和实践水平。

（2）课程实践

在优化后的方案指导下，研究团队在两所学校试点推进劳动教育课程，并开展劳动教育实践。通过行动研究范式，研究团队不断实践、反思和改进，在实践中发现问题、解决问题，从而不断优化劳动教育课程的实施效果。

3. 总结与评价阶段

在劳动教育实践的基础上，研究团队依照前期开发的中小学劳动情感态度与价值观评价标准，对劳动教育的实践过程进行了全面的总结与评价。通过收集和分析实践过程中遇到的困难和取得的成效，研究团队发现需求、聚焦难点，为后续研究者和一线教师提供宝贵的经验和参考。研究团队还通过问卷调查、访谈、观察等方法，收集学生、教师和家长的反馈，以评估劳动教育课程的实际效果和影响力。

通过以上三个阶段的研究与实践，本项目研究期望能够为上海地区乃至全国的中小学劳动教育课程体系和实施路径提供科学、系统的理论支持和实践指导，希望能够激发社会各界对劳动教育的重视，共同推动劳动教育的深入发展和创新实践。

创设“五步”劳动校本课程体系，实现“三维”协同育人

周秀丽

（上海师范大学第四附属中学）

党的十九届四中全会通过的《中共中央关于坚持和完善中国特色社会主义制度、推进国家治理体系和治理能力现代化若干重大问题的决定》，进一步明确了“培养德智体美劳全面发展的社会主义建设者和接班人”的培养目标。《关于全面加强新时代大中小学劳动教育的意见》（以下简称《意见》）也明确指出，坚持立德树人，把劳动教育纳入人才培养全过程，贯通大中小各学段，贯穿家庭、学校、社会各方面。五育中的劳动教育在学校教育中显然不可偏废。

一、新时代背景下建设“五步”劳动校本课程体系的意义

长期以来，劳动教育在政策层面虽然屡被提及，但是在实际操作中却时常受到忽视。在学校中，劳动教育的地位不高；在家庭教育中，劳动教育不受重视；在社会层面，对劳动教育的关注也不多。这严重制约了劳动教育在培育学生品德、智力、体质、审美以及创新能力方面的实际效果。因此，我们积极创设“五步”劳动教育校本课程体系，以贯彻落实《意见》的精神要求。这一举措旨在坚持五育并举，围绕新时代中小学劳动教育的目标，开展富有成效的实践探索。我们紧紧抓住教育与劳动相融合的关键点，围绕“以劳树德、以劳增智、以劳强体、以劳育美、以劳创新”的核心理念，开展了一系列实践活动。

在“五步”“三维”的劳动教育校本课程体系中，我们注重在课程中体现劳动的重要性。通过体验劳动的艰辛，让学生深刻认识到劳动需要奋斗精神；在劳动中强调诚实守信，展现优良品格；鼓励学生在劳动中勇于创造，培养创新能力。这些举措旨在使学生牢固树立劳动最光荣、劳动最崇高、劳动最伟大、劳动最美丽的观念，深刻体会劳动创造美好生活的真谛，认识到劳动不分贵贱，从而尊重每一位普通劳动者。通过这样的劳动教育，我们期望能够培养学生的勤俭、奋斗、创新、奉献等优良品格，激发他们对劳动的热爱之情，并在劳动实践中不断提高守正创新的能力。

二、"五步"劳动校本课程体系创设

（一）课程目标

劳动是人类赖以生存与自我成长的根本途径。在"五步"劳动校本课程体系中，"树能"课程树立学生朴素的劳动观念，并让他们掌握基本的生存技能；"历练"环节在劳动实践中锤炼他们的意志品质；"有为"理念引导他们发现自我，树立远大的志向；"匠心"课程鼓励他们潜心钻研，追求精益求精；"景行"课程培育他们高尚的道德品质。"五步"劳动校本课程体系从学会生存、品味生活、实现自我、拓宽格局、体验大爱五个层面，共同实现"以劳树德、以劳增智、以劳强体、以劳创新、以劳展美"的劳动育人目标。我们致力于培养学生正确的劳动价值观、良好的劳动习惯、扎实的劳动技能、敏锐的创新意识以及高雅的审美情趣等综合素养。在此基础上，我们构建了一个家庭、学校、社会"三维"立体协作的实践育人课程体系，以确保正确的育人方向，遵循教育规律，创新体制机制，并着重提升教育实效，从而实现知行合一的教育目标。

（二）课程设计原则

实践是检验真理的唯一标准。我们秉持在做中学、在学中做的基本理念，将学校课程与社会实践、家务劳动紧密结合，以期实现有机融合。

1. 贯彻实施《意见》，强化校本课程建设

为深入贯彻落实《意见》精神，构建德智体美劳全面发展的教育体系，充分发挥劳动教育在人才培养中的综合作用，我们结合学校实际，精心设计了一套循序渐进的"五步"劳动教育课程，旨在通过理念树立到技能掌握的过程，培养学生的创新精神和实践能力，并强化其服务社会的意识。我们注重在技能训练过程中，实现技能掌握、态度养成、能力发展、个人意志品质提升以及思想觉悟提高等方面的有机统一，从而全面提升学生的综合素质。

2. 立足实际，精心优化课程内容

（1）夯实课程内容的基础性

劳动课程体系旨在通过育人活动的指导，实现学生全面发展的目标。我们从家庭、学校、社会三个维度出发，对家务劳动、班务劳动、校务劳动、公益劳动、简单生产劳动、技术性劳动以及工艺劳动等劳动教育内容进行科学编排，确保课程内容的全面性。

（2）课程内容紧密贴合社会生活

劳动教育的课程内容旨在引导学生了解社会、接触社会，掌握解决问题的基本技能。我们努力将课程内容与社会需求紧密结合，使学生所掌握的知识技能在社会生活中充分发挥作用。

（3）课程内容与学生及学校教育特点相契合

课程内容的选择应充分考虑相应教育阶段学生的特点。因此，在选择劳动教育课程内容时，我们关注学生的兴趣、需求和能力，力求使课程内容与之相契合。

劳动教育作为育人的重要途径，在培养人的全面发展以及立德树人方面发挥着不可替

代的作用。为此,我们对劳动教育课程内容进行了合理分类,如通识课程、实践类课程和素质拓展类课程等,使劳动教育与学科教学、实践体验有机融合,着力培养学生的社会责任感、创新精神和实践能力。

3. 强化实践,逐步深化与完善课程内容

实践类课程作为劳动教育的关键环节,不仅有助于学生掌握劳动知识与技能,更是培养学生实践能力与创新精神的重要平台。因此,加强实践类课程群的建设,是优化校本劳动教育课程体系的核心任务。

在劳动教育课程体系的构建过程中,我们始终坚持将实践教学与理论教学、科学研究、社会服务以及就业创业紧密结合,力求相互促进、相得益彰。同时,我们注重创新实践教学的组织与实施方式,不断探索适应学生需求和社会发展趋势的教学模式,以提高实践教学的质量与效果。此外,我们还积极挖掘和有效利用校外实践教学资源,丰富课程内容,为学生提供更为广阔的学习平台和实践机会。通过不断深化和完善课程内容,培养学生的劳动素养、实践能力和创新精神。

4. 多领域开发,提升创新应用能力

《意见》明确提出"新时代的劳动教育应充分展现时代特色"。在5G、大数据、人工智能、物联网等新一代信息技术全面且深入地融入教育领域的背景下,现代化信息技术广泛应用于教育教学中,不仅逐步取代了传统的教学模式,更是推动教育理念的深刻变革,成为现代教育行业系统性革新的核心驱动力。

为促使校本劳动教育的课程内容与信息技术实现深度融合,我们紧扣学生的个性化发展特点与需求,积极探索并开发了STEM创新实践课程。通过信息技术为劳动教育注入新动能,转变了劳动教育的传统教学方式。同时,我们以一个或多个专题领域为导向,构建了多学科、多层次、多领域的劳动教育融合体系。鼓励学生积极参与创客大赛、GSC明日领袖国际挑战赛等各类赛事,让学生在实践中应用所学知识,达成学习目标,收获劳动成果。

(三)"五步"劳动教育校本课程体系

1. "五步"劳动校本课程体系总体框架(图1)

2. "五步"劳动校本课程体系具体内容

劳动不仅是社会物质财富和精神财富的源泉,更是人类文明的基石。然而,如今多数家长过分关注学习成绩,而忽视了劳动的重要性。这种现象普遍存在,使得学生的劳动意识无法得到有效地培养,实践创新能力也得不到应有的锻炼。为此,学校积极推行"五步"劳动校本课程,旨在通过这一举措,帮助学生树立正确的劳动观念,培养良好的劳动习惯,激发积极的劳动情感,塑造劳动精神。通过这样的教育,学生们不仅能够成就自己,更能够在未来的社会中发挥积极的作用,为社会的发展贡献力量。

(1) "树能"——探索生存之道(衣、食、住)

生活劳动教育实践活动,无论是"劳动"还是"活动",都必须付诸实践,真正地"动"起来。例如,从入学教育系列课程中的教室、宿舍的布置与卫生清扫,到个人物品的整理与规范摆放,这些

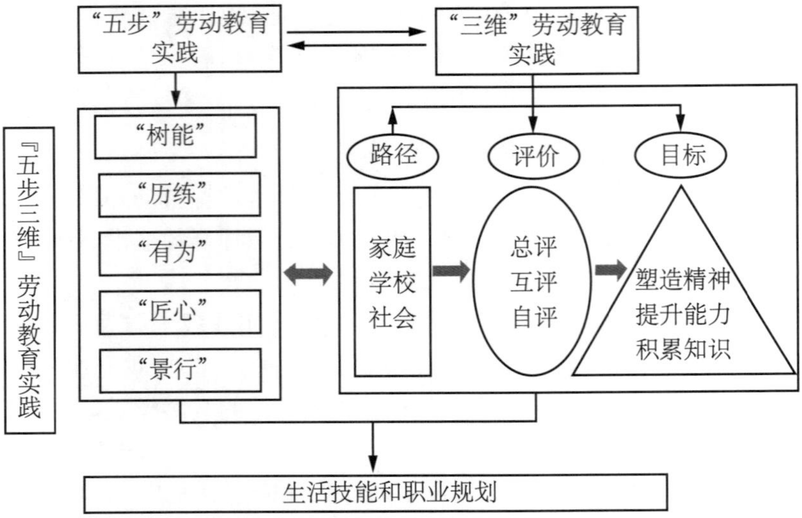

图 1 “五步”劳动校本课程体系总体框架

环节都在引导高一新生学会独立生活，培养他们的自主自立精神，更好地适应集体生活。

生活劳动教育通识课程设置了“寝室美化”“家务小能手”“入学教育”“学农教育”“阳光生活行”等丰富多彩的活动，通过这些活动，学生亲身体验劳动的艰辛与不易，从而深刻领悟“一粥一饭当思来之不易，半丝半缕恒念物力维艰”的深刻内涵，进一步增强对劳动价值的认同。

(2) “历练”——生活的艺术

将生活劳动教育与文化课程、兴趣课程深度结合，打造一系列丰富多彩的实践活动。在“我们的节日 · 清明”主题班会中，我们举办了以“传承红色基因”为核心理念的祭英烈活动，以及包青团、向英烈致敬——我与英烈对话等互动环节。这些活动不仅使学生们掌握了传统美食的制作技巧，锻炼了动手能力，而且让学生深入了解传统文化，从思想上接受红色文化的洗礼，增强了自身的历史使命感和民族责任心。端午节，我们以“龙舟之渡”为主题，通过识（了解端午节）、画（设计龙舟队标）、话（分享我心中的端午）、行（包粽子）等系列活动，让学生在劳动中领悟龙舟文化的精髓。我们还通过校本传统文化主题活动，如清明节的“寻根之旅”和端午节的“龙舟之渡”等，将文化课程、兴趣课程与生活劳动知识与技能等内容有机结合。同时，我们还开展了“生活兴趣小作坊”等特色活动，如围绕化学史中“吴蕴初和中国氯碱工业”的教学，引导学生认识到劳动的价值和魅力，培养他们的劳动价值观和创新能力。

在“生活技能大比拼”和“孝心行动站”等主题实践活动中，学生们通过亲身参与和体验，感受到劳动的快乐和生活的意义，从而更加自觉地崇尚劳动、尊重劳动、热爱劳动，并最终热爱生活。这些活动不仅丰富了学生们的课余生活，更在潜移默化中培养了他们的劳动习惯和能力，提升了他们的综合素养。

(3) “有为”——实现自我价值

人生价值是在不断超越自我的过程中实现的。以 GSC 明日领袖国际挑战赛为例，该赛事旨在培养具备国际化视野和复合型技能的高素质人才，学生们在深入的学习、专家的悉心指导、激烈的研讨以及云端的知识分享中，拓宽了视野，深入了解了不同国家对于某一给定问题的独特见解与应对策略，提升了综合能力，进而实现自我价值。参与这类赛事有助于学生未来更好地应对社会竞争，顺应时代发展的潮流。

(4)“匠心”——拓宽格局之道

学校精心设立了校园节能员、小小气象员、校园护绿员、校园净化员等岗位，并组织学生参与社会公益服务。例如，学校依托“校园节能大家行之变废为宝——旧衣 DIY”社团，秉持“新艺术、新生活，我动手、我快乐”的宗旨，以及“艺术点亮生活，快乐源于创造”的核心理念，引导学生通过设计并制作环保购物袋的活动，将废旧物品转化为实用之宝。在此过程中，学生们不仅体验到生活的乐趣，还在团队合作中深化了对劳动最光荣的认识，陶冶了艺术情操。

校园节能员、小小气象员、校园护绿员、校园净化员等岗位都是需要长期坚持的工作。通过日复一日的劳动实践，学生能够深切感受到对自己所担任工作的责任心，体会到坚持的价值。这有助于培养学生的艰苦奋斗、吃苦耐劳、不懈坚持的品质，成长为能对社会发展作出贡献的人。

在社区志愿者服务中，学生与社区工作人员并肩作战，共同为社区的和谐与进步贡献力量。他们认真整理居民的户口资料，进行分档归类，张贴社区公告，传递重要信息；在社区暑托班里，他们陪伴小朋友上公益课、做游戏、辅导作业。在繁忙琐碎的工作中，学生感受到工作人员的敬业精神，并不断提升自身的服务能力。

(5)“景行”——体验大爱

我们精心策划了劳动模范校友走进校园分享故事活动，以及航天英雄讲述飞天梦想的故事分享会。这些活动旨在借助他们的特殊影响力和感召力，向学生传递无私奉献、不图回报的大爱精神，深入影响学生的精神世界。这些活动致力于弘扬“劳动光荣、劳动高尚”的价值观，使学生更加珍视劳动、尊重劳动。

三、课程收获

（一）助力学生立德

在“五步”劳动课程实践中，通过学习、实践、分享等活动，培养了学生勤劳俭朴、吃苦耐劳的精神品质，养成艰苦奋斗、团结合作的奋斗精神，帮助学生形成尊重劳动、热爱生活的优秀品格，这是中华民族的传统美德，也是社会主义核心价值观的重要内容。在“五步”劳动课程的培育和影响下，我校多位学生获评区级“最美中学生”“突出贡献志愿者”等称号。

（二）助力学生增智

通过亲身参与中华传统节日活动，学生得以深刻理解祖先的智慧；通过了解劳模和时代楷模的事迹，学生的精神受到洗礼。这一系列的学习体验，旨在促进学生全面吸收劳动教育的养分，掌握扎实的专业技能，并初步形成自己的职业意向。这不仅是学生未来步入社会应具备的基本素质,更是推动他们全面成长不可或缺的必修课程。

(三)助力学生强健体魄

劳动教育不仅帮助学生强健体魄,促进身心的健康发展,还有助于塑造他们健全的人格,锤炼坚忍的意志品质。通过参与劳动教育,学生们得以在实际操作中锻炼体能,提升自我管理能力,形成积极向上的生活态度。多位学生积极参与了各类艺术比赛和校园活动,并获得荣誉。这不仅是对学生才华的肯定,更是对他们通过劳动教育锻炼出的顽强毅力和良好心态的认可。他们通过参与劳动活动,学会了如何与他人合作、如何解决问题、如何面对挫折。这些经历不仅提升了他们的基础素质,也为他们未来的成才奠定了坚实的基础。

(四)培养学生审美能力

劳动教育引导学生树立"幸福源于不懈奋斗"的劳动价值观,通过丰富多样的活动,培育其感受美、展现美、鉴赏美、创造美的综合能力,从而帮助他们树立正确的审美观念。同时,劳动教育还促进了学校教育与劳动教育水平的持续提升,实现了教育质量的全面进步。我们坚持以劳育美、以美育人、以文化人的教育理念,努力促进学生性格情操的陶冶和人文素养的提升。

(五)启发学生的创新性

通过丰富多彩的活动,陶冶学生的情操,发展其个性,启迪智慧,并激发他们的创新意识和创造能力,从而促进学生全面而均衡发展。我校的"智造坊"社团荣获了奉贤区中学生十佳社团的殊荣;我校学生在亚太青少年科技创新大赛中国区选拔赛的机器人对抗赛无限制赛中斩获两个中学组一等奖,在机器人常规赛中,我校荣获三个中学组三等奖。在第 19 届全国中小学电脑制作活动创客竞赛中,我校荣获高中组创意智造二等奖。在第十届国际发明展览会暨第三届世界发明创新论坛中,我校学生荣获金奖。在第十四届中国少年科学院"青少年走进科学世界——科学实验嘉年华"活动中,我校有两位学生荣获了"中国少年科学院小工程师"的荣誉称号。

劳动是一种创造,正是人类在劳动中展现出的无穷创意和创新精神,我们的物质和精神生活才得以不断丰富和充实。在新时代的背景下,我们更应积极推动教育与劳动的结合,增强学生的责任担当意识,让他们深刻理解和践行社会主义核心价值观,充分发挥劳动教育在人才全面发展中的重大作用,为国家的人才培养、科技创新提供源源不断的动力。

九年一贯制学校劳动教育课程建设实践研究

——以上海师范大学附属第二实验学校为例

袁建周

（上海师范大学附属第二实验学校）

九年一贯制学校实行小学和初中的一体化教育，教育教学管理着重整体设计、尊重规律、重视学段衔接。在劳动教育方面，九年一贯制学校能从小学、初中教育教学的不同特点出发，增加两个学段之间的密切合作。通过劳动教育课程的建设，实现劳动教育的知行合一，从而有效培养学生正确的劳动观念，提高学生的劳动技能，让学生热爱劳动、善于劳动。

一、九年一贯制学校劳动教育实施现状分析

（一）劳动教育实施途径日渐丰富

目前，许多九年一贯制学校尝试开发了劳动教育的校本课程，促进学生劳动素养的培育。通过开展社会公益劳动和校园岗位实践活动，促进劳动教育的多样化。学校搭建了与家庭、社会协同的劳动教育舞台，通过家务劳动打卡、学校公益劳动、社区志愿服务引导学生主动参与劳动，把劳动教育与职业生涯教育相结合，通过职业体验，让学生了解不同的职业劳动，对话各行各业的劳动者，为未来的职业选择打下基础。

（二）当前劳动教育的局限性

劳动教育内容过于单一。在学校教育领域中，除了专门的劳动教育课程设置，劳动教育在大多数情况下被理解为是服务学校公共卫生的活动，如打扫教室卫生、校园卫生和一些社会志愿服务。

劳动教育的关注度不够。一是中小学劳动教育逐渐边缘化，许多教师、家长对于劳动教育的必要性存在疑问，认为劳动会占用学习的时间。二是劳动教育的益智、健体、育美、辅德的功能还没有得到广泛的认可，与“五育”中其他诸育还不能有机交融。

中小学劳动教育课程建设一体化程度不够。在课程体系上，各学段劳动教育课程之间、劳动教育课程与其他课程之间衔接不够，存在内容重复、断层、脱节和劳动教育资源尚未有

效挖掘等问题。

劳动教育的评价标准相对缺乏。在实践中，部分学校以最终的劳动成果来评价学生参与劳动实践的成效，导致劳动教育课程评价重结果而轻过程，不能全面客观地评价学生参与劳动教育实践中的成长与收获，也难以切实激发学生对劳动的热情和积极性。

二、九年一贯制学校劳动教育课程建设策略

九年一贯制学校通过劳动教育课程建设的实践研究，进一步促进学生的全面发展，提高学生的综合素养，促进学生形成良好的劳动习惯和积极的劳动态度，并在各种劳动活动中，丰富情感，明白事理，养成习惯，逐步提高实践能力、社会责任和创新精神等综合素养，培养学生勤奋学习、自觉劳动、勇于创造的精神，为学生的终身发展和人生幸福奠定基础。

上海师范大学附属第二实验学校作为一所九年一贯制学校，劳动教育课程在培养不同阶段的学生时侧重点不同。在小学阶段，以培养生活能力、能从事简单的校园劳动和家庭劳动为主，包括个人生活起居、班级内外的环境保洁、手工制作等，培养学生热爱生活以及公共服务的意识；初中阶段以劳动认知为主，兼顾家政学习、校内外生产劳动、服务性劳动，开展职业启蒙教育，了解劳动的价值和意义，体会劳动创造美好生活，养成认真负责、吃苦耐劳的劳动品质和安全意识，增强公共服务意识和担当精神。为此，学校设置了劳技课程、劳动实践、家政生活、职业体验等主题的学校劳动教育课程（图 1），注重课内课外联通，校内校外打通，同时考虑各学段的侧重点，使各个模块能多角度、协同发挥育人功能，达到学校的培养目标。

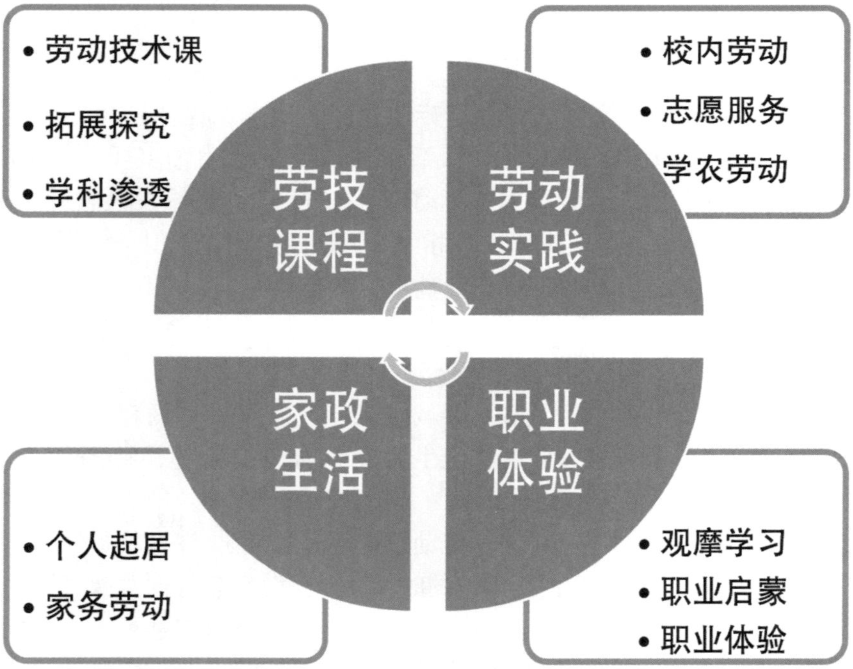

图 1　学校劳动教育课程框架

（一）提高劳动教育落实程度

1. 开设劳动教育必修课程

学校在各年段开设了劳动技术课，并配有专任教师，根据不同年段的教学目标和要求开展活动策划、技能指导、练习实践、总结交流等工作。按照劳动技术课使每个学生都"会动手，能设计、爱劳动"的要求，小学作为技术素养形成的启蒙阶段，着重于培养学生的学习兴趣、基础技能及基本的操作规范；中学着重于培养基本的技术素养和解决实际问题的实践能力。如四年级的劳技课中，引导学生运用铁丝设计制作九连环玩具；六年级运用铝制空易拉罐，通过剪、削、刻、贴等基本技术操作制作小工艺品；八年级学习简单照明电路知识，以及电灯开关和电源插座的安装。

2. 开设劳动教育探究拓展课程

在学生具备基本的劳动知识和技能的基础上，学校开设了一些劳技拓展和探究课程(表1)。学生从兴趣出发，以个人或小组为单位，开展设计、调查、查询资料、交流方案、选材加工、制作创新等活动。学校每个学期都会举办学生创新作品展览或者比赛，为他们提供展示和分享交流的舞台。每年评选一批勤思考、爱动手的"善思少年"。

表1　我校劳动教育拓展和探究课程示例

年段	课程名称	内容说明
一～二年级	乐高故事	利用乐高积木搭建主题场景，并用故事的方式描述场景内容
三～四年级	有机农场	认识四季蔬果植物，了解常见蔬果的种植、养护及采收
二～五年级	自然笔记	运用绘图和文字对户外的动植物进行记录
六～七年级	衣旧情深	合理利用身边的旧衣物，设计与制作音乐剧表演服装
六～七年级	生态陶园	通过陶艺制作，体会古人生活智慧，共建生态小陶园
七～八年级	艺塑大师	利用废旧报纸制作纸泥，仿造敦煌壁画中的艺术造型，了解中国传统历史文化
八～九年级	制作水火箭	利用水和空气作为动力来源，设计制作一个简易水火箭

3. 在学科专业中渗透劳动教育

《大中小学劳动教育指导纲要(试行)》(以下称《纲要》)要求中小学各学科要有机渗透劳动教育，加强勤劳、节俭、艰苦奋斗等中华民族优良传统美德的教育，注重培养学生劳动的科学态度、规范意识、效率观念和创新精神。我校在实践探索中，挖掘各年段各学科中蕴含的劳动教育元素(表2)，以适切合理的方式多途径、多层面地有机融入劳动教育元素和内容，使各学科在保持学科特色的基础上渗透劳动教育的内容，实现学科课程育人与劳动教育综合育人的有机统一。

表 2　我校学科渗透劳动教育项目示例

年级	学科	项目	内容
一(下)	道法	干点家务活	通过讨论自己可以干哪些家务活以及家务活中的小窍门,培养学生主动参与家务劳动的意识
二(下)	语文	千人糕	通过了解千人糕的材料和制作过程,引导学生感悟"劳动人民制作的千人糕最香甜"的道理
三(上)	唱游	勤快人和懒人	通过学习歌曲的演唱,体会到劳动的快乐,做一个热爱劳动的人
四(下)	语文	挑山工	通过学习挑山工脚踏实地、坚持不懈的精神,引导学生感受劳动人民的优秀品质
六(上)	英语	Let's make a pizza	学习掌握与披萨制作相关的词汇,学生边亲手制作披萨边用英语介绍制作过程,在英语学习过程中体会劳动的乐趣
七(下)	语文	卖油翁	引导学生明白只有保持高度的专一,并且反复不断地操练,才能熟能生巧,成为能工巧匠
七(下)	语文	活板	通过了解我国古代活字印刷术的产生、制作过程、印制效果、主要特点,增强学生的文化自信和创新意识,引导学生做新时代具备创新精神的劳动者
八(下)	物理	门铃的制作	培养学生会根据说明书认识识别元件、看懂图纸中的电路图,根据电路图组装电路,学会简单焊接,完成一个门铃的制作,以此培养学生的劳动技能

(二)开展实践活动,促进劳动教育的多样化

1. 开展校园劳动教育实践

学校是培养学生劳动观念、劳动态度、劳动技能、劳动精神的重要场所,开展校园劳动实践是进行劳动教育的有效的途径。我校为不同年段的学生设计了校内公益劳动的岗位(表3)。小学生的校园劳动与少先队"爱劳动"争章活动相结合,中学生的校园劳动根据《上海市初中学生综合素质评价实施办法》文件精神,计入"公益劳动"学分。

表 3　我校学生校园劳动实践内容

年段	校园劳动时间内容
一、二年级	1. 能够自主打扫座位周围的包干区 2. 能够完成自己分内的值日工作
三、四、五年级	1. 能够在使用专用教室后把桌椅排整齐 2. 能够在午餐后将教室门口的区域打扫干净
六、七年级	1. 能够保持专用教室清洁 2. 能够协助教师整理图书馆书架 3. 能够协助教师清洁各类实验器材 4. 能够做好校园设施的保洁、美化
八、九年级	1. 能够定期整理体育器材室,给器材除尘 2. 能够协助校工管理垃圾房、给垃圾分类 3. 能够维护校园设施和环境整洁 4. 能够做好校门两侧各 200 米的保洁

2. 开展校内外志愿服务

我校强调学生的主动发展,重视学生在校园劳动中的自我体验、自我完善和自我成就。除了传统的劳动实践活动外,目前,校园岗位实践和社会志愿服务是学生进行劳动实践的重要载体。学校将班级和校园的志愿岗位合理分工,明确岗位职责,让每位学生都能承担一定的岗位任务,开展校内志愿服务。小学对班级岗位进行了个性化命名,如"绿化小园丁""桌椅小排长""眼保健操小医生""绿色节能员"等,提高了学生志愿服务的积极性。中学积极开拓学生志愿服务基地,组织普及文明风尚、为孤残老幼服务、送温暖献爱心等活动,增强学生的社会责任感,如组织学生前往自闭症儿童中心开展志愿服务活动,为那里的孩子读绘本,陪伴他们一起做康复游戏等,引导学生主动参与社会服务型劳动,发扬奉献精神。

3. 开展学农劳动

我校学生分别会在五年级和八年级赴普陀区学农实践基地进行三天两夜的学农劳动。五年级学生以认识植物、进行简单的田间劳动为主,还在老师的帮助下,学习包馄饨等生活技能。八年级学生除了学习简单的农耕知识和田间劳动以外,还要学习豆腐制作、扎染等传统技艺,感悟劳动人民的智慧。通过在中小学开展学农劳动,学生们走进田园课堂,不但学到了劳动技能,更体会到"一粥一饭,当思来处不易;半丝半缕,恒念物力维艰"的道理。

(三)指导家庭劳动,促进劳动教育的日常化

学校重视家庭对学生劳动习惯养成的作用,通过家庭教育指导,转变家长的育人观念;通过学生家务劳动清单设置和打卡反馈等方式,明确学生家务劳动的内容和标准,确保家庭劳动的落实。学校通过调查表,了解了各年段学生家庭劳动现状,并以此为出发点,设置了各年段学生家庭劳动技能的达成要求(表 4)。

表 4 我校学生家务劳动技能达成要求

年级	家务劳动技能
一、二年级	1. 能够整理书桌 2. 能够叠、放衣服 3. 能够整理家中一角
三、四、五年级	1. 能够每周整理一次自己的房间 2. 能够做好垃圾分类管理
六、七年级	1. 能够清洗自己的贴身衣物 2. 能够每周为家里准备一顿晚餐 3. 协助父母完成家庭收支记录 4. 协助策划、安排一次家庭旅行,做好旅行的各项准备工作
八、九年级	1. 能够每周清洗家里的厨房水槽,清洁卫生间 2. 能够每月擦拭居所楼道电、水表箱 3. 掌握简单的修理技能,知道应急事件的处理方式(如电路短路等)

（四）提供职业体验机会，促进劳动教育的个性化

《纲要》指出，劳动教育是发挥劳动的育人功能，对学生进行热爱劳动、热爱劳动人民的教育活动。在小学，要培养学生尊重普通劳动者的态度；在初中为学生开展职业启蒙教育，体会劳动创造美好生活。因此，职业体验是对学生进行个性化劳动教育的重要途径。

1. 基于认识职业的小学生职业体验

小学阶段的学生心理逐渐独立，对于社会各个群体开始关注。我校安排教师引导小学低年级的孩子了解父母的职业、工作地点和上下班路程，从而体会父母劳动的不易。

2. 基于职业启蒙的初中生职业体验

初中学生已经能分清不同的社会职业，并对自己未来想从事的职业有初步想法。因此我校每年组织初中生到职业院校等场所参观、学习、体验等，引导学生认识职业角色，了解职业特点，体验岗位实践，培养职业兴趣，初步形成生涯规划的意识和能力。学校每年举办“劳模大讲堂”“工匠精神进校园”等活动，让师生在校园里近距离接触劳动模范，聆听劳模故事，观摩精湛技艺，领悟勤勉敬业的劳动精神。

父母是孩子的第一任老师，在小学阶段学生已经认识了父母的职业，那么“父母是否热爱他们的职业”“每天的工作有哪些内容”“他们的职业需要有哪些知识储备”“对于所学的专业有什么要求”，这些都是初中学生可以探究的话题。于是，学校设计了“寻找最美劳动者”的活动，请学生对父母进行访谈，了解他们的职业内涵和精神。活动中，许多家长不但与子女分享感受，还愿意到学校和其他学生分享经验和体会。学校聘请新能源汽车的研发者、医护人员、拍卖师、农场经营者等不同职业的家长作为“劳动教育讲师团”成员，并颁发聘书，这支来自各行各业的家长讲师团是学校劳动教育的重要力量。

三、九年一贯制学校劳动教育课程评价探索

课程化是实现劳动教育规范化、科学化的必然要求，它为劳动教育提供了系统化的教学内容和明确的教学目标。在此基础上，课程评价必须以学生的劳动素养为核心，全面考查学生的劳动知识、劳动能力和劳动价值观。评价还应关注学生的劳动过程，包括其行为表现和劳动成果，以确保评价的全面和深入。

（一）采用多主体的评价方式

我校在劳动课程评价中积极探索多主体参与的评价模式，突破了传统以教师为单一评价主体的局限，将学生、教师、家长、社区成员以及劳动教育基地等相关人员纳入评价体系。通过多元主体的参与，结合学生自评、互评、校内评价以及校外评价，可以更加全面地对学生的学习过程进行多角度、全方位的评价，从而更准确地反映学生在劳动教育中的实际表现和进步。

（二）采用多样化的评价方式

在劳动课程评价的方式上，我校采用了多样化的评价方法，以避免评价方式的单一化。在小学部，我们结合少先队争章活动，积极探索推行《劳动争章手册》。该手册集成多元评价功能，涵盖了学校劳动、家庭劳动和社会劳动的评价管理模式，学生可以在不同的劳动领域中获得相应的评价和奖励，从而激发他们的劳动热情和积极性。在初中部，我们结合初中生综合素质评价的要求，将劳动教育课程中的劳动课程、劳动实践和职业体验分别计入"学科成绩"和"社会实践"板块。我们采用动态评价的方式，每年根据学生实际参与情况记录所获学分，并将这些学分计入初中毕业生的综合素质评价档案中。这种评价方式不仅能够及时反映学生在劳动教育中的表现，还能够为初中学生劳动教育课程的实施提供有力的保障，确保学生在劳动教育中获得全面而均衡的发展。

（三）建立评价反馈与改进机制

为了进一步提高劳动教育课程评价的有效性，我校建立了评价反馈与改进机制。通过定期收集和分析评价数据，及时发现劳动教育课程实施中的问题和不足，为课程的调整和优化提供依据。同时，学校还鼓励教师、学生和家长等评价主体积极参与评价反馈，共同探讨劳动教育的改进策略，以实现劳动教育课程的持续优化和提升。

（四）强化评价结果的应用

我校将评价结果作为学生学业成绩和综合素质评价的重要参考，同时也作为教师教学改进和学校教育管理的重要依据。通过强化评价结果的应用，更好地激发学生的参与劳动教育课程的学习动力，促进教师的专业成长，推动学校教育质量的全面提升。

上海市学农教育的现状研究及发展对策

陈勇[1]，张爱萍[2]，施晨扬[3]
（1. 上海师范大学；2. 上海师范大学附属第五实验学校；3. 上海师范大学附属闵行第三中学）

一、学农教育的现状

学农教育是劳动教育的重要组成部分，由学校统一组织学生集体下乡体验农耕、农种，在活动中体验农村生活的多姿多彩——既有收获的喜悦，也有劳作的辛苦，还有生活的不易。这种体验超越了传统课堂的局限，将服务型劳动教育的理念融入农村社会实践活动中。就学段来看，上海小学学段没有区级层面的学农规定，由各校根据情况自行开展；初中学段部分区有规定学农任务，比如普陀区、奉贤区等规定七年级或者八年级学生前往学农基地开展三天的活动；高中学段已将学农纳入学生综合素质评价，各区都在规定时间、规定地点、规定内容开展为期一周的学农教育实践活动。就区域来看，上海市郊区学校开展学农教育实践活动要多于市区学校。就内容与形式来看，学农活动中理论知识学习与技能实践相结合，知识学习领域包括认识农具、辨识动植物、了解农事作息规律、参观农舍等；技能实践领域包括操作简单的农用设备、动手干农活、种植农作物等。就教育效果来看，绝大多数学生非常喜欢学农教育实践活动，他们认为学农活动开阔了视野，增进了友谊，提升了实践能力。

二、学农教育的不足

（一）对学农教育的重要性认识不足

目前，家庭、学校乃至社会对学农教育实践活动的重要性认识不足，主要表现在两个方面：其一将学农等同于体力劳动；其二认为学生大都生活在城市，不需要学农。在这种弱化、淡化学农教育的错误认识下，学农教育在现实中遇到来自社会、学校与家庭的阻力。

（二）学农教育课程不系统

从纵向建设上来看，学农教育课程缺少全局意识，尤其是不同学段之间缺乏有效的衔接与贯通。一方面不同学段的学生有其自身的身心发展特点与认知水平，另一方面教育是一种具有连续性和一致性的育人活动。从横向建设上来看，根据“五育并举”方针的要求，德智体美劳五个方面应当在教育过程中形成合力。而当前中小学的学农活动内容多是单一且独立的学农劳动，缺乏与其他四育的相互融合与渗透，尤其是与学科课程的有效融合。

（三）师资匮乏，缺少技术支撑

学农教育实践活动的有效开展需要师资的保障与技术支撑。一个能够胜任学农教育课程与实践活动教学的教师团队至关重要。从调查的情况来看，上海市范围内学农教育基地有限、师资匮乏、设备设施陈旧。全市的学校几乎都集中于一两个实践基地开展学农实践活动，虽分时段，但教育资源的紧张程度可想而知。相关的激励政策和评价体制又不完备，严重阻碍了上海市学农教育实践活动的有效开展。

（四）实践活动课程缺乏特色

受地域、资金等条件的限制，上海市学农实践活动内容和形式同质化较为严重，学校缺少因地制宜的、创造性的且有特色的学农实践活动。部分学校开展的多数活动停留在“干农活”的阶段，缺乏对劳动精神层面的教育引导，各个学校的学农实践形式大同小异，没有体现出学校自身的教育特色。

三、学农教育有效开展的建议

（一）构建“三位一体”的协同育人机制

学农教育作为一种特殊的教育形式，其实践性和体验性要求我们必须构建一个由学校、家庭和社会三方共同参与的协同育人机制，形成合力，共同推进学农活动的发展。学校教育作为学农教育的主导力量，应当积极组织家庭和社会力量，建立良好的沟通机制，正确认知学农教育的深刻价值，保证学农教育的一致性和连贯性。

学校还应当致力于劳动教育的改革创新，积极探索并推进高中、初中与小学学农教育的一体化建设。通过一体化建设，我们可以从时间和空间层面确保学农教育的贯通性，让学生在不同阶段都能够接受到连贯的学农教育。为了尽快在全市范围内全面启动小学、初中学生的学农教育，学校需要精心编制学农项目实施方案，将学农教育纳入学生综合社会实践活动之中，并作为综合素质评价的重要依据。同时，学校还应当建立有效的活动保障机制，提供必要的物质资源、师资培训、安全保障等，确保劳动教育目标的最终实现。

（二）多方联动创新课程内容

为了丰富学农教育的课程内容，我们组织教研员、学校管理层、学校教师和学农基地的专家以及农业研究机构合作，组建专业的课程开发小组，研发一系列兼具教育性、实践性和生活性的“菜单式”学农类课程，以满足不同学生的需求和兴趣。

在课程设置上，我们注重将农事教育和农事劳动紧密结合，推出除草、施肥、养殖等体验类课程，让学生在亲身参与中感受农业生产的艰辛与乐趣。这些课程不仅能够培养学生的劳动技能，还能够让他们体会到劳动的价值和意义。我们还重视开设研究型课程，围绕实际问题，将学农内容与生物、物理、化学、综合实践活动等学校课程进行有机融合，学生可以在解决问题的过程中深化对农业知识的理解与应用，培养他们的创新思维和实践能力。为了更好地实施这些课程，可以搭建学农教育课程平台，鼓励学生在线选择自己感兴趣的学农课程。通过线上平台，学生可以根据自己的兴趣和需求，选择适合自己的学农课程，实现个性化学习。

（三）促进资源共享，丰富实践育人载体

学农教育的实践性要求课程必须拥有充分的物质资源保障，这是实现课程目标不可或缺的条件。为了满足这一需求，我们可以在现有学农实践基地的基础上，进一步拓展资源，将上海市农业科学院、上海交通大学农业与生物学院等相关单位纳入市级学农研究基地的范畴。我们还应将学农实践基地的范围扩大至上海周边地区，利用环沪的丰富资源，进行充分整合与开发，使基地的教育功能得到更好地发挥，为学生提供更加广阔的学农教育空间，构建实践育人的重要平台。

我们还需要加强学农实践基地的建设和管理，如提供先进的农业设施、丰富的农业资源、专业的指导教师等，为学生提供更加丰富、多元的学农教育体验，培养他们的实践能力、创新精神和社会责任感，提供高质量的学农实践教育服务。

STEM 视角下
上海高校与中小学协同开展
研究性学习的实践研究

我国于 2008 年前后启动了 STEM 教育的研究，并成立了中国教育科学研究院 STEM 教育研究中心。2017 年 6 月 20 日，中国教育科学研究院发布了《中国 STEM 教育白皮书》，明确指出我国经济社会发展正处于重大转型期，人口结构、经济社会发展方式都将发生深刻变革。为适应这一新形势，我们必须加快教育教学内容与方式的更新变革，提升学生的创新和实践能力，促进公民科学素养的培养，从而增强国际竞争力，助力我国迈向世界强国之列。STEM 教育在促进社会经济转型方面发挥着独特且重要的作用，在教学实践中积极推行 STEM 教育，对于培养具有创新精神和实践能力的人才，推动国家持续健康发展具有深远意义。

2015 年，上海市教育委员会制定了《上海市普通高中学生综合素质评价实施办法》，主要评价指标包括品德发展与公民素养、课程成绩等级、身心健康与艺术素养、创新精神与实践能力，其中创新精神与实践能力板块要求学生完成一个研究性学习专题并撰写相应的报告。研究性学习即学生在教师指导下，选择某项专题进行研究，并在研究过程中主动地获取知识、应用知识、解决问题的学习活动。研究性学习所提出的教育理念和目标与 STEM 教育模式具有很多相似之处，因此 STEM 教育可以为研究性学习课程的探索实施提供新的教育思路和途径，对于我们开展研究性学习的教学具有很好的借鉴意义。

STEM 视角下上海高校与中小学协同开展研究性学习的实践研究

许丽丽

（上海师范大学）

一、国内外研究综述

（一）国外研究现状

国外对于 STEM(科学、技术、工程、数学)教育的研究比较早,研究成果比较丰富。通过对文献资料的查询发现,国外关于 STEM 教育的研究主题主要包括以下几方面的内容:STEM 教育的理论研究、STEM 教育的整合方式、STEM 教育的案例研究、STEM 教育的师资培养。

1. STEM 教育的理论研究

国际上对 STEM 教育的理论研究主要集中在两个方面:STEM 教育的概念界定以及 STEM 素养的组成。关于 STEM 教育的概念,不同学者观点各异,至今尚未形成统一的定义。有学者认为,STEM 教育是两个或多个 STEM 学科间,或 STEM 学科与其他学科间的学习与教学互动。还有学者认为 STEM 教育的核心在于增强学生的事物运作理解能力和技术运用能力。布赖纳等人[①]对 STEM 的定义则更为宽泛,它不仅涵盖了自然科学、数学、工程和计算机科学,还纳入了心理学、经济学、社会学和政治学等社会科学领域,强调 STEM 教育是不同学科之间的整合,旨在解决现实世界中的问题。

至于 STEM 素养的定义,国外学者已对科学、技术、工程和数学的单科素养进行了界定,但这些定义未能充分展现各学科间的融合性。拜比[②]认为,STEM 素养不仅包括 STEM 学科的综合和四个相关学科间的互补部分,还应涵盖概念理解能力、操作能力,以及解决与 STEM 相关的个人、社会和全球问题的能力。这样的定义更全面地反映了 STEM 教育的综合性与跨学科性。

---

① Breiner J M, Harkness S S, Johnson C C, *et al*. What is STEM! A discussion about conceptions of STEM in education and partnerships [J]. School Science & Mathematics, 2012, 112(1): 3—11.

② Bybee R W. Advancing STEM education: A 2020 vision [J]. Technology Engineing Teacher, 2010, 70(1): 30—35.

2. STEM教育的整合方式

STEM教育的精髓在于其整合性。在STEM教育整合的研究领域，国外学者已进行了大量探索。有学者提出了一种基于项目的学习方式(Project-Based Learning，简称PBL)，其核心的项目设计要素涵盖了挑战性问题、真实性、持续探究、学生的选择、反思、公共产品、批评与改进等多个方面，旨在助力学生实现关键知识和关键成功技能两大学习目标。然而，也有学者对当前STEM教育整合研究中存在的不当认识和不足之处进行了深刻剖析，如对工程学科的研究相对较少等，并针对如何更有效地整合STEM教育中的各学科领域，提出了针对性的建议。

3. STEM教育的实例研究

案例研究在国外STEM教育研究领域占据了显著地位，其涉及范围广泛且深入。赫德森③等学者在一项以设计与制作医药箱为主题的STEM教育活动中，深入剖析了教学实践与学生成果之间的紧密联系。埃利奥特④等人在高等代数的教学实验中，创新地将STEM教育融入其中，通过对比融合STEM教育的教学模式与传统教学方式的效果，发现接受STEM教育的学生对数学表现出更浓厚的兴趣，学习态度也更加积极和认真。此外，芬兰大学与美国北伊利诺伊大学合作开展了一项基于游戏的STEM教育项目，该项目鼓励学生使用手机等设备拍摄与STEM主题相关的生活场景，如公园中的食物链等，并将这些素材上传至网络平台。教师在平台上采用“脚手架式教学”的方式，与学生共同探讨问题，旨在引导学生发现现实生活中的科学现象，并培养他们提出有价值问题的能力。

（二）国内研究进展

截至2024年8月14日，在中国知网上以“STEM教育”为关键词进行搜索，结果共检索出相关论文2231篇，其中期刊论文903篇，硕士博士论文476篇。检索的论文表明了我国广大教育研究者对STEM教育的关注度越来越高，STEM教育的相关研究成果也越来越多。通过对搜索到的文献进行分析，发现国内对STEM教育的研究主要分为对STEM教育的解读、STEM教育的理论研究、STEM教育的课程实践研究、STEM教育的其他研究等四个方面的内容。

1. 对国际STEM教育的解读和述评

国内学者对国际STEM教育的研究内容涵盖了STEM教育的产生与发展历程、相关政策解读、实施现状分析、各国间的比较研究以及具体案例的探讨等多个层面。其中，上官剑和李天露⑤对美国发布的STEM教育政策进行了细致解读，主要包括STEM教育与评估政策、师资培养和经费政策、教育公平政策等多个方面，展现出美国实用主义教育理念的鲜明

---

③ Hudson P, English L, Dawes L, *et al*. Exploring links between pedagogical knowledge practices and student outcomes in STEM education for primary schools [J]. Australian Journal of Teacher Education, 2015, 40(40).

④ Brett Elliottj, Karla Oty, John Me Arthur, *et al*. The effect of an interdisciplinary algebra/science course on students1 problem solving skills, critical thinking skills and attitudes towards mathematics [J]. International Journal of Mathematical Education, 2001, 32(6): 811—816.

⑤ 上官剑，李天露. 美国STEM教育政策文本述评[J]. 高等教育研究学报，2015，38(2)：64—72.

特色。李慧[⑥]等学者则对美国STEM教育的产生及发展历程进行了全面概述，并深入剖析了STEM教育对美国教育、经济以及社会的积极贡献。基于这些研究，他们针对中国的教育改革与发展、科技创新人才培养与发展提出了若干建议，包括促进STEM教育的本土化、确保科技创新人才培养体系的连贯性，以及加强政府在教育与人才战略中的积极导向作用等。范燕瑞[⑦]详细梳理了美国K12阶段STEM教育的发展脉络，并结合STEM学业结果、课程目标和设置、课程整合案例及工程教育等多个维度，深入分析了美国STEM教育的现状，同时还对STEM教师的现状进行了介绍，并提出了针对性建议和策略。杨亚平[⑧]则对美国、德国和日本中小学实施STEM教育的动因、目标取向及实施现状进行了横向比较。这三个国家都将STEM教育视为21世纪教育改革的重要方向，并在实践中探索适配本国教育情况的实施路径。日本在STEM教育中展现了强大的基础学科研究能力，而德国则凸显了其完善的职业教育体系和终身教育理念。马成和吴畏[⑨]则针对美国高中二年级体现STEM教育理念的两个案例进行了深入分析，从课程形式、目标及学科要素等方面进行了详细探讨。基于这些案例研究，他们对我国高中生物学教学提出了宝贵的建议，包括培养学生的学习能力、科学精神以及实践创新能力等。

综上所述，国内学者对国际STEM教育的研究全面且深入，不仅有助于我们了解STEM教育的国际发展趋势，也为我国的教育改革和人才培养提供了有益的借鉴和启示。

2. STEM教育的理论研究

在国内，STEM教育的理论研究颇为丰富，涵盖了STEM教育的定义、特性、整合模式以及教学案例的开发研究等多个方面。黄晓与李扬[⑩]深入剖析了STEM教育的内涵，并明确指出其具备综合性、动态性、回归性、实践性以及丰富性等多重特点。此外，余胜泉与胡翔[⑪]在深入研究STEM教育及其发展趋势的基础上，提炼出STEM教育的九大核心特征：跨学科性、情境性、体验性、趣味性、协作性、设计性、实证性、艺术性以及技术增强性。他们介绍了两种跨学科整合模式，并总结了学科知识、生活经验、学习者中心这三种跨学科整合取向。在此基础上，他们尝试性地提出了STEM跨学科项目设计模式，为STEM教育的实践提供了有力的理论支撑。

3. STEM教育的课程实践研究

经过对相关文献的深入梳理，笔者发现共计有27篇论文聚焦于STEM教育课程实践研究，这些研究主要围绕STEM教育在不同学科中的融合应用展开，涵盖了小学科学、中学物理、中学生物学、中学化学、高中地理以及高中信息技术等多个学科领域。

夏青[⑫]基于STEM教育的课程编排原则与特点，精心设计了小学科学STEM课程案

---

⑥ 李慧，王全喜，张民选. 美国STEM教育的探析及启示［J]. 上海师范大学学报(哲学社会科学版)，2016(5)：144－152.

⑦ 范燕瑞. STEM教育研究：美国K12阶段课程改革新关注[D]. 上海：华东师范大学，2011.

⑧ 杨亚平. 美国、德国与日本中小学STEM教育比较研究[J]. 外国中小学教育，2015(8)：23－30.

⑨ 马成，吴畏. 美国高中STEM教育中的生物学案例及分析［J]. 生物学教学，2017，42(7)：5－7.

⑩ 黄晓，李扬. 论STEM教育的特点［J]. 江苏教育研究，2014(15)：5－7.

⑪ 余胜泉，胡翔. STEM教育理念与跨学科整合模式[J]. 开放教育研究，2015，21(4)：13－22.

⑫ 夏青. 基于STEM教育的小学科学专题案例的开发[D]. 南京：南京师范大学，2017.

例——小型净水箱，并构建了相应的活动框架内容，以促进学生综合素质的提升。周礼[13]等人则从校本课程的视角出发，结合 STEM 教育理念，引导学生从生活实际出发，开展“天气瓶”制作活动。这一实践活动不仅有助于学生掌握化学知识，提升技能水平，同时也激发了学生对化学学习的兴趣。郭威[14]等人则将 STEM 教育与高中物理教学相结合，以 3D 打印机教学活动为载体，通过问卷调查分析发现，将 3D 建模和 3D 打印环节引入课堂能够显著增强课堂的趣味性，提升学生的学习兴趣、创新能力以及课堂参与度。纪秋月[15]以高中地理教学为例，探讨了 STEM 教育在荒漠化危害与治理教学中的应用，旨在拓展地理学科的内涵与外延，推动学科发展。姜玲等人[16]在南京师范大学附属小学开展了以“STEM 降落伞”为主题的课程活动，旨在提升学生的科技素养和综合能力。

在生物学教学领域，关于 STEM 教育融合应用的研究相对较少，仅搜索到 5 篇论文。姚乔榛等人[17]在其研究中探讨了如何在中学生物教学中整合 STEM 教育模式，并提出了若干建议，包括增强融合意识、以现有课程为载体开发整合任务、加强 STEM 教师培养以及根据投入比例确定扶持程度等。吴婷婷[18]以传感器为载体，列举了不同案例中学生的活动，旨在提升学生的科学探究兴趣和能力。陈正伟[19]系统介绍了 STEM 教育的产生发展及概念，并采用行动分析法对高中生物教学与 STEM 教育的融合进行了初步探讨。研究结果表明，STEM 生物课程能够帮助学生更好地理解学科知识，提升解决问题的能力，相较于传统课程具有更好的教学效果。

综上所述，STEM 教育在不同学科中的融合应用已逐渐成为教育领域的研究热点和实践趋势。通过深入分析相关文献，我们发现 STEM 教育在促进学生综合素质提升和创新能力培养方面具有显著优势。未来，应进一步加强 STEM 教育在不同学科中的融合应用研究，探索更多有效的实践模式和教学方法，以推动教育领域的持续发展和创新。

4. STEM 教育的其他研究

除了对上述主题进行深入探讨外，国内学者还广泛涉猎了其他研究领域，包括 STEM 教育的教师教育研究、STEM 教育与创客教育的对比研究以及我国 STEM 教育发展所面临的诸多问题等。刘玉洁[20]通过深入分析 STEM 教育与我国教师教育的契合度，探讨了 STEM 教育在政府、社会和高校三个层面对我国教师教育的启示作用。叶兆宁等人[21]则对 STEM 教育与创客教育进行了比较研究，他们指出，尽管 STEM 教育和创客教育均致力于培养适应 21 世纪发展的创新人才，但两者在教育教学的具体实施方向上存在显著的差异。赵兴龙和许林[22]在审视

---

⑬ 周礼，章亚楠，朱悦卫，等. 基于 STEM 理念的校本课程——以制作“天气瓶”为例[J]. 化学教学，2016(10)：12－15.

⑭ 郭威，薛耀锋，杨金朋. 基于 3D 打印的高中物理 STEM 课程设计与应用研究[J]. 中国教育信息化，2017(18)：24－27.

⑮ 纪秋月. STEM 教育在高中地理课堂中的应用探究[D]. 石家庄：河北师范大学，2018.

⑯ 姜玲，刘佳，李骏扬. 带着 STEM 的梦想飘向远方：“降落伞”主题课程的架构与实践[J]. 江苏教育，2016(49)：2.

⑰ 姚乔榛，范丽仙，王重力，等. 在中学生物教学中整合美国 STEM 教育模式的初探[J]. 中学生物教学，2016(6X)：3.

⑱ 吴婷婷. 整合性 STEM 教育在初中生物传感器选修课中的实践[J]. 中学生物学，2017，33(2)：44－46.

⑲ 陈正伟. STEM 教育与高中生教学的融合初探[D]. 重庆：重庆师范大学.

⑳ 刘玉洁. 基于 STEM 教育的教师教育研究[J]. 考试周刊，2017(81)：1.

㉑ 叶兆宁，周建中，杨元魁. 小学一二年级如何开展 STEM 教育[J]. 人民教育，2020(Z1)：105－108.

㉒ 赵兴龙，许林. STEM 教育的五大争议及回应[J]. 中国电化教育，2016(10)：62－65.

STEM 教育的研究与应用现状时，讨论了 STEM 教育发展过程中遇到的本土化问题，STEM 教育与创客教育的关系，课程设置以及人才培养等热点问题，提出了独到的见解。

通过对国内已有文献的系统梳理，不难发现，尽管我国教育研究者对 STEM 教育的研究日渐增多，但大部分研究仍主要集中在对国外 STEM 教育政策与报告的解读以及对 STEM 教育理论的探讨上，而对于 STEM 教育在实际教学中的应用研究则相对不足，特别是在生物学领域的实践研究更是鲜见。要想充分发挥 STEM 教育在人才培养中的积极作用，就必须将其深入融入教学实践之中。

二、教学模型的建立

本项目以上海市青浦区凤溪中学、新云台中学和上海市嘉定区卢湾一中心实验小学的学生为主要研究对象，并对收集到的问卷数据进行系统的统计与分析。为了深入探究当前生物学教学的实际情况，笔者计划从以下几个关键维度进行问卷设计：学生对生物学的理解与实际应用情况、学生对生物学的兴趣点及其成因、学生在生物课堂上的学习状态、教师常用的教学手段与方法、教师的教学评价方式、学生对 STEM 教育的认知程度，以及学生对学习成果的认知与期望。在文献综述与问卷调查的基础上，笔者将丰富的实验案例作为素材融入教材编写的过程中。在完成教学实践后，笔者将对参与本项目课程教学的老师进行访谈，了解他们对在生物学教学中实施 STEM 教育的看法与建议。同时，就未来在生物学教学中实施 STEM 教育可能遇到的困难进行深入探讨，为后续研究奠定基础。

对教学实践中的案例进行总结梳理，选取比较典型的案例进行教材编写，同时根据以上教学实施中的经验构建 STEM 课程模型(图 1)，利用高校资源为学生提供良好的科研环境。

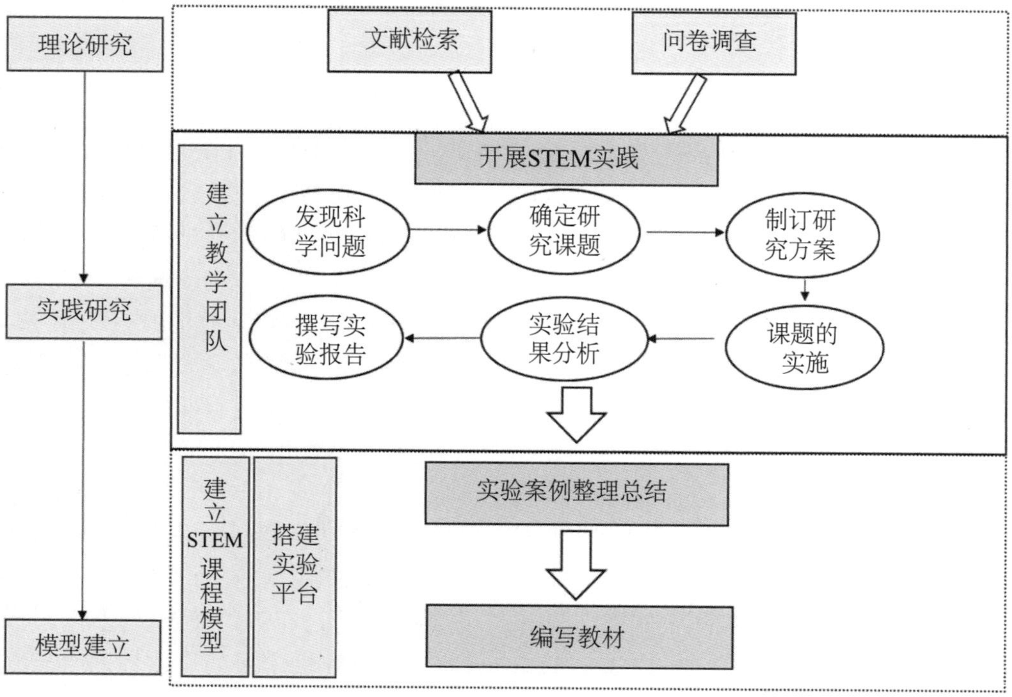

图 1　STEM 项目的实践研究流程

三、研究过程

（一）理论研究

首先进行文献调研及相关问卷调查，对研究对象的实际学情及其存在问题有所了解，总结需要解决的问题并制订本项目的研究策略。

（二）教学实践

为有效推进 STEM 研究教学工作，我们组建了一支专业且富有经验的教学团队，与上海市青浦区凤溪中学、新云台中学、上海市嘉定区卢湾一中心实验小学展开紧密合作。具体操作流程如下：①为学生举办专题讲座，通过分享典型研究案例和教授文献查阅方法，让学生深入了解 STEM 理念与研究性学习的内涵。同时，我们鼓励学生从生活实际出发或通过文献查阅，积极发现并提出科学问题。②对学生提出的科学问题进行深入探讨和分析，以确定合适的解决方案。通过小组讨论，各小组选择 1～2 个具有创新性和可行性的课题作为本组的研究重点。③确定课题后，指导学生进一步查阅相关文献，以明确研究方案和目标。④在实验课题的实施阶段，学生分组开展实验，通过协同合作完成实验任务。实验过程中遇到问题，学生可通过小组讨论或寻求指导教师的帮助，共同解决实验难题。⑤实验结束后，指导教师引导学生对实验数据进行整理、分析和对比，得出实验结论，并撰写详细的实验报告。⑥最后引导学生进行项目实施的反思，总结所学知识点和跨学科应用，以激发学生的学习兴趣，拓宽其视野。

四、项目小结

经过深入的文献梳理，本研究全面总结了 STEM 教育在中小学生物学教学中的实践研究现状。为了更准确地把握中小学生物学教学的现状，特别是 STEM 教育的实施情况，本研究在合作学校中开展了问卷调查和访谈活动。通过对收集到的数据进行深入分析，本研究对当前的教学现状进行了全面评估，并针对存在的问题提出了相应的改进建议。

基于生物学课程的性质和特点，本研究初步构建了适用于生物学教学的 STEM 教学模式。这一模式在合作学校开展实践应用，高校将科研资源与中小学教学资源进行有效整合，高校教师参与科研课题的设计及指导，带领中小学生在高校实验室进行实验研究。

本研究取得了以下成果：首先，通过大量文献的阅读，掌握了 STEM 教育的理论基础，为后续研究提供了坚实的理论支撑；其次，通过问卷调查和访谈等方法，深入分析了中小学生物学教学的现状，为改进教学策略提供了依据；再次，成功构建了适用于生物学教学的 STEM 教学模式，为中小学 STEM 教育的开展提供了有益的探索，在合作中学开展了基于 STEM 教学模式的生物学教学案例设计与实践，总结出了行之有效的模式及规律；最后，通过对 STEM 教育下的生物学教学效果进行分析，验证了研究性学习的有效性，为提升学生的生物学习兴趣和创新思维提供了有力支持。

创新精神与实践能力已被明确列为高中生综合素质评价的关键指标之一，这标志着对于高中生而言，参与研究型项目已成为高中阶段不可或缺的部分。然而，创新精神和实践能力的培养是一个逐级递进的过程，应从小学阶段就开始着手培养。小学阶段是学生认知世界、形成基本价值观和学习习惯的关键时期，开展STEM教育对于激发学生的好奇心和探索欲，培养他们的科学素养和创新思维具有重要意义。鉴于此，本研究紧密结合STEM教育纳入国家战略发展的政策导向，充分利用高校丰富的师资资源与先进的实验平台，与中学展开深度合作，同时，也将STEM教育的理念和实践向下延伸至小学阶段。通过聚焦生物学教学案例的设计与教学实践的深入实施，系统总结并提炼出一套行之有效、针对中学生的STEM教育模式，并在此基础上，探索适合小学生的STEM教育方法，以促进学生从小学阶段就开始培养科学探究的兴趣和能力。在此过程中，我们高度重视中学STEM教育师资的培养与发展，力求通过本研究探索出适用于中学生研究性学习的教学模式，同时为小学生设计易于理解和操作的STEM教育活动，帮助他们尽早建立起科学探究的基本框架和思维模式。此外，本研究还将助力STEM教材的编撰工作，为提升我国STEM教育的整体水平贡献力量。

植物“仿生”,趣味非凡

——以生物培养室为载体的STEM实践活动方案

武丹丹[1]，黄丽峰[2]

(1. 上海市嘉定区卢湾一中心实验小学;2. 上海外国语大学嘉定外国语学校)

一、活动背景

儿童天生具备探索自然世界的潜能与兴趣,最理想的自然教育方式便是让他们亲身参与、直接体验。我校积极在校园内部建设“生物培养室”及其相关配套设施,主要由水培管道系统、土培系统、鱼菜共生系统、自动补给立体植物墙、智能光照培养架等核心部分组成。

“生物培养室”经过精心设计与建设,为学生提供了全年无间断的动植物、微生物等生命现象的观察与记录机会。生物的性状与功能不仅能够有效激发学生的发明与创造潜能,更能激励他们向更高层次的思维探究发展,从而充分展现“STEM+”活动在育人方面的独特价值。此外,学生在自主管理和培养生物的过程中,通过参与力所能及的探究活动,实现了以劳树德、以劳增智的教育目标,进一步增强了对自然环境的保护意识。

二、活动目标

(一) 知识与技能

熟练掌握某几种生物的结构与功能,全面把握其生命周期,并深入探究环境因素对其的影响机制;熟悉生物仿生学的核心理念及其实践应用,能够将仿生学原理应用于设计与制作。

(二) 过程与方法

以常见的植物为媒介,通过系统性的细致观察和精确记录、科学分类与比较、广泛查找相关资料、自主管理项目进度、合作探究学习等多种方法,全面掌握科学研究的基本流程,并据此设计与制作具有实际应用价值的仿生学工具。

（三）情感、态度与价值观

深刻领略生命世界的多样性与丰富性，感悟生物适应自然环境的智慧，进一步增强关爱生命、尊重自然的意识；体验劳动的乐趣，激发创新思维，全面提升综合素养。

三、活动内容与过程

第一阶段：自主管理

生物培养室由立体植物墙、鱼菜共生系统、智能光照培养架、水培管道系统以及土培系统五大区域共同构成，面向 3～5 年级的学生开放。我校通过招募生物培养室小管理员，鼓励和培养热爱植物、具备良好管理能力的同学参与管理生物培养室的建设。小管理员需要负责定期检查生物培养室中各系统的运行状况，确保各系统正常运行；密切关注各区域植物的生长情况，并进行详细记录，适时采摘成熟的植物；监控鱼菜共生系统的运作状态，并按规定进行鱼类喂食（3～4 天喂食一次），同时做好相关记录；负责劳作工具的整理与归位，并保持生物培养室的清洁与卫生；对自身及所在小组的工作进行评价，并对前一天的工作小组情况进行客观评价，如实填写“生物培养室日常管理记录表”（表 1）。

表 1　生物培养室日常管理记录表

日期	天气、温度	五大区域情况记录					卫生	垃圾处理	自评	对前一组的评价	值日组长	负责教师
		1. 立体植物墙	2. 水培管道系统	3. 鱼菜共生系统	4. 智能光照培养架	5. 土培系统						
		□良好 □存在问题 说明：	□换营养液 □良好 □存在问题 说明：	□喂食 □良好 □存在问题 说明：	□良好 □存在问题 说明：	□良好 □存在问题 说明：	地面： 桌面： 管道： 植物黄叶：	干垃圾： 湿垃圾： 垃圾袋：				
		□良好 □存在问题 说明：	□换营养液 □良好 □存在问题 说明：	□喂食 □良好 □存在问题 说明：	□良好 □存在问题 说明：	□良好 □存在问题 说明：	地面： 桌面： 管道： 植物黄叶：	干垃圾： 湿垃圾： 垃圾袋：				
		□良好 □存在问题 说明：	□换营养液 □良好 □存在问题 说明：	□喂食 □良好 □存在问题 说明：	□良好 □存在问题 说明：	□良好 □存在问题 说明：	地面： 桌面： 管道： 植物黄叶：	干垃圾： 湿垃圾： 垃圾袋：				

第二阶段：培养观察

植物栽培与养护活动是一项严谨的学习任务。学生们被分为若干小组，自主开展资料查阅与整理工作，深入了解各种植物的不同养护方法。学生们需根据时令特点，选择适宜的水培或土培植物种类，并制订栽培与养护的详细方案。

本活动设置了长周期观察环节。学生以植物完整的生命周期为主线，全面观察并记录叶、茎、花、果实、根、种子等六大结构在生长过程中的变化。为确保观察的深入与细致，每位学生都要认领一株植物，依据所选植物的生长特性确定合适的观察周期。我们要求学生在观察过程中，认真记录植物的每一项变化，并进行分类比较，以便更好地掌握植物生长的规律与特点。表 2 是此次观察活动的重要工具，用于整理和呈现观察结果。

表 2　生物培养室观察记录表

班级：			姓名：				认领的植物名称：				
日期	观察时间	天气情况、温度	植物高度	叶片数量及生长情况	花朵数量及生长情况	果实数量及生长情况	其他生长情况（根系、茎等）	养护措施（浇水）	养护措施（除草）	养护措施（除虫）	备注：（其他情况）

学生在进行一系列观察活动后，精心绘制了植物观察笔记。观察笔记采用绘画与文字相结合的方式，充分展现了左脑观察提取信息与右脑描绘图像并行的过程，将视觉形象转化为文字描述。通过采用“STEM+”活动形式，学生的观察力、专注力及记忆力均得到了显著提升。

第三阶段：融会贯通

在传统常规教学模式下，教学活动往往采取分科进行的方式，这种方式可能导致学生难以领会不同学科知识间的内在联系。为此，我们采用跨学科教学策略，以植物学知识为基石，构建与其他学科的有机联系，并围绕实际问题展开深入探索与学习（表 3～表 5）。通过不同学科的交叉融合，帮助学生形成对知识整体性和系统性的认知，这既有助于拓宽学生的视野，又有利于他们掌握系统学习方法并培养辩证思维方式。

表 3　跨学科问题导向学习单 1

任务：画一棵植物（了解植物的生命周期）						
结构	植物 1	植物 2	植物 3	植物 4	操作方法	融合学科
根					观察对比（测量、绘画）	美术、数学
茎					横切实验	生物、物理（思考什么样的结构有助于支撑）
叶					叶脉实验、叶绿素实验	化学
花					花的解剖	美术、劳技（标本制作）
果实					果实的解剖	生物
种子					培养种子发芽，观察这一过程	美术、语文

表 4　跨学科问题导向学习单 2

任务:了解生态系统的组成与稳定性					
	食物链 1	食物链 2	食物链 3	食物链 4	融合学科
生产者					自然、劳动技术、美术、英语
一级消费者					
二级消费者					
三级消费者					
四级消费者					
分解者					
非生物环境					

表 5　跨学科问题导向学习单 3

任务:学会使用显微镜(了解水中世界)					
	制片 1	制片 2	制片 3	制片 4	融合学科
浮游植物					自然、美术、语文(阅读)、信息技术
浮游动物					
微生物					
非生物环境					

第四阶段:仿生创造

创造力的发挥并不仅仅依赖灵感的闪现,更需要坚实的知识储备作为支撑。通过前期的观察活动,学生们已经详细记录了种子萌发、植株成长、开花、授粉,直至结出果实和种子的完整过程,深入探究了叶、茎、花、果实、根、种子这六大结构的变化,并理解它们是如何适应环境的。这些准备工作不仅丰富了学生们的生物学知识,也为他们在后续的 STEM+教育中深入探索仿生学领域奠定了基础(表 6)。

表 6　仿生应用 STEM 教学方案

结构名称	STEM+教学点
叶	S:认识常见植物的叶片及其功能特点 T:掌握提取叶片色素、剥离叶脉的方法和原理 E:根据仿生学原理制作锯子等工艺品 M:测量和计算,得出锯齿的最佳角度
茎	S:认识常见植物的茎及其功能特点 T:掌握用横切、纵切的实验方法探究植物的茎的作用 E:利用茎的仿生学原理,用一张 A4 纸制作高楼(竹子) M:测量与计算,得出每一节茎的最佳宽度

（续 表）

结构名称	STEM+教学点
根	S:认识常见植物的根及其功能特点 T:设计实验,验证植物吸水和根毛之间的关系 E:根据仿生学原理制作钢筋混凝土 M:测量和计算,得出钢筋搭建的最佳角度
花	S:认识常见植物的花及其功能特点 T:掌握解剖实验,认识雌花、雄花的结构,探究授粉过程 E:根据仿生学原理制作模拟微波收集器(凌霄花) M:测量和计算,确定阔口窄尾的数值
果实	S:认识常见植物的果实及其功能特点 T:初步学会解剖果实的技能,观察和了解果实的构造 E:根据仿生学原理制作简易直升机(槭树的果实) M:测量和计算,得出果实的纵、横径
种子	S:认识常见植物的种子及其功能特点 T:通过解剖实验认识种子的内部结构;探究种子萌发过程 E:根据仿生学原理制作降落伞(蒲公英) M:测定种子的质量与体积

四、活动意义

（一）提高学生科学素养

为了培养具备科学素养的创新型人才,我校非常重视引导学生进行科学研究。在当前社会快速发展的背景下,国家对创新型人才的需求日益迫切。然而,传统的课程教育往往难以满足学生开展专项科学研究的需要。为此,我校积极建设"生物培养室",为学生提供了一个全年无休的观察与记录平台,使他们能够完整地观察和探究植物、微生物整个生命周期的变化。同时,通过"生物培养室"的课程建设,我们引导学生系统了解植物学、生物仿生学等分支学科的发展,从而构建完整的知识体系。此外,学生还有机会亲手进行实验操作,并通过展示平台分享他们的实验成果,激发了学生对高层次探究的热情,培养了他们的全面思考能力和创新精神,有效提升了学生的科学素养。

（二）跨学科融合，服务学生全面发展

为培养学生的综合素养,我校注重跨学科融合与问题导向的教学模式。基于项目研究的学习模式以学生为中心,通过长期的任务驱动,使学生在完成作品和执行任务的过程中不断进行质询和实证,从而掌握知识和技能。这种课程模式以课程框架问题为引领,融合多门学科,将内容标准、科学思维与真实环境紧密结合。借助"生物培养室"平台,我们能够有效地整合信息技术、美术、语文等学科资源,打破学科壁垒,促进学生对事物的整体认识。此

外，融合性课程注重实践性和生活性，有利于培养学生的动手能力和解决问题的能力。通过系统的科学研究，我们进一步开发出相应的STEM校本教材，使教育与实践相辅相成，更好地帮助学生全面发展。

（三）增强学生自然保护意识

我校以劳树德、以劳增智为教育理念，旨在通过劳动教育增强学生的自然保护意识。我们认为，对自然的热爱源于对自然的了解。因此，“生物培养室”的建设为学生提供了一个深入了解自然界生命现象和物质环境的平台。通过观察和体验，学生将更加热爱自然，更加珍惜自然的馈赠。同时，他们也会认识到保护自然的重要性以及破坏自然对人类社会的恶劣影响。这种认识将转化为实际行动，使学生真正成为环保意识的践行者。此外，劳动教育也是培养学生热爱生活和提升幸福感的重要途径之一。通过生物培养室的劳动教育，学生不仅能够提升对自然的热爱，还能够培养勤劳、坚韧的品质。

（四）加强区域课程建设

我校建成的“生物培养室”不仅服务于本校的教育研究工作，还积极与学区内学校进行交流和合作，加强了学区化课程建设。通过共享资源和经验，我们不断提升课程建设质量，为更多学校的建设提供素材和经验支持，推动学区化课程建设的深入发展。这种开放、合作的态度有助于扩大优质教育资源的辐射范围，让更多学生受益。

Rasch模型在跨学科评价中的应用研究

——以初中生命科学和地理跨学科考试为例

张毅超[1]，吴畏[2]

（1. 上海市青浦区凤溪中学；2. 上海师范大学）

根据上海市教育综合改革的具体要求，上海市对高考和中考进行了相应的改革。改革内容包括将理化试卷转变为综合测试，总分为150分，其中15分用于跨学科案例分析，主要聚焦于生命科学和地理学科。这一改革使得初中生命科学和地理学科成为中考的必考科目，对一线教师提出了新的挑战。同时，新型试题的编制也成为一线教师面临的难点之一，亟待教师进行深入的研究。

Rasch模型为跨学科试题的编制和验证提供了有益的切入点。本文依据《上海市初中地理、生命科学跨学科案例分析终结性评价指南》（以下简称《指南》）编制了生命科学和地理跨学科试题，并借助Winsteps软件对试题进行了基于Rasch模型的验证性分析。这一研究旨在为一线生命科学与地理教师在试题编制方面提供有益的参考和借鉴。

一、研究对象与方法

本研究对所设计的跨学科试题进行了试测，测试对象为上海市某区48名初三学生，利用Rasch模型验证后对跨学科试题进行修改。

二、研究工具

本研究采用Rasch模型作为测试卷的分析工具，该模型以项目反应理论（Item Response Theory，简称IRT）作为理论基础，通过搭建项目特征曲线和潜在特质的理论架构，在强假设的支撑下，运用数学模型揭示被试对项目的反应与其潜在特质之间的内在联系。相较于经典测验理论，Rasch模型在被试者水平估计与试题难度的影响方面表现出较强的稳健性。IRT数学模型具体表述如下：

$$P_{mi}(x_{mi}=1/\theta_m,\delta)=\exp(\theta_m-\delta_i)/[1+\exp(\theta_m-\delta_i)]$$

（P_{mi} 表示被试者的能力，θ_m 为被试者对测验题目 δ_i 作出正确回答的概率）

三、研究过程

（一）试题的设计

根据《指南》中详细阐述的跨学科能力目标，即信息提取与处理、问题分析与质疑、结论阐释与创新三个维度，我们精心编制了三套跨学科试题。每套试题均设置了独特的情境问题，涵盖填空题、选择题、分析题等多种题型，以确保试题的多样性与全面性（图 1）。

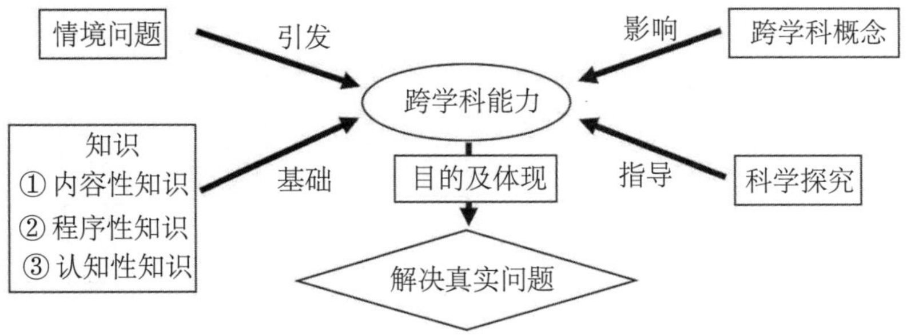

图 1　跨学科评价框架

具体的测试项目所考察的跨学科能力如表 1 所示。

表 1　跨学科能力测试项目表

信息提取与处理能力	1－Q3、2－Q1、3－Q2、1－Q1、2－Q2、1－Q2、2－Q4、3－Q1
问题分析与质疑能力	1－Q7、1－Q5、2－Q3、3－Q3、1－Q8、2－Q6、3－Q4、3－Q5. 1、3－Q6. 1、1－Q4、1－Q6. 1、2－Q5
结论阐释与创新能力	1－Q6. 2、3－Q5. 2、2－Q7、1－Q9、2－Q8、3－Q6. 2

（编号说明：以 1－Q6. 2 为例，1 代表测试工具的编号，Q6. 2 代表测试工具中第六题中的第二问）

（二）基于 Rasch 模型的测试结果分析

我们利用 Winsteps 软件对测试所得结果进行了深入分析。Rasch 模型的基本假设与要求涵盖了单维性、局部独立性和数据－模型拟合三个核心要点。这些要求在结果分析中具体表现为以下几个关键部分：测试数据的单维性；总体质量评估；项目－被试对应分析（即怀特图），了解测试项目与被试之间的匹配程度；项目拟合度。经过 Rasch 模型的验证分析，所得数据结果可为筛选和修改测试工具提供有力的依据。

（三）Rasch 模型验证结果与分析

Rasch 模型在检验单维性时，采用了主成分分析的方法。利用 Winsteps 软件，生成测试工具的标准残差对比图(Standardized Residual Contrast Plot)。由于 Winsteps 免费版软件在分析项目数量上有所限制,仅能处理 25 个项目,同时,被试者分析的人数也仅限于 75 人。因此,在进行单维性分析时,我们对原本独立计分的两个小题进行了合并处理,即将 2－Q3.1 和 2－Q3.2 两个小题的得分合并计算,同样,3－Q6.1 和 3－Q6.2 小题的得分也进行了合并处理。这样的处理方式有助于我们在限定条件下更准确地评估和分析测试工具的单维性。

1. 测试工具总体质量分析

在 Rasch 模型中,测试工具的总体质量分析包括被试能力水平、误差、数据一模型拟合、分离度以及信度。"跨学科测试"总体统计结果如表 2 所示。

表 2 "跨学科测试"总体统计结果

	难度水平	分离度	Infit MNSQ	Outfit MNSQ	信度	误差
被试者	－1.48	1.91	1.01	1.02	0.79	0.27
测试工具	0	3.67	1.01	1.02	0.93	0.20

根据表 2 所呈现的数据,当项目难度水平维持在标准 0 时,被试者的能力水平显示为－1.48,这一数值反映出测试工具对于被试者而言具有一定的难度。表中明确标出了误差范围,被试者误差为 0.27,而测试工具误差为 0.20,两者均显示误差偏差较小,具备较高的精确性。此外,项目分离度达到 3.67,显著超过标准值 2,显示出项目间具备良好的区分度。然而,被试者分离度为 1.91,略低于标准值 2,这在一定程度上影响了测试结果的准确性。在数据一模型拟合方面,Infit 和 Outfit 的值分别为 1.01 和 1.02,均十分接近理想值 1,表明测试数据与模型之间的拟合程度良好。信度方面,被试者项目信度为 0.79,虽略低于项目信度 0.93,但仍旧处于可接受的范围之内,这反映出测试工具的总体质量良好。整体而言,该测试工具在评估被试者能力水平方面仍具备较高的有效性和可靠性。

2. 测验工具单维性分析

图 2 是对"跨学科试题"的全部测试项目进行主成分分析后的标准残差对比图。

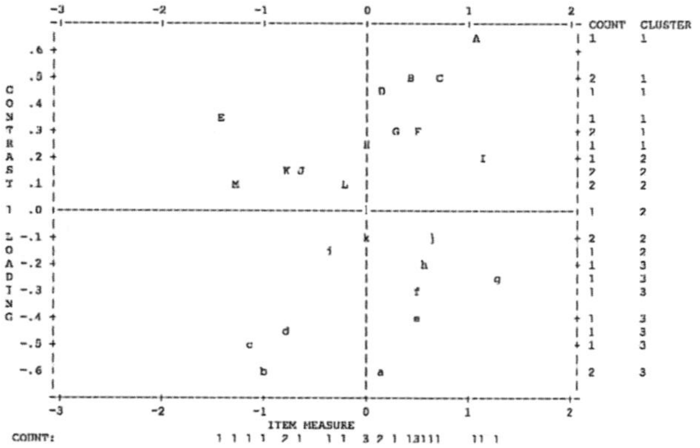

图 2 "跨学科测试"标准残差对比

标准残差的主要作用在于鉴别是否存在其他潜在因素，这些因素可能对被试者的作答反应产生影响。在图 2 中，各个测试项目以大小写字母进行标识，横轴反映了项目的难度级别，纵轴（左侧）展示了在控制主要因素（即跨学科能力）后，项目得分与其他潜在因素之间的相关系数。当测验项目的相关系数落在−4 至+4 的区间内时，可合理推断该测验主要测量的是某种特定结构或能力。然而，若相关系数绝对值大于 4，则暗示测试工具可能涉及其他不同的结构或能力范畴。根据图 2，在首轮测试中，25 个项目中发现有 8 个项目并未落在理想的测量范围内。因此，在后续的修订工作中，需对这些测试项目进行审慎评估，以确保其考查内容的准确性，并避免潜在的偏差。

3. 项目—被试对应（怀特图）

Rasch 模型将被试者的能力和项目的难度放在一个纵轴上进行比较，它能够直观形象地显示项目与被试的对应关系，如图 3 所示。

```
MEASURE PERSON - MAP - ITEM
       <more>|<rare>
  1          +  1-Q1
             |  1-Q5    3-Q2
             |
             |S
             |  1-Q7    3-Q4
             |  1-Q2    1-Q3    1-Q8    3-Q3    3-Q5.2
  0          +  2-Q2
             |  2-Q6    3-Q1
             |M 1-Q9    2-Q1    2-Q8
          X  |
            T|  1-Q4    2-Q3
             |
 -1     XXXX +  2-Q7
        XXXX S|S 3-Q5.1  3-Q6
        XXXX |  1-Q6.2
         XXX |  1-Q6.1
      XXXXXX |  2-Q5
      XXXXXX M|T 2-Q4
        XXXX |
 -2     XXXX +
             |
        XXXX S|
          XX |
          XX |
          XX |
 -3        X T+
       <less>|<freq>
```

图 3 “跨学科能力”试测项目—被试对应关系

在图 3 中，纵轴被设定为刻度尺，用于呈现所测量的跨学科能力水平。纵轴的左侧区域反映了不同能力层次学生的分布情况，其中每个 X 符号代表一名学生。从纵轴的上端至下端，学生的能力水平依次递减。而纵轴的右侧则反映了项目的分布态势，其中位于纵轴上端的题目难度较高，反之则难度较低。此外，纵轴上还标有代表平均水平的字母 M，以及距离均值 1 个标准差的 S 和 2 个标准差的 T。

在图 3 中，学生之间的距离直观地展现了他们在能力水平上的差异，距离越大，差异越显著；同理，题目之间的距离也反映了它们之间的难度差异。当学生的能力水平与项目的难度相匹配时，测试结果的准确性将得到提升。分析图 3，可以发现学生的能力水平主要分布在−1 至−3 的范围内，显示出整体能力水平偏低的情况。在纵轴上，学生的分布并未呈现出典型的正态分布特征。项目的难度主要集中在−2 至 1 的区间内，呈现出相对集中的难度水平分布。其中，难度最高的项目为 1−Q1，而难度最低的项目为 2−Q4。此外，学生的能力水平普遍低于测试工具所设计的难度范围，且测试工具未能有效覆盖到－2 至－3 能力水平段的学生。

4. 项目拟合

图 4 详细呈现了试测项目中各拟合指数的统计结果，涵盖了平均分估计(Measure)、标准误差(S. E.)以及数据－模型拟合情况(包含 Infit 和 Outfit 两种类型)。此次统计依照项目难度从难至易的顺序进行排列。在 Rasch 模型的应用中，我们引入了两个重要的指标：残差的均方(outfit MNSQ)以及加权后的残差均方(infit MNSQ)。前者是指测量值未加权标准残差平方和的平均值，后者则是根据测量值的方差进行加权后的标准残差平方和的平均值。两个指标的取值范围均为 0 至正无穷大，当它们的值恰好为 1 时，意味着数据与模型达到完全拟合的状态；若其值落在 0.5 至 1.5 的区间内，则表明数据与模型的拟合程度是可接受的。

ITEM STATISTICS: MEASURE ORDER

ENTRY NUMBER	TOTAL SCORE	TOTAL COUNT	MEASURE	MODEL S.E.	INFIT MNSQ	INFIT ZSTD	OUTFIT MNSQ	OUTFIT ZSTD	PTMEASUR-AL CORR.	PTMEASUR-AL EXP.	EXACT MATCH OBS%	EXACT MATCH EXP%	ITEM
1	26	46	1.25	.21	1.12	.63	1.15	.68	.38	.36	50.0	51.3	1-Q1
20	28	46	1.18	.21	.69	-1.66	.72	-1.23	.35	.36	43.5	49.1	3-Q2
5	30	46	1.08	.20	1.64	2.85	1.77	2.85	.19	.38	23.9	47.0	1-Q5
22	40	46	.71	.19	.53	-3.16	.58	-2.59	.22	.41	63.0	42.4	3-Q4
8	42	46	.63	.19	.93	-.33	.92	-.38	.38	.42	50.0	40.6	1-Q7
2	44	46	.56	.19	1.48	2.45	1.59	2.76	.26	.43	10.9	40.4	1-Q2
9	45	46	.53	.18	.60	-2.64	.60	-2.47	.54	.43	67.4	40.2	1-Q8
21	46	46	.51	.18	.69	-1.99	.70	-1.80	.41	.42	50.0	40.4	3-Q3
24	47	46	.47	.18	.81	-1.09	.82	-1.03	.61	.42	39.1	39.7	3-Q5.2
3	48	46	.42	.18	.99	-.02	1.02	.19	.26	.44	37.0	40.7	1-Q3
12	54	47	.26	.18	.85	-.89	.91	-.48	.25	.44	46.8	40.2	2-Q2
16	57	47	.16	.18	.78	-1.31	.86	-.78	.26	.44	51.1	39.7	2-Q6
19	58	46	.11	.18	.97	-.10	.97	-.10	.56	.43	28.3	40.3	3-Q1
11	62	47	.01	.18	1.22	1.21	1.23	1.28	.32	.45	25.5	40.3	2-Q1
18	62	47	.01	.18	.44	-4.06	.44	-3.98	.57	.45	59.6	40.3	2-Q8
10	62	46	-.03	.18	1.07	.47	1.05	.35	.56	.45	26.1	40.5	1-Q9
13	70	47	-.25	.18	1.00	.09	.97	-.10	.37	.45	46.8	44.5	2-Q3
4	72	46	-.36	.18	.85	-.76	.88	-.61	.48	.45	41.3	45.8	1-Q4
17	83	47	-.68	.19	.93	-.32	.93	-.29	.56	.43	48.9	48.9	2-Q7
23	86	46	-.82	.19	1.38	1.74	1.32	1.48	.73	.42	17.4	50.2	3-Q5.1
25	86	46	-.82	.19	1.78	3.18	1.85	3.34	.48	.42	41.3	50.2	3-Q6
7	91	46	-1.03	.19	1.28	1.30	1.20	.94	.54	.42	37.0	50.1	1-Q6.2
6	94	46	-1.14	.20	1.17	.83	1.08	.45	.47	.41	47.8	50.0	1-Q6.1
15	100	47	-1.30	.20	1.02	.19	1.05	.29	.43	.40	31.9	50.4	2-Q5
14	104	47	-1.46	.20	.96	-.11	.99	.01	.34	.40	55.3	51.7	2-Q4
MEAN	61.5	46.3	.00	.19	1.01	-.1	1.02	.0			41.6	44.6	
P.SD	22.4	.5	.76	.01	.32	1.7	.33	1.7			13.8	4.6	

图 4 “跨学科能力”试测项目拟合统计

该项目的难度范围介于－1.46 至 1.25 之间(图 4)，难度估计的标准误则在 0.18 至 0.21 的范围内波动。然而，部分项目的 Infit 和 Outfit 指数未能达到理想值范围，具体包括项目 1－Q5、1－Q2、2－Q8、3－Q6，这些项目的指数超出了 0.5 至 1.5 的理想范围，表明这些项目与模型预期的结果存在偏差。在实际测试中，无论被试者的水平高低，均有可能正确或错误地回答这些题目，显示出与预期结果的不一致性。此外，尽管有部分项目的拟合情况处于理想范围之内，但其 ZSTD 值却超出了理想的范围，如项目 3－Q4 和 1－Q8。这一现象同样值得进一步关注和分析，以确保项目的准确性和有效性。

四、结论与启示

（一）测试结论

1. 部分测试项目的质量有待提升

经过对项目总体质量的深入分析，我们发现该试卷的难度相对偏高，对于被试者的区分度略显不足。然而，在被试拟合和信度方面均表现较好，这表明从宏观角度来看，试卷具备一定的测试价值和应用前景。

在单维性测试中，存在约三分之一的结果偏离了理想值范围，具体包括项目 A(1－Q5)、B(1－Q3)、C(3－Q4)、D(2－Q6)、a(3－Q1)、b(1－Q6.2)、c(1－Q6.1)、d(3－Q5.1)等。这反映出这些项目在测试过程中可能受到了其他非测试因素的干扰，影响了学生的作答表现。以 3－Q1 为例：

3－Q1：新疆地大物博，交通以铁路为主，进入新疆的路线的大致方向是（　　）。

A. 由北向南　　　　B. 由西南向东北

C. 由东南向西北　　　　D. 西北向东南

该题目原意旨在考查学生对从我国东部地区进入新疆的主要铁路方向的理解与选择。然而，在题目描述中，未能明确指出具体的起点，这可能导致学生在选择时产生误解。为确保题目表述的准确性和清晰度，在修订过程中，我们将题干修改为："新疆地域辽阔，资源丰富，其交通体系以铁路为主。请问，从我国东部地区通过铁路进入新疆的大致方向是?"这样的表述更为严谨，有助于引导学生正确理解题意并作出正确选择。

2. 部分测试项目难度偏差大

根据怀特图所反映的信息，本次试卷的难度普遍偏高，尤其是项目 1－Q1、1－Q5、3－Q2、1－Q7、3－Q4 等试题位于高位，学生的得分率显著偏低，显示出这些试题的难度普遍超出了学生的能力范畴。此外，大部分试题的难度水平与学生的实际能力水平之间存在较大差距，导致学生在答题过程中面临较大挑战。对于部分低水平的学生而言，试卷中缺乏与其能力水平相匹配的题目，这在一定程度上影响了对学生真实水平的准确评估。因此，在后续的试卷修订工作中，应充分考虑降低试题的难度或删除得分率较低的题目，以确保试卷能够更好地适应不同能力水平的学生，从而更精确地估计低能力水平学生的真实表现。以 1－Q5 为例：

1－Q5：下列特征中，不符合"桉树适合种植在火灾频发地区"的说法的是（　　）。

A. 大乔木，大多树皮粗厚而宿存

B. 叶片厚革质

C. 种子极多，种皮坚硬

D. 根系发达，水分吸收好，蒸腾能力强

在测试后的反馈中,学生普遍反映该题的 A 选项迷惑性较强,学生无法理解“粗厚而宿存”的生物学意义。在初中阶段,学生仅学习过植物的基础结构特征即“根、茎、叶、花、果实”,对于复杂的结构特征描述的理解力不足,因此在修订中将试题修改为:

1－Q5:下列特征中,符合“桉树适合种植在火灾频发地区”的说法的是(　　)。

A. 大乔木,树皮宿存、粗厚

B. 叶片内富含油脂

C. 种子子房 3～6 室,胚珠极多

D. 根系发达,水分吸收好,蒸腾能力强

在怀特图中,我们观察到与信息提取和处理能力相关的题目,如项目 1－Q1 和 1－Q2,本应具有较高的得分率,却意外地处于项目难度水平的高位。而旨在检验学生问题解决能力的项目 3－Q5.1,理应呈现出一定的挑战性,用以衡量学生更高阶的能力,然而其在怀特图中的位置却偏向于下端。这一现象表明,在测试卷的设计过程中,可能由于问题表述不够清晰或对学生知识水平的预估存在偏差,导致试题的设计未能与学生的实际认知水平相匹配。因此,在后续的修订工作中,应着重考虑对问题表述进行改进,并调整试题的难度,以确保其能够更好地反映学生的真实能力水平。以项目 3－Q5.1 为例:

3－Q5.1:小明为了找出新疆瓜果甘甜的原因查阅了教科书,发现植物不仅进行光合作用,也进行呼吸作用。光合作用是植物通过吸收光能,利用二氧化碳和水合成糖分,同时释放氧气的过程。呼吸作用是植物吸收氧气,将糖分转化成二氧化碳和水,同时释放能量的过程。白天植物以光合作用为主,夜晚植物以呼吸作用为主。光合作用和呼吸作用都受气温影响,气温越高,光合作用和呼吸作用越强;反之,作用越弱。请帮小明分析新疆瓜果甘甜的原因。

在该题中,学生作答的关键信息在题干中,得分点之一就在于写出“气温越高,光合作用呼吸作用越强,反之越弱”,即学生仅需要写到题干中的信息就能得分,导致学生的得分普遍不低,这也偏离了跨学科试题的考查方向,因此在修订中将信息转化为地理图表,间接给予学生关键信息,让学生利用逻辑思维对信息进行重组后得出答案。

3. 部分项目的测试结果与预期不符

在项目拟合的分析过程中,项目 1－Q5、1－Q2、2－Q8、3－Q6 的实际测试结果均未达到理想值,表明这些题目的测试结果与预期目标存在显著偏差。具体而言,1－Q5 旨在评估学生的问题分析与质疑能力,1－Q2 则侧重于检验学生的信息提取与处理技巧,2－Q8 意在考查学生的结论阐释与创新思维能力,而 3－Q6 则综合了问题分析与结论阐释两方面的能力。在试题设计的初始阶段,三类试题的难度设置呈现逐级递增的趋势,旨在逐步深入检验学生的各项能力。在预期结果中,我们期望 1－Q2 的得分率相对较高,其次是 1－Q5、2－Q8 和 3－Q6。然而,在实际结果分析中,这三道题的得分率均显著偏低,这反映出这些题目未能有效衡量学生相应的能力水平。分析可能的原因如下:一是试题的设计可能超出了学生的实际知识水平或认知范畴,导致学生在作答过程中遇到较大困难;二是学生可能因时间限制而放弃了部分题目的作答。以 2－Q8 和 2－Q7 为例:

2—Q8：加拉帕戈斯群岛随着人类活动的不断增多，物种数和生物的数量急剧下降。例如，加拉帕戈斯象龟从大约25万只骤降到约1.5万只，原本群岛上生活着14种不同的象龟，如今2种已经灭绝，其他种也处于不同程度的濒危状态。请结合材料的信息，从两个不同的角度谈一谈如何避免此类“生态悲剧”在其他的地方再次上演？

2—Q7：藏羚羊是我国国家一级保护野生动物，一度濒临灭绝，根据加拉帕戈斯群岛的有关材料，推测藏羚羊濒临灭绝的原因。

这两道题目考查的都是结论阐释能力，且这两道题目的题干材料有共通之处。在测试的学生反馈中发现，部分学生由于时间原因，没有深入思考最后几题或直接放弃了这两题，使得测试结果中学生得分较低。因此在修订中对这两题进行了整合，减少学生作答的工作量：

2—Q7：加拉帕戈斯群岛随着人类活动的不断增多，物种数和生物的数量急剧下降。例如，加拉帕戈斯象龟从一开始大约25万只骤降到约1.5万只，原本群岛上生活着14种不同的象龟，如今2种已经灭绝，其他种也处于不同程度的濒危状态。而上海目前最大的野生动物——狗獾也正濒临灭绝的境地。调查显示，过去2年内，奉贤西渡、松江西佘山等5处狗獾群消失。目前上海郊区野生狗獾数量不超过30只。请结合材料：

（1）试分析狗獾濒临灭绝的原因。（3分）

（2）从两个不同的角度谈一谈如何避免此类“生态悲剧”在其他类似的地方再次上演。（2分）

（二）研究启示

Rasch模型作为一种理想的检验标准，在跨学科试题编制中发挥着重要作用。相较于传统试题信效度的检验方法，Rasch模型的检验结果能够减少被试者和试题难度对结果的干扰，呈现出更为稳定可靠的特征。然而，Rasch模型的检验结果主要作为一种指向性的指标，帮助教师识别存在问题的测试项目，至于问题产生的具体原因及后续的修订策略，则需要结合测试反馈以及相关专家的深入分析来进行综合判断。对于一线教师而言，Rasch模型所蕴含的教学启示意义或许超越其在试题编制层面上的直接应用，能够为他们提供更为全面和深入的指导。

1. 对跨学科试题的检验结果直观有效

在深入分析测试项目的难度与被试者水平的拟合程度时，我们可将测试结果转化为怀特图及“气泡图”（项目拟合），此种方式更为直观且易于理解。根据《指南》中关于跨学科测试的明确要求，试题难度应划分为三个不同的层级。因此，教师在编制跨学科试题时，须精准控制试题的难度，确保试题难度呈现出逐步递增的趋势。这一过程中，教师应充分考虑学生的实际情况和现有能力水平。在运用Rasch模型进行分析时，怀特图能够直观地将被试者能力与项目难度置于同一纵轴之上，有助于试题编制者快速识别并修改不理想的试题。此外，相较于传统的试题信效度检验方法，Rasch模型具备更高的稳定性与可靠性，不受被试者水平或试题难度差异较大的影响，从而避免了测验工具依赖和样本依赖等潜在问题。

2. 有助于设定不同难度测试工具和找到学生薄弱知识点

在Rasch模型中,通过将被试者的能力水平与试题难度统一置于纵轴之上进行深入剖析,极大地便利了教师对于所编制试题难度的精准把握。试题在纵轴上的分布情况能帮助教师清晰地掌握学生在跨学科测试中的实际水平,据此设计出更符合学生实际情况的跨学科试题。同时,这一方法还能够协助教师深入洞察学生的薄弱环节。例如,当某一试题在预期中学生应获得较高的得分,但在怀特图中却呈现出较高的试题难度水平时,意味着学生在该部分知识或能力上存在显著的不足,从而有助于教师更有针对性地制订教学策略,查漏补缺。

3. 有助于教师细化评分标准

跨学科试题中的简答题评分过程相当复杂,其得分往往因答题角度和内容的差异而呈现出显著的差异。在评卷实践中,教师会依据学生的实际答题状况对评分标准进行灵活调整,然而这种调整可能会引发Rasch模型分析结果产生较大的偏差。为应对这一问题,在Rasch模型中,我们可以借助项目拟合分析以及评分等级结构检验等手段,精准识别出评分存在问题的试题,帮助教师准确地把握学生的答题规律,从而进一步优化评分标准,或对试题进行必要的调整。通过这种方式,试题能够更好地区分出不同能力水平的学生,实现更加公平、准确的评价。这一过程也有助于教师深入剖析学生在这类题目中暴露出的薄弱环节,进而制订更具针对性的教学策略,以提升学生的逻辑思维能力,帮助学生优化答题思路。

基本运动技能
“幼小衔接”教育
实践研究

幼小衔接是世界各国教育关注的重要议题，其目的之一在于实现“教育的持续”，即幼儿园、小学之间在课程设置、教学理解、班级结构等教育情境上的融合。幼小衔接关系到高质量的学前教育成果能否保有，儿童终身发展的基础能否得以巩固。如果幼小衔接不能顺利进行，学生在学前阶段所获得的教育效果有可能在一年级时减少或者消失。

2018 年起“幼小衔接”在国家颁布的多个教育政策文件中被提及。政策最初的宗旨是避免幼儿园“小学化”。随着幼小衔接工作的不断深入，幼儿园和小学“双向衔接”开始被强调。《中共中央　国务院关于深化教育教学改革全面提高义务教育质量的意见》明确要求“小学一年级设置过渡性活动课程，注重做好幼小衔接”。2021 年 3 月 30 日，教育部出台的《关于大力推进幼儿园与小学科学衔接的指导意见》，明确了幼小衔接应该是幼儿园与小学共同责任。

运动是儿童多领域发展的重要途径。幼儿园和小学阶段，运动是以不同教育形式来呈现的。幼儿园中，运动是一日活动的一部分，强调以游戏的形式来开展；小学阶段，运动以学科教学的形式传授给儿童。尽管教学形式不同，但幼小阶段，儿童运动能力的发展有一个共同的核心内容——基本运动(动作)技能发展。

基本运动技能是儿童早期运动学习的主要内容和运动能力获得的主要载体，对儿童终身运动参与具有重要意义。目前幼儿园运动教育与小学体育没有很好的衔接与整合，双方均不了解对方在儿童动作技能学习发展领域的现状与进展，使幼儿运动能力积累不能够延续，产生运动学习的重复和教育投入的浪费等问题。为此，本项目与学前教师、小学体育教师和高校教师展开对话，了解各方在幼儿运动教育方面的现状和问题，通过三方协同的教育行动研究，重新审视学前和小学阶段基本运动技能学习的内容与框架，从幼小衔接的视角思考学前儿童与学龄儿童动作技能教学思路，科学合理地制订动作技能学练方案，保证幼小阶段课程框架、发展目标的连续性，为基础教育学校的体育教学提供支持与参考。

幼小衔接,持续发展

——基于学前和小学低年级教学内容

马瑞

（上海师范大学）

一、研究背景

基本运动技能看似简单,却不会随着儿童年龄增长和身体发育自动产生,需要精心地培养、练习、强化,儿童才能理解和掌握。曾有研究者提出儿童运动技能传授过程中容易出现两个问题:一是有运动无教育,儿童通常被安排在特定空间,利用器械自由玩耍,尽管能够从中得到乐趣和锻炼身体的效果,但由于缺乏有目的动作学习,儿童得不到结构性运动技能发展;二是教师很少接受培训,几乎没有为儿童设计适宜的运动教育方法,致使儿童不了解如何正确表现动作,更无法在运动中感受成就感以及持续参加运动的动力。

基本运动技能是幼儿园和小学阶段体育学习的重要内容,根据《上海市小学体育兴趣化、初中体育多样化课程改革指导意见(试行)》,小学“以发展学生身体活动能力和基本运动技能、养成良好的体育锻炼习惯、促进学生体质健康提升为目的”。而在学前阶段,2012 年教育部颁布的《3～6 岁儿童学习与发展指南》(以下称《指南》)中首次提出 3～6 岁儿童动作技术的发展要求,包括“走、跑、跳、攀、爬、躲闪、抛接球、拍球”等基本运动技能。《指南》首次在学前教育健康领域规定动作发展的目标,开辟了学前运动教育的新视野,对引领学前教育阶段的运动教育,发展幼儿动作技能水平,提高幼儿健康水平起到了推动作用。但是,目前我国学前运动教育与小学体育没有很好地衔接与整合,一定程度上造成儿童动作技能学习上的重叠或浪费。因此,为了促进学前运动教育和小学体育教育良性发展,避免教育重复、减少教育投入浪费等问题,体育教育在幼、小学段的有效衔接与融合,特别是以基本运动技能学习为核心的幼小衔接势在必行。

本研究通过幼儿园和小学体育教育教师、高校教师三方协同研究,重新审视学前和小学阶段基本运动技能学习的内容与框架,以幼小衔接的视角思考学前儿童与学龄儿童动作技能的教学策略,科学合理地制订动作技能学练方案,保证幼小阶段课程框架、发展目标的连续性,为基础教育学校体育提供支持与参考,促进儿童运动技能及终身健康发展。

二、国内外研究现状

幼小衔接不仅是我国近几年学前教育关注的热点话题，更在全世界范围内受到广泛关注。有国内研究者对英国、芬兰在幼小衔接的政策、制度、课程、合作等方面进行剖析发现，芬兰的幼小衔接的目标是在教育公平的基础上，保证教育的延续，保证孩子的个性化发展。幼小衔接的框架是由日托、幼儿园、小学，在多方监督下搭建而成，注重专业、教学、发展三个方面。芬兰的早期儿童教育与保育、学前教育和基础教育协调一致，服务于幼小衔接，促进儿童发展。英国 2014 年推行了新的课程标准，从国家层面关注幼小衔接的教学效果，保证早期教育和初等教育的衔接和一致性。对比研究发现，这些国家都具有相对成熟的幼小衔接政策措施和法律监管体系，注重以儿童为中心，关注教育的连续性，强调多方共同参与，促进孩子健康成长。

在国内幼小衔接方面，研究者围绕“儿童中心”“幼小双向衔接”“课程”“教师”“评价”等主题进行了阐述，在以下方面达成了较为一致的观点。

（一）儿童发展中心：幼小衔接的逻辑起点

儿童是幼小衔接中的主体，“儿童发展中心”是幼小衔接的关键。“幼小衔接”应从儿童出发，遵循儿童的身心发展规律，尊重儿童的发展权利，以儿童为中心思考儿童在幼小衔接中的需求，满足儿童的发展需要，既要发挥保育功能，也要发挥教育功能。当前在幼小衔接话语体系当中，儿童话语权是最大的问题。成人习惯于用成人的视角去观察儿童，进行教学准备，往往忽视了儿童的感受。只有儿童的立场被尊重，教师从儿童的视角关注他们的问题，才能找到正确的指导方向。

（二）双向衔接：幼小衔接的路径

幼儿园课程作为学前教育的载体，直接影响幼儿现时的发展，为幼儿今后的发展奠定基础。幼儿园在幼小衔接中起着不可替代的作用，幼儿园教师应充分了解小学阶段的教育，要把幼小衔接看作长期的育人行为而非一时的过渡活动，拉长衔接期，把入学准备教育有机渗透幼儿园三年保育教育工作全过程。

幼小衔接，不能只靠幼儿园。双向衔接政策的推出，对小学提出了更高要求。研究者建议将“衔接期”放在小学阶段，倡导小学根据儿童的学习特点主动“向下衔接”，主动对接幼儿园，设置适应期和规范的衔接课程。小学生刚入学时，学校可预留出一段适应期，提供一些科学规范的衔接课程，培养孩子的学习习惯，使其能够适应分科教学。小学低年段在环境创设、教学方式和对儿童的行为期望等方面，可适当保留学前教育阶段的特点，然后逐步减少。同时，教师要重视情感态度的准备，要重视儿童自身、家庭、幼儿园和小学等核心要素之间的互动关系，关注儿童的生活环境，要主动介入学前教育基础问题研究。在一年级上学期的衔接适应期教育中，构建有效的教育体系需立足于对新生发展状况及适应需求的全面且精准的认知。教学方式与评价机制的设定，务必契合初入学儿童的身心发展阶段与特性，确保教育内容的适宜性与针对性。同时，入学适应教育应高度重视学生的个性化差异，实施个别化指导策略，以满足不同学生的需求。

（三）课程与能力：幼小衔接的中心

幼小衔接的重点不应该放在知识的灌输上，而应关注学习习惯的培养，注重对孩子身心健康的适应能力培养。从深度上，应该注重儿童能力的提升，健全人格的培养，认识到这是一个持续的过程，注重儿童的过程体验。从广度上，注意多元发展，包括认知、语言、动作、社会性等多方面能力的全面完整发展。构建幼小平台，实现课程延续，情景延续。教育方式上寻求学制上的贯通和教学的延续，注重游戏化教学，注重多元评价。

（四）教师：幼小衔接的保障

幼小衔接是幼儿顺利过渡到小学阶段的至关重要的环节。教师在此过程中扮演着多重角色，既是儿童成长的引领者与支持者，也是幼小衔接工作的具体执行者，其专业素养直接关系到衔接的质量与效果。长期以来，幼小衔接工作多依赖家长与幼儿园的单方面努力，而小学方面鲜有积极介入与变革。在“双向衔接”的新理念下，对小学教师的角色定位与能力要求提出了更高的标准。他们需转变为幼小互通型教师，深入理解幼儿园教育的特点，充分尊重儿童在衔接过程中的主体地位。

鉴于小学与幼儿园之间长期存在的物理与体系上的隔阂，加之当前小学教师职业发展路径中幼小衔接培训的缺失，加强幼儿园与小学教师之间的沟通与培训显得尤为迫切。通过共同学习与研讨，提升双方对幼小衔接工作的认识与共识，真正实现幼小衔接的均衡与和谐。

（五）儿童评价：幼小衔接的检验

目前对幼小衔接评价的研究成果较少。以英国 EYFS 课程体系中涉及幼小衔接阶段的评价为例，该评价涉及基本领域和专门领域共七个方面，分别是语言与交往；身体发育；人，社会和情感发展；读写能力；数学能力；认知世界；艺术表现力和设计。评价过程中，强调多方参与，持续追踪儿童的发展轨迹，最终形成具有指导意义的形成性评价报告。同时，评价结果将作为有针对性教学干预与资源调配的重要依据，有效应用于后续教学策略调整。总的来说，现有的幼小衔接评价研究勾勒了世界范围内幼小衔接教育的概貌，强调了儿童中心幼小衔接的逻辑，为幼小“双向衔接”的方向、课程和教学方法、师资能力保障等方面提出了建议等。但现有研究在宏观导向上的建议比较多，对课程内容、教学方法、儿童发展评价等方面的研究和结果较少，特别是鲜有对儿童运动领域幼小衔接的研究，这也成为本项目研究的起点。

三、研究内容与过程

（一）研究内容

本研究基于目前学前与小学体育运动教学内容的衔接问题，主要解决以下三个问题。

问题 1：基本运动技能各动作序列的“幼小”阶段重合和断层的内容有哪些？
问题 2：基本运动技能“幼小衔接”一体化的教学内容框架应该是怎样的？
问题 3：如何对 3～7 岁的儿童基本运动技能发展进行评价？

（二）研究过程

对《指南》《上海市幼儿园办园质量评价指南（试行稿）》（以下称《评价指南》）《义务教育体育与健康课程标准（2022 年版）》（以下称《新课标》）《上海市中小学体育与健身课程标准》（以下称《课程标准》）涉及基本运动技能的内容进行分析，梳理出学前阶段和小学阶段基本运动技能学习的动作内容以及要求，特别关注两个学段有交叉和重合的基本运动技能内容。走进幼儿园和小学，通过教师座谈、访谈、实地调查与课堂观察，梳理学前运动教育和小学体育教学在基本运动教学方法、教学组织、教学情境、教学器材上的异同。

组织高校教师、徐汇区学前教研员带领的运动教育工作室成员、徐汇区小学体育教研员带领的骨干体育教师形成联合研究组。行动研究以纽威尔的动作技能发展限制模型为理论基础，由高校教师提出需要解决的核心问题、可能的方案，教研员和一线教师提出各学段的实践经验与方案，通过定期开展讨论，碰撞出基本运动技能教学“幼小衔接”的结合点，同时进行教学实验、反馈，并不断修正。通过行动研究，形成契合一线教育实践、能够被一线教师认同和接受的幼小衔接运动技能教学的新方案。

以《指南》《评价指南》《新课标》《课程标准》涉及基本运动技能的内容为支撑，以 3～7 岁幼儿基本动作技能发展为研究内容，以相关领域专家学者、幼儿园园长、小学体育教师、学前教育教研员为调查对象，运用文献资料法、访谈法、德尔菲法、测试法和数理统计法，研制 3～7 岁幼儿基本动作技能发展评价方案。

四、研究发现

（一）儿童基本运动技能学习幼小衔接现状调查

经过深入幼儿园和小学进行课堂观察、教师访谈、参与教研活动，以及对课程标准和相关文件分析解读，项目组发现幼儿园和小学在基本运动技能传授方面，既有相同点，又具有一定的差异，主要体现在课程内容和教学过程上。

1. 基于课程内容的分析

通过对《指南》《评价指南》《新课标》《课程标准》涉及基本运动技能的内容进行分析，我们发现幼小阶段的课程指南与标准中，都强调了丰富的基本运动技能的学习要求。基于此，幼儿园和小学围绕基本运动技能为儿童提供了丰富的游戏与活动，为儿童全面掌握各种基本运动技能提供了机会。从动作类别上看，幼儿园和小学阶段要求发展的基本运动技能均涵盖了“位移技能”“操控技能”“稳定性技能”三类，但以具体活动的形式来表现。两学段儿童基本运动技能学习也具有一定的差异：从涉及的动作数量上，幼儿园阶段要求掌握儿童 17 个动作技能，小学阶段有 13 个动作。从学习目标上看，幼儿园阶段强调通过 17 个动作发展儿童平衡、协调、灵敏、力量、耐力等运动能力，而小学对儿童能够正确掌握这些动作的要领提出了更高的要求。

结合课程标准和相关文件中的内容，目前幼小学段在"衔接"上存在一定问题。

(1) 部分动作缺乏学习的连续性

在中班阶段，儿童开始尝试以匍匐的方式进行爬行，然而，当进入大班及一年级后，此类活动并未继续。小学二年级直接给学生提出了需"爬越 60～80 厘米高的障碍物"的要求。此外，在跳跃、拍球、单脚跳等体能训练中，也出现了明显的断层现象。例如，"助跑跨跳一定距离/高度的物体"的训练要求在中班已有所体现，但在大班阶段却未见持续，直至一年级才又重新引入；类似地，"连续拍球"这一技能的教学要求仅在大班阶段出现，而小班、中班及小学低年级均未涉及此教学内容。

(2) 个别动作幼小学段出现重复学习

在幼儿园阶段，大中小班均已明确规定了"持续行走"的相关要求，并持续进行相应的教学与训练。然而，在进入小学后，一年级及二年级的教学内容中重复引入了"各种姿势的走"的教学项目。

(3) 部分内容设置不符合儿童动作发展规律

跨步跳是《指南》中建议发展的动作，也是小学体育课程学习的内容。从动作技能发展规律看，跨步跳是跑步和跨步结合起来的组合动作，较为复杂。儿童需要掌握了跑步和跨步之后，才有基础进行跨步跳动作的学习，因此单独进行跨步跳教学是非常困难的。从儿童动作发展序列特征看，由于跑的动作到二年级才会出现成熟模式，故在国外的课程标准中，跨步跳直到三年级才会强调动作细节和规格。因此。在学前阶段掌握跨步跳，有违儿童动作发展的序列特征，不符合儿童动作发展规律。

2. 基于教学方式的分析

游戏是儿童获得经验的重要途径。学前教育强调儿童游戏化学习，通过自主体验，在原有基础上，根据最近发展区原理进行自主发展，从而避免向其灌输固定的知识。因此，幼儿在运动与健康领域的发展主要依赖运动游戏的形式。同样地，小学一、二年级的体育课也强调游戏化的教学方法。

从课程类型来看，幼儿园的日常活动中，运动游戏主要分为两种类型：一是区域活动，由教师提供材料，幼儿利用这些材料自主参与运动游戏；二是集体教学，由教师设计游戏，并引导儿童共同参与，有计划地促进儿童运动能力和社会性的发展。与幼儿园的运动游戏相似，小学阶段的体育课程也以分科教学的形式进行，主要包括体育课和体育活动课两种类型，它们分别对应幼儿园的集体教学和区域活动。这种在幼小阶段运动教学中课程类型和游戏化教学形式的一致性，为幼小阶段基本运动技能的双向衔接奠定了坚实的基础，这也是运动教育在幼小衔接过程中所具有的优势之一。

然而，我们观察到幼儿教师和小学体育教师在运动教学过程中表现出的一些问题。例如，教师对儿童早期基本运动技能发展的阶段性规律和具体表现缺乏深入了解，这导致了两个学段教师难以准确把握基本运动技能教学的适宜尺度。在幼儿园教育阶段，存在儿童基本运动技能学习陷入盲目发展的现象，甚至出现"小学化"的倾向。例如，部分幼儿园未充分考虑幼儿的能力基础和前期动作累积，直接采用小学体育的教学方式，孤立地强调跨步跳等动作的细节，使得幼儿的动作学习呈现出“小学化”的特点。类似的情况还出现在“踢、抛、接、拍”等动作的教学中。而在小学教育阶段，也往往忽视了儿童在学前时期已形成的技能积累，从“零”开始教学，导致幼儿运动能力的积累不能得到延续，进而造成学习的重复和教育资源的浪费。

基于以上调查结果，本研究认为基本运动技能学习的“幼小衔接”需要构建一体化教育框架，以儿童发展为中心，以幼小衔接、有序发展的理念，区分出学前阶段和小学阶段基本运动技能发展的程度与要求，保证幼小阶段课程框架、发展目标的连续性，以此带动科学、安全、有效的儿童基本运动技能教学。

（二）儿童基本运动技能“幼小衔接”一体化教育框架

1. 双向设置教学内容——内容准备、课程过渡

《中共中央　国务院关于深化教育教学改革全面提高义务教育质量的意见》明确要求“小学一年级设置过渡性活动课程，注重做好幼小衔接”。相应地，幼儿园阶段也应该设置相应的准备性课程或互动内容。因此，在基本运动技能的衔接方面，小学和幼儿园要实现课程或活动的双向设置，达到课程内容的延续、学习情景的延续，实现幼小衔接的平稳有序过渡。

依据《小学入学适应教育指导要点》要求，小学应强化衔接意识，将入学适应教育作为深化义务教育课程教学改革的重要任务，纳入一年级教育教学计划，教育教学方式与幼儿园教育相衔接。因此，小学一年级上学期可作为幼小衔接适应期，实施与幼儿园相衔接的入学适应教育，合理安排一年级课程内容，改革教育教学方式，强化以儿童为主体的探究性、体验式学习，为每个儿童搭建成长适应的阶梯，帮助儿童逐步适应从游戏活动为主向课堂教学为主的转变。

在规划基本运动技能发展的过程中，应首先注重粗大肢体动作的培育，而不宜过早或过度强调精细动作的练习。对于位移动作的教学，应遵循一个循序渐进的过程，即先从单侧肢体动作开始，逐步过渡到双侧肢体动作，并最终实现上下肢体与对侧肢体的协调配合。在此过程中，应着重强调动作的平衡性，避免过分追求动作细节的精确性。在操控动作的学练中，应保持动作的简洁性，对于涉及身体左右两侧肢体协调配合及躯干扭转的复杂动作，需逐步突出其关键环节。然而，每次训练时仅应聚焦于一个关键环节，待幼儿完全掌握后再转至下一个环节。此外，应充分考虑幼儿动作技能发展的个性化差异，采取有针对性的教学策略。

2. 巧妙组织教学活动——游戏延续、情景延续

游戏是幼儿重要的学习途径，也是运动教育的主要载体。《指南》中将动作发展归类在健康领域下，又以协调、平衡、灵敏、力量、耐力等体能素质为发展目标，加之学前教育对幼儿游戏秉持“自主发展、自主探究、不打搅”的宗旨，使当前学前教师设计组织运动游戏时，更多地着眼于儿童身体健康，关注运动量、运动强度，关心儿童的情意表现，忽视儿童的动作质量，缺乏动作技能相关指导。一些运动游戏设计中动作技能含量小，甚至没有。

在国际上,儿童基本运动技能传授存在两种不同教育取向的运用和讨论。一是低自主教育取向(以教师为中心),二是激励教育取向(以学生为中心)。低自主教育取向是由教师完全控制教学组织和方向,儿童只需跟随教师的指导和指令完成任务;激励教育取向则在教师的精心设计和指导评估之下,由儿童控制学习环境和方向,他们可以选择特定的技能活动完成,可以选择任务困难级别,以及参与时间。研究表明,相比自由玩耍,这两种取向被证实均能够实现儿童基本运动技能的有效掌握。二者相比较之下,激励教育比低自主教育能够更加引发儿童运动技能显著而长期的发展效应。同时以学生为中心的取向,也能够更好地引导儿童基于喜好和个体的最近发展区发展基本动作技能。

因此,学前和小学体育教师更应知晓幼儿动作发展的应然,包括动作发展要求、特点、关键环节表现、运动环境背景和器材要求等,并据此进行科学、灵活的游戏设计与组织实施。只有以动作技能发展为核心,依靠游戏的趣味化、挑战性、合作性使幼儿沉浸其中才能体验成功和乐趣;通过有目的的游戏环节设计,发展幼儿粗大动作、强化动作环节与质量,做到教师心中"有的放矢",儿童动作掌握"自然而然",以此促进动作表现、体能与健康、终身运动能力三者间的整合。此外,也要根据儿童个体能力发展的差异,为不同发展水平的儿童提供与其能力相适应的练习;提供多样化的任务使儿童体验成功,允许儿童以各自不同的掌握速度学习技能;提供适宜的反馈以及伴随音乐进行运动技能学习等。

在小学阶段要强化衔接意识,小学一年级上学期作为幼小衔接适应期,实施与幼儿园相衔接的入学适应教育,合理安排一年级课程内容,改革教育教学方式,强化以儿童为主体的探究性、体验式学习,处理好游戏化与动作指导的关系,强调动作但避免拔苗助长,尊重幼儿发展的共性特征与个性特点,在游戏和情境中科学合理地制订并实施动作技能学练方案,避免对幼儿动作能力的过度发掘。小学体育教师应为每个儿童搭建成长适应的阶梯,创设合适的学习情境,帮助儿童逐步适应从游戏活动为主向课堂教学为主的转变,促进学前儿童健康成长。

3. 合理选择运动(教学)器材——有效辅助、循序渐进

运动器材是辅助儿童动作发展的重要载体。器材的变化,反映的是动作难易程度和精确度要求的变化。运动器材上,幼儿园阶段运动器材较大、较轻,变化较小。而小学阶段器材逐步变化。例如,双手接的动作,在学前阶段要求幼儿接大球,小学低年级阶段儿童开始练习接大小不一的球,三年级逐步过渡到接手掌大小的球。

在运动器材的幼小衔接方面,幼儿园阶段要避免用过小的球、过于复杂的器材、超过儿童能力的器材,影响幼儿粗大肢体动作的成功体验,产生挫败感,影响幼儿学练积极性。小学阶段要根据儿童的技能发展水平合理选择,让器材成为儿童动作发展的助力器,而非绊脚石。

落实到基本动作技能方面,应注意由单侧肢体向双侧肢体、平衡状态到成熟动作模式、固定条件向变换条件、粗大动作到精细动作、单一动作要素到多个动作要素的幼小衔接变化规律,以及儿童在动作学习顺序、动作学习环境与条件、动作学习接受能力等的特殊性。

（三）儿童基本运动技能“幼小衔接”发展评价

基本动作技能评价方案研发的目的有两个层面的考虑：在教师层面，为学前教师和小学一年级体育教师提供基本运动技能评价方法，帮助教师确定儿童最近发展区，提供适宜的活动课程；评估儿童基本运动技能提高程度，调整课程内容与难度，为体育教师进行基本运动技能“幼小衔接”课程设计与教学提供支撑。在儿童层面，通过评价可以更好地促进儿童基本动作技能的发展，为儿童后续参与终身运动奠定基础。

1. 评价内容的确定

3～4 岁幼儿测试跑、双脚跳、单脚跳、爬、单手前掷、走平衡木、走直线 7 个动作，5～7 岁儿童测试跑、双脚跳、单脚跳、爬、拍球、双手上抛球、单手前掷、走平衡木、走直线 9 个动作。测试项目采用过程性评价与结果性评价相结合的评价标准，形成的评价表具有较好的内容效度、结构效度，效标效度、重测信度、评分者一致信度，具有适应的测试难度和区分度。对幼小阶段儿童位移技能、操控技能、稳定性技能，以及基本动作技能总体能力的鉴别具有较高敏感度。

2. 评价标准的构建

为帮助学前教师和小学体育教师能够在儿童运动游戏和活动“读懂”儿童的动作发展状况，本评价方案对基本动作技能评价表选择过程性与结果性评价相结合的形式，权重为 1∶1。教师能够根据过程性评价对儿童基本动作发展情况进行观察评价，同时能够依据结果性评价对儿童动作技能发展变化的程度作出判断。过程性评价着重评价儿童完成基本运动技能时身体和各部分肢体的表现特征，命名为动作表现分，设定两个动作环节的完成特征，记为 0～2 分动作表现分；结果性评价关注儿童成功完成每个动作技能的次数、时间，命名为动作完成分，根据不同动作技能的测试方法，以成功完成动作的次数、完成动作花费的时间作记分，再转换为 0～2 分的动作完成分。

本评价方案测评项目数量适中，花费时间较少，测评所需要的空间不大，器材简便，在幼儿园教学环境中具有可行性。评价方法受到被测试幼儿的喜欢，具有儿童适宜性，能够使幼儿积极参加测试评价。

“幼小衔接”阶段儿童基本运动技能学习现状调查

——基于文献分析与实地考察

吕旭茜[1]，贺静[2]

（1. 上海市徐汇区教育学院；2. 上海师范大学）

《关于全面加强和改进新时代学校体育工作的意见》中指出要逐步完善“健康知识＋基本运动技能＋专项运动技能”的学校体育教学模式，并强调学校体育课程应注重大中小幼相衔接，聚焦提升学生核心素养。

基本运动技能是体育核心素养的重要组成部分，基本运动技能的掌握不仅要在小学阶段被重点强调，更要下沉到学前教育阶段。我国《3～6 岁儿童学习与发展指南》（以下称《指南》）指出，基本运动技能是幼儿健康领域的主要内容。但由于《指南》中的学习领域与发展目标在表达上高度凝练，又缺少深入细致的解读，加之很多学前教师缺少体育学科知识的储备，导致教师在幼儿运动教育实践中有很多困惑。为此，本文围绕《指南》，解析学前教育阶段幼儿基本运动技能发展目标与内容的逻辑关系，并结合《义务教育体育与健康课程标准（2022 年版）》（以下称《新课标》）《上海市中小学体育与健身课程标准》（以下称《课程标准》）涉及的基本运动技能内容进行分析，深入幼儿园和小学进行课堂观察、教师访谈，参与教研活动，梳理出学前阶段和小学阶段基本运动技能学习的动作内容以及教学方式的现状，为学校体育基本运动技能教学的“幼小衔接”提供支撑。

一、基于运动技能发展目标的分析

（一）基本运动技能发展目标的层级

《指南》中的健康领域动作发展维度提出，儿童基本运动技能发展目标可以拆解为两个层级：一是技能内容层，即基本动作技能种类；二是技能水平层，即基本运动技能的表现。

从技能水平层来看，《指南》对基本运动技能表现的要求没有指向动作完成的细节或规格，而是强调“要具有一定的平衡能力，动作协调、灵敏，具有一定的力量和耐力”，即通过基本运动技能展现出平衡、协调、灵敏、力量等运动体适能水平。人类运动技能发展理论认为，动作技能表现与运动体适能有着错综复杂的关系：没有足够的运动体适能，儿童的基本运动技能习得的水平会受到限制;反过来,如果儿童没有足够的技能习得,运动体适能的发展水平受到阻碍。在儿童时期,基本运动技能与运动体适能的发展相辅相成。

《课程标准》要求学前阶段关键动作环节的传授不能过多,特别不能同时强调两个以上动作环节,要以单个动作要素为单位逐一解决,待儿童充分练习、完全掌握了之后,才可以进行下一个动作要素的传授。那么优先强调哪一个动作要素呢?《课程标准》中对"下手抛"动作的要求提示我们,以粗大环节、主要环节为主。以"下手抛"动作为例,学前儿童需要达成"对侧脚向前跨出"的动作,这一动作环节要求身体左右两侧肢体的协调配合,在五个动作关键环节中最重要,也是最大的肢体动作。在这一动作完成之后,小学阶段着力解决其他几个动作要素,包括"面向目标、引臂、抛球"等。显示出动作技能由单一要素向多个动作要素衔接的特点。值得注意的是,课程标准同时也指出,由于每个儿童操控技能的掌握具有个体差异性,对动作关键环节的指导,要根据动作技能发展水平区别对待。换言之,有的儿童掌握较快,较早进入下一环节的学练,可能会出现同一班级儿童需要掌握的动作环节各不相同的局面。

综上,我们了解到学前儿童基本运动技能发展与小学阶段在动作技能发展目标的不同。但是,目前幼儿园和小学阶段对自身阶段的发展目标了解较为清楚,但对于对方的目标掌握情况并不是十分理想。

(二) 基本运动技能发展目标的解读

《指南》为3～6岁儿童基本运动技能发展的内容和水平指出了方向,但由于一线教师对平衡、协调、灵敏等运动能力的理解不到位,导致对基本动作与发展水平对应关系和表现认识不足,不能较好地把握儿童基本运动技能学练的内核,影响了运动游戏的设计、运动环境创设和师幼互动。

根据运动学概念,平衡是人在不同支撑点上控制身体重心稳定的能力,包括动态平衡和静态平衡。学前儿童在完成各种基本动作技能时,特别是位移动作和稳定性动作时,需要呈现出在不同支撑面上较好地控制自己重心的能力。灵敏是快速和准确地快速改变身体在空间中的位置的能力,例如在奔跑的过程中能够快速地变向、躲闪,或者能够在不同动作之间流畅切换,较为快速地完成动作任务等。协调是基本运动技能的本质特征,基本运动技能强调的是1～7岁儿童完成动作过程中,参与动作各肢体部分在时间和空间上的正确关系,包括正确的动作顺序、手眼协作、上下肢体配合、四肢与躯干的配合、左右两侧肢体对称配合、左右两侧肢体不对称配合、动作节律等。大部分移动类动作技能在学前阶段的学习成果要求为"在平衡的状态下完成动作",小学一年级以上才要求儿童逐步显现出动作的关键环节。因此学前儿童动作发展的主要目标是能够顺利完成,而非强调动作规格表现。例如,位移动作在运动过程中有腾空、两脚交替支撑,需要具备一定动态平衡能力,缺少足够的平衡能力,儿童动作技能提高就会受到限制。平衡取决于内耳前庭器官与视觉、触觉和动觉系统的协调控制,学前阶段儿童感觉系统快速发育,为平衡能力的提高创造了条件。在学前阶段强调位移动作的平衡状态,既符合学前儿童生理心理发展特征,又为小学阶段成熟位移动作模式的形成奠定基础。

任务难度上,学前时期操控技能发展多为原地的、完成次数较少的、从静止状态开始的动作操作；小学阶段有更多的变换，包括连续多次完成、行进间的、移动中开始的、动作间变化的动作任务。手拍球、脚盘球、脚踢球、向上向侧击球动作发展，均遵循了这一任务难度变化轨迹。

在学前阶段，更强调幼儿粗大肢体动作，小学阶段则逐步加强手部精细动作质量。以双手接的动作为例，在学前阶段儿童可以用双臂、身体（特别是胸部）来拦截飞行的球；到小学三年级，儿童必须仅靠双手抓住球，不能以手臂和身体辅助，开始发展手的精细动作。与这一动作相对应的器材要求，在学前阶段限定为大球，二年级为不同大小的球，三年级缩小为手掌大小的球，器材由大到小的变化，也是服务于动作由粗到细的学习要求。此外，所有操控动作技能到小学四、五年级才强调击中目标的精准性，也反映了粗大环节到精细环节过渡的趋势。

综上，《指南》涉及的儿童基本运动技能，依据平衡、协调、灵敏的发展目标不同，显现出多个发展目标点和发展表现（表 1）。除此之外，《指南》还要求学前儿童能够克服身体自重，在一段时间内持续地完成运动任务，呈现出一定的力量耐力素质。

表 1　学前儿童基本运动技能的发展目标要点

动作	动作协调					平衡	灵敏
	上下肢配合	四肢躯干配合	左右两侧肢体对称配合	左右两侧不对称称肢体配合	手眼协调	重心稳定	变向切换快
跑	●			●		●	●
单足跳	●			●		●	●
跨跳	●					●	●
双足跳	●		●			●	●
钻爬		●	●			●	●
攀爬	●						
拍球				●	●		
抛球			●		●		
接球			●		●		
前掷		●		●	●		
直线走	●		●			●	●
平衡木走	●					●	●
斜坡荡桥	●					●	●
躲闪						●	●

二、基于课程内容的分析

通过对《指南》《评价指南》《新课标》《课程标准》涉及基本运动技能的内容进行分析和梳理,梳理出学前阶段(表2)和小学一、二年级阶段(表3)基本运动技能学习的动作内容以及要求。

表2 上海体育课程幼小阶段主要动作技能(学前阶段)

技能	动作	小班	中班	大班
目标1 平衡能力,动作协调、灵敏	沿直线或低矮物体走	√	√	
	双脚交替上下楼梯	√		
	身体平稳的双脚连续跳	√		
	分散跑时可以躲闪他人	√	√	
	双手向上抛球	√		
	匍匐、膝盖悬空等方式的钻爬		√	
	助跑跨跳一定距离/高度的物体		√	
	连续自抛自接球		√	
	沿斜坡、荡桥和一定间隔的物体上平稳行走			√
	手脚并用爬攀登架、网等			√
	连续跳绳			√
	能够躲避球或沙包			√
	连续拍球			√
目标2 具有一定的力量与耐力	双手抓单杠	10秒	15秒	20秒
	单手投掷沙包	2米	4米	5米
	单脚连续向前跳	2米	5米	8米
	快跑	15米	20米	25米
	持续行走(适当休息)	1千米	1.5千米	1.5千米以上

表 3 上海体育课程幼小阶段主要动作技能(一、二年级阶段)

技能	动作	1 年级	2 年级
走与跑	各种姿势的走(自然走)	√	√
	各种姿势起跑/跑	√	√
	30 米快速跑	√	√
	走跑交替(300～600)	√	√
	自然地形跑	√	√
	往返接力跑	√	√
跳跃	各种单/双脚跳的方法	√	√
	单脚、双脚交替跳	√	√
	立定跳远	√	√
	双脚跳上跳下	√	√
	助跑单脚起跳	√	√
投掷	地滚皮球	√	√
	投掷轻物	√	√
	沙包掷远	√	√
	双手前抛、后抛实心球		√
攀登与爬越	模仿动物爬行	√	√
	爬越 60～80cm 的障碍物		√
	攀登绳架、肋木架等	√	√
支撑与悬垂	各种姿势的悬垂	√	√
	脚抬高的屈体、直体俯撑	√	√

从内容层看,《指南》以儿童活动的形式,对 3～4 岁、4～5 岁、5～6 岁三个年龄区间的儿童提出了详细的动作发展种类建议,共计 17 个基本动作。这些基本动作既是儿童生活中的常用动作,也是儿童未来有可能从事的专项运动技能以及休闲性体育活动的共性动作。幼儿园阶段强调通过 17 个动作,发展儿童平衡、协调、灵敏、力量、耐力等运动能力,而小学阶段要求儿童进一步细化掌握这些动作本身。

基于幼儿园和小学对儿童动作技能学习的具体要求,双方围绕基本运动技能为儿童提供了丰富的游戏与活动,为儿童全面掌握各种基本运动技能提供了机会。从动作类别上看,幼儿园和小学阶段要求发展的基本运动技能均涵盖了"位移技能""操控技能""稳定性技能"三类。从涉及的动作数量上,幼儿园阶段要求儿童掌握 17 个动作技能,小学阶段有 13 个动作技能。从《课程标准》和《指南》的内容看,幼小学段在动作技能学习"衔接"方面存在一些值得研讨的地方。

（一） 部分动作缺乏学习的连续性

中班开始有“匍匐的方式爬行”的动作，大班、一年级没有相关的要求，到二年级却直接要求儿童“爬越 60～80 厘米高的障碍物”。跳跃、拍球、单脚跳等动作也出现了断层的现象。例如，“助跑跨跳一定距离/高度的物体”的要求在中班出现，在大班中并没有继续发展，却在一年级的教学内容中又再次出现；“连续拍球”在幼儿园大班的要求中出现，但在小班、中班及小学低学段均没有该教学内容。

（二） 个别动作幼小学段出现重复学习

“持续行走”已经在幼儿园的大中小班作出了明确规定，并持续进行教学安排，但是到了一年级和二年级又重新进行了“各种姿势的走”的教学内容。两个学段在有关“走”这个动作技能学习内容方面出现了重叠。

（三） 部分内容设置不符合儿童动作发展规律

跨步跳是《指南》中建议发展的动作，也是我国小学体育课程学习的内容。项目组在实地调查过程中发现，有些幼儿园在高结构体育活动中，无视幼儿的能力基础，不考虑前期是否有相关动作累积，完全以小学体育教学方式孤立强调跨步跳的动作细节，包括后腿是否蹬直、前摆腿的高度等，致使幼儿动作学习“小学化”，类似的还有“踢、抛、接、拍”等动作的教学。

从动作技能发展规律看，跨步跳是跑步和跨步结合起来的组合动作，较为复杂。儿童需要掌握了跑步和跨步之后，才能掌握发展的动作。因此单独进行“跨步跳”教学是非常困难的。从儿童动作发展序列特征看，由于“跑”的动作到二年级才会出现成熟模式，所以跨步跳应该至少在三年级再强调动作细节和规格。在学前阶段掌握跨步跳，有违儿童动作发展的序列特征，不符合儿童动作发展规律。

通过文献资料分析归纳和深入幼儿园实地考察，对幼儿园和小学低学段儿童基本动作技能课程内容进行梳理。目前我国幼儿园和小学低学段儿童基本运动技能的课程内容确实没有很好的衔接与整合，双方均不了解对方在儿童动作技能学习发展领域的现状与进展，这在一定程度上造成幼儿园和小学低学段儿童动作技能学习内容方面的断层和重叠。

三、基于教学方式的分析

游戏是儿童获得经验的重要途径。学前教育强调儿童游戏化学习，通过自主体验，在原有基础上，依据“最近发展区”理论自主发展，避免强加给幼儿固有知识。因此，幼儿在运动与健康领域发展多依托运动游戏的形式展开。同样，小学阶段的体育课也是强调游戏化，特别是小学一、二年级的体育课教学。

（一） 课的类型方面相似

从课程类型上看，幼儿园一日活动中的运动游戏有两种类型，一是区域活动，由教师投放材料，幼儿利用材料自主参与运动游戏；二是集体教学，由教师设计游戏，引领儿童共同游戏，有计划地发展儿童运动能力、社会性发展。与幼儿园运动游戏相似，小学阶段体育虽采用分科教学的形式，但也有两种课程类型——体育课和活动课，分别对应了幼儿园的集体教学和区域活动。幼小阶段运动教学在课程类型和游戏化教学形式上的一致性，为幼小阶段基本运动技能双向衔接奠定了基础，这是运动教育幼小衔接具有优势的一面。

（二） 幼儿园出现“小学化倾向”

幼儿教师和体育教师在运动教育实践上存在问题，主要是对儿童早期基本运动技能发展规律不了解，导致教学尺度把握不当。在幼儿园，基本运动技能学习存在盲目性，甚至出现“小学化”倾向，如过度强调动作细节，忽视幼儿能力基础。在小学，则容易忽视学前技能积累，造成学习的重复和教育浪费。

四、小结

基于以上调查结果，本项目认为，基本运动技能学习的“幼小衔接”需要构建一体化教育框架，以儿童发展为中心，以幼小衔接、有序发展的理念，区分出学前阶段和小学阶段基本运动技能发展的程度与要求，保证幼小阶段课程框架、发展目标的连续性，以此带动科学、安全、有效的儿童基本运动技能教学。幼小阶段儿童动作技能发展具有一定的序列性，这个序列不仅能检验儿童动作技能发展程度，更是教师运动教学的重要参考。这个序列表明，幼儿和小学生之间动作技能发展的成熟度是具有差异的。关注幼儿阶段表现，有助于学前教育者理解幼儿动作技能学习与教育的侧重；关注小学阶段表现，提示学前教育者哪些教学行为超出了幼儿能力范围与学习界限，从而更加精准地把握幼儿动作技能教学的动作环节和难度。

但是，不同动作技能的发展序列表现有差异。位移动作技能最早在小学三年级能够完成动作成熟；稳定技能居中；操控技能动作的成熟要推迟到小学高年级，显示出不同类别动作技能难易程度的区别。如果从单个动作序列发展特征的角度去思考基本运动技能幼小衔接，需要对每个动作技能的发展序列进行罗列，提出衔接的建议，不免落入烦琐的细节误区，难以给予一线教师清晰明了的建议。因此，后期应通过行动研究，形成切合一线教育实践、能够被一线教师认同和接受的幼小衔接运动技能教学的新方案，整合各学段的实践经验与方案，归纳出基本运动技能教学“幼小衔接”的衔接点。

儿童基本运动技能发展"幼小衔接"一体化教育框架

贺静，陆乐

（上海师范大学）

本研究围绕《3～6岁儿童学习与发展指南》解析学前教育阶段幼儿基本运动技能发展目标与内容的逻辑关系，并分析《义务教育体育与健康课程标准（2022年版）》《上海市中小学体育与健身课程标准》涉及基本运动技能的内容，根据幼儿园和小学进行的课堂观察、教师访谈，参与教研活动，分析解读课程标准和相关文件，梳理出学前阶段和小学阶段基本运动技能学习的动作内容以及教学方式的现状之后，尝试提出适合我国儿童基本运动技能发展"幼小衔接"一体化教育框架。

一、指导思想：以儿童为中心，体现教育的延续性

基本运动技能的发展是幼儿身体逐步适应小学生活的关键一环，需要从整体上加以考虑，对教师和家长提出了较高的要求。在幼小衔接的教育内容方面，必须紧密结合幼儿的生理和心理特点，确保教育内容的均衡与全面，同时从幼儿的视角出发，使其更贴近生活实际。在实施教育的过程中，应强调感知教育的重要性，注重游戏在教育中的积极作用，以激发幼儿的学习兴趣和积极性。此外，儿童基本运动技能发展的"幼小衔接"应始终坚持以儿童为中心的原则，确保有专业的教师团队、有系统延续的课程安排，以及有相应的政策支持。

二、教学原则：幼小双向衔接，家园校三方平衡

幼小衔接是指幼儿园与小学两个教育阶段过渡的教育过程，也是幼儿在其发展过程中所面临的一个重大转折期，即幼儿园入学准备和小学入学适应教育。

目前对基本运动技能的学习和认识，学前教育和小学教育各具特点，幼儿园需努力"送一程，再送一程"向小学衔接，小学也要努力向前"接一站，再接一站"，两者之间如何实现"双向衔接"是幼小衔接的关键原则。

作为幼小衔接中的参与者，家庭、学校、社会三方面贯穿了整个衔接的过程。具体来说：一是幼小衔接教育目标的平衡；二是幼小衔接教育方式的平衡，通过游戏的方式进行技能储

备；三是参与者的多项协同平衡。幼小衔接必须有幼儿园、小学，以及家长三方的共同参与，才能够让幼小衔接实现真正的平衡。

三、儿童基本运动技能学习"幼小阶段衔接"结合点

通过行动研究，形成契合一线教育实践、能够被一线教师认同和接受的幼小衔接运动技能教学的新方案。组织高校教师、徐汇区学前教研员带领的运动教育工作室成员，徐汇区小学体育教研员带领的骨干体育教师形成的联合研究组，对教研员和一线教师进行深度访谈，整合各学段的实践经验与方案，归纳出上海体育课程幼小阶段动作技能内容序列（表 1）。

表 1　上海体育课程幼小阶段动作技能内容序列

归类	动作	小班	中班	大班	一年级	二年级
目标 1：平衡能力，动作协调、灵敏	走	沿直线或低矮物体走	沿直线或低矮物体走	沿斜坡、荡桥和一定间隔的物体上平稳行走	各种姿势的走（自然走）	各种姿势的走（自然走）
	爬	双脚灵活交替上下楼梯	匍匐、膝盖悬空等多种方式爬	能以手脚并用的方式安全攀爬攀登架/网	模仿各种动物爬行； 攀登绳架、肋木架、攀登架	模仿各种动物爬行； 爬越 60～80 厘米高的障碍物； 攀登绳架、肋木架、攀登架
	跳跃	身体平稳的双脚连续跳	能助跑跨跳过一定距离，或助跑跨跳过一定高度的物体	连续跳绳	各种单/双脚跳的方法； 跳单双圈； 立定跳远； 双脚跳上跳下（左右脚上下交换跳）20～30 厘米的物体	各种单/双脚跳的方法； 跳单双圈； 立定跳远； 双脚跳上跳下（左右脚上下交换跳）20～30 厘米的物体； 助跑单脚起跳一定高度的橡皮筋
	跑	分散跑时可以躲避他人的碰撞	能与他人万追逐、躲闪跑的游戏	能躲避他人滚过来的球或扔过来的沙包	各种姿势起跑 走跑交替 300～600 米 自然地形跑 迎面（往返）接力跑	各种姿势起跑 走跑交替 300～600 米 自然地形跑 迎面（往返）接力跑
	投/拍	双手向上抛球	连续自抛自接	连续拍球		

（续　表）

归类	动作	小班	中班	大班	一年级	二年级
目标 2：具有一定的力量与耐力	悬垂与支撑	双手抓单杠 10 秒左右	双手抓单杠 15 秒左右	双手抓单杠 2 秒左右	直体悬垂； 仰卧悬垂	直体悬垂； 仰卧悬垂 屈体悬垂（直体悬垂后屈腿或直腿）收腹，使大腿与地面平行； 脚搁高处的屈体、直体俯卧撑
	动作	小班	中班	大班	一年级	二年级
	投掷	单手投掷沙包 2 米左右	单手投掷沙包 4 米左右	单手投掷沙包 5 米左右	地滚小皮球；投掷轻物；小沙包掷远（投准）	地滚小皮球；投掷轻物；小沙包掷远（投准） 双手前抛、后抛实心球
	跳跃	单脚连续向前跳 2 米左右	单脚连续向前跳 5 米左右	单脚连续向前跳 8 米左右		
	跑	快跑 15 米	快跑 20 米	快跑 25 米	30 米快速跑	30 米快速跑
	持续行走	持续行走（适当休息）1 千米左右	持续行走（适当休息）1.5 千米左右	持续行走（适当休息）1.5 千米左右		

幼小阶段儿童动作技能发展具有一定的序列性，这个序列不仅能用于检验儿童动作技能发展程度，更是教师运动教学的指南。这个序列表明，幼儿和小学生之间动作技能发展的成熟度是具有差异的。关注幼儿阶段学年表现，有助于学前教育者理解幼儿动作技能学习与教育的侧重；关注小学阶段学年表现，提示学前教育者哪些教学行为超出了幼儿能力范围与学习界限，从而更加精准地把握幼儿动作技能教学的动作环节和难度。

综上所述，儿童动作技能的成熟是一个渐进的过程。幼儿园阶段儿童的动作发展不宜过于复杂，应注重动作的完成度而非完成规格的高标准。因此，本项目从基本运动技能协调、平衡、灵敏三个维度，分析幼小衔接阶段基本运动技能的发展特点和教育策略。

（一） 由平衡状态到成熟动作模式的发展

通过对幼小阶段动作技能发展侧重与界限的梳理发现，学前儿童动作发展不宜太过复杂精细，太过追求动作规格的高质量。大部分移动类动作技能在学前阶段的学习成果要求为“在平衡的状态下完成动作”，小学一年级以上才要求儿童逐步显现出动作的关键环节。因此学前儿童动作发展的主要目标是能够顺利完成，而非强调动作规格表现。

例如，位移动作在运动过程中有腾空、两脚交替支撑，需要具备一定动态平衡能力，缺少足够的平衡能力，儿童动作技能提高就会受到限制。平衡取决于内耳前庭器官与视觉、触觉和动觉系统的协调控制，学前阶段儿童感觉系统得到快速发展，为平衡能力的提高创造了条件。在学前阶段强调位移动作的平衡状态，既符合学前儿童生理心理发展特征，又为小学阶段成熟位移动作模式的形成奠定基础。

为了保证学前儿童位移动作的适宜发展，《课程标准》在体育知识维度对应位移动作，指出学前儿童应掌握不同路线（直线、弧线、折线）、不同速度的移动形式。这提示教师可以通过多种位移路线设计、不同速度交替的形式，促使学前儿童在动的过程中学会对重心的控制，提高动态平衡能力，促进位移动作技能发展。而在小学阶段，除了平衡状态下完成动作外，还要关注动作规格与表现。

（二）由固定条件向变换条件的学练

动作技能发展由个体、环境和任务三维条件所决定。儿童自身感知觉发展在不同年龄存在差异，决定了动作技能发展在环境和任务难度层面的差异。特别是操控性动作技能，运动过程中需要处理的环境与条件比位移动作更加复杂。学前幼儿面对的动作难度、器械、环境相对固定，而小学阶段儿童面对更多的条件变换。

任务难度上，学前时期操控技能发展多为原地的、完成次数较少的、从静止状态开始的任务操作，小学阶段则有更多的变换，包括连续多次完成、行进间的、移动中开始的、动作间变化的操作任务时的表现。手拍球、脚盘球、脚踢球、向上向侧击球动作发展，均遵循了这一任务难度变化轨迹。

运动器材上，幼儿园阶段运动器材较大、较轻，变化较小。而小学阶段器材逐步变化。例如，双手接的动作，在学前阶段要求儿童接大球，到小学开始接大小不一的球，逐步过渡到三年级接手掌大小的球。器材的变化，反映的是动作难易程度和精确度要求的变化。

运动背景上，学前儿童的环境背景更加固定，如双手接的动作，要求儿童接娴熟抛球者的抛球，娴熟抛球者抛球线路弧度相对稳定，儿童操控难度系数小；到小学自抛自接，或同伴抛来的球和物体，需要处理大小、方向、弧度不一的球，需要更加灵活地判断与应对。

（三）由粗大动作到精细动作的衔接

与位移动作技能相比，操控动作涉及左右两侧肢体不对称的动作方式、身体绕纵轴的扭转和手（脚）部操控的精细动作，技能更为复杂，儿童达到成熟模式的学段整体比较靠后。在学前阶段，更强调幼儿粗大肢体动作，小学阶段则逐步加强手部精细动作质量。以双手接的动作为例，在学前阶段儿童可以用双臂、身体（特别是胸部）来拦截飞行的球，到小学三年级，儿童必须仅靠双手抓住球，不能以手臂和身体辅助，开始发展手的精细动作。与这一动作相对应的器材要求，在学前阶段限定为大球，二年级为不同大小的球，三年级缩小为手掌大小的球，器材由大到小的变化也是服务于动作由粗到细的学习要求。此外，所有操控动作技能到小学四、五年级才强调击中目标的精准性，也反映了粗大环节到精细环节过渡的趋势。

（四）由单一动作要素到多个动作要素的强调

与位移动作技能不太强调关键动作环节不同，操控动作在学前阶段已有部分动作要求表现出“成熟模式”的关键要素，涉及需要身体左右两侧肢体协调配合，并有着躯干扭转的“下手抛、踢、上手抛”等动作。

《课程标准》要求学前阶段关键动作环节的传授不能过多，特别不能同时强调两个以上动作环节，要以单个动作要素为单位逐一解决，待儿童充分练习、完全掌握之后，才可以进行下一个动作要素的传授。由于每个儿童操控技能的掌握具有个体差异性，对动作关键环节的指导，要根据动作技能发展水平区别对待。换言之，有的儿童掌握较快，应尽早进入下一环节的学练，这时可能会出现同一班级的儿童需要掌握的动作环节各不相同的局面。教师应提前准备，因材施教。

（五）由单侧向双侧肢体动作的难度过渡

儿童在位移动作上达到成熟模式，按时间轴上分布可以归为三个层次：第一层次为单侧肢体动作（单脚跳，小马跳和侧向并步移动），相对难度较低，在一年级可达到成熟模式；第二层次，为双下肢交替进行的动作（跑和跑跳步），需要左右两侧肢体协调配合，在二年级达到成熟模式；第三层次为双臂摆动向上、向前跳和跨步跳，这三个动作需要左右肢体、上下肢体间的协调配合，在三年级达到成熟模式。三个层次显示出儿童位移动作由“单侧肢体动作—对侧肢体动作—上下双侧肢体”的发展顺序和难度序列。学前运动教育可依据这一顺序开展相关动作技能的学练。

儿童基本运动技能发展评价

薛原，马瑞

（上海师范大学）

一、评价指标的筛选

本研究的评价指标包括两部分：基本动作技能指标和相应的测试项目。因此评价指标分别从动作技能指标和测试项目指标两个方面进行筛选。

（一）基本动作技能指标的筛选

1. 初拟基本动作技能指标

基本动作技能的初选依据了《3～6岁儿童学习与发展指南》（以下简称《指南》）《义务教育体育与健康课程标准（2022年版）》《上海市中小学体育与健身课程标准》涉及基本运动技能的内容。根据基本动作技能的分类，这些动作涉及位移、操控、稳定三个类别，共计17项动作技能。围绕这17项技能，本研究建立了初步的3～7岁幼儿基本动作技能发展评价的动作指标，包括位移技能、操控技能、稳定技能这三个一级指标。

位移技能包括双脚连续向前跳、钻爬、攀爬、助跑跨跳过一定距离、助跑跨跳过一定高度的物体、连续跳绳、单脚连续向前跳、快跑、连续行走9个二级指标。操控技能包括双手向上抛球、连续自抛自接球、连续拍球、单手前掷沙包4个二级指标。稳定技能包括沿直线走、斜坡和荡桥行走、走平衡木、躲闪4个二级指标。

2. 筛选基本动作技能指标

评价指标的筛选主要有经验法和专家调查法。本研究采用专家问卷调查，围绕形成的初步动作技能指标编撰问卷，问卷采用李克特五级量表，初选出的17个动作均对应“非常重要、重要、一般、可要可不要、不要”5个级别，邀请幼儿运动教育领域相关专家学者对指标进行判断和取舍。

（1）专家权威程度

为保证指标遴选的科学性和有效性，本研究邀请的专家均为长期从事幼儿运动教育实践和研究，具备幼儿运动教育实践经验和理论知识的专业人员。最终确定的专家团队由三方面人员构成：从事幼儿运动实践研究的学者、从事幼儿运动教学研究的学前教研员、运动特色幼儿园园长。

在此基础上，根据问卷中对指标判断的自我评价依据进行统计，判断专家权威程度。专家权威性取决于专家对指标的判断依据和熟悉程度。权威程度系数计算公式为：

$$C_r=\frac{C_\alpha+C_s}{2}$$

专家对指标作出评价的判断依据如表 1 所示，用 C_α 表示判断影响程度系数。

表 1　专家打分判断依据表

判断依据	判断影响程度系数(C_α)
实践经验	0.80
理论分析	0.60
国内外同行了解	0.40
主观判断	0.20

对专家的指标熟悉程度进行了统计，将熟悉程度划分成六个等级，用 C_S 表示熟悉程度系数(表 2)。本研究在遴选专家时有很强的针对性，所选专家均在幼儿领域有丰富的经验，对此项研究相对熟悉，因此回收的问卷具有高质量。

表 2　专家对指标熟悉程度系数表

熟悉程度	熟悉程度系数(C_S)
非常熟悉	1.00
很熟悉	0.80
熟悉	0.60
一般	0.40
不太熟悉	0.20
不熟悉	0.00

根据专家自身对问卷判断依据和熟悉度的评价结果，统计出判断系数 C_α、熟悉程度系数 C_S 和权威系数 C_r。从表 3 可知，专家咨询所得 C_α 平均值为 0.77；C_S 平均值为 0.93。C_r 大于 0.7 即认为问卷咨询结果可靠，咨询结果 C_r 的值为 0.85，则表明参与此次问卷咨询的专家具有较高权威性。

表 3　专家问卷填写的积极系数

指标	判断系数 C_a	熟悉程度 C_S	权威系数 C_r
双脚连续向前跳	0.72	0.94	0.83
钻爬	0.79	0.93	0.86
攀爬	0.79	0.93	0.86
助跑跨跳过一定距离	0.78	0.93	0.85
助跑跨跳过一定高度的物体	0.78	0.93	0.85
连续跳绳	0.75	0.88	0.82
单脚连续向前跳	0.78	0.94	0.86
快跑	0.78	0.96	0.87
连续行走	0.79	0.93	0.86
双手向上抛球	0.78	0.93	0.85
连续自抛自接球	0.74	0.92	0.83
连续拍球	0.79	0.95	0.87
单手前掷沙包	0.79	0.96	0.88
沿直线走	0.79	0.94	0.86
斜坡、荡桥行走	0.78	0.89	0.84
走平衡木	0.78	0.95	0.86
躲闪	0.78	0.91	0.84
平均值	0.77	0.93	0.85

(2) 专家评判的协调程度

本研究对评价指标的协调系数进行统计分析，以判断专家对指标筛选的协调程度。协调系数 W 取值范围为 0～1，越接近 1 则表明协调程度越显著。表 4 列出位移能力的协调系数 W 为 0.32，经检验 $p<0.05$；操控能力的协调系数 W 为 0.44，经检验 $p<0.05$；稳定能力的协调系数 W 为 0.51，经检验 $p<0.05$，表明专家对指标重要性及可行性评分具有较高一致性。协调系数 W 检验的 p 值均小于 0.05，表明在 95%的置信度下，这些专家对于问卷指标的协调性好，评价结果可信度高。

表 4　儿童动作发展评价量表调查问卷一致性程度

指标	位移能力	操控能力	稳定能力
指标个数	10	4	3
协调系数 W	0.324	0.44	0.51
p 值	0.000	0.000	0.000

（3）指标筛选的结果

本研究采用界值法进行指标的筛选，根据每项指标的重要性得分计算满分频率、算术均数和变异系数。满分频率和算术均数的界值计算方法为“界值＝均数－标准差”，变异系数的界值计算方法为“界值＝均数＋标准差”。满分频率、算术均数大于界值则入选，变异系数小于界值则入选。为避免重要指标被去除，以上三个衡量标准均不符合要求的指标才进行删除，出现一至两个标准不符合要求的指标则根据全面、科学的讨论后决定取舍。同时入选项目的累积百分比须大于75%，累积百分比是评分为4（重要）与5（非常重要）的人数占总人数的比例，以此达到推荐程度最大、意见相对集中的结果。

表5、表6展示了专家评判动作指标结果。通过界值法计算分析，满分频率的界值为25.91%，满分频率小于界值的指标为：助跑跨跳过一定高度的物体（17.65%）、连续跳绳（12.50%）、单脚连续向前跳（17.65%）、连续自抛自接球（23.53%）、斜坡和荡桥行走（17.65%）；算术均数的界值为3.66，算术均数小于界值的指标为：助跑跨跳过一定高度的物体（3.53）、连续跳绳（2.81）、斜坡和荡桥行走（3.59）；变异系数的界值为0.31，变异系数大于界值的指标为：连续跳绳（0.43）、连续自抛自接球（0.33）。

表5　专家评判动作指标结果

指标	N	最小值	最大值	标准差	变异系数	均值	满分率(%)	累积百分比(%)
双脚连续向前跳	17	3	5	0.56	0.12	4.76	82.35	94.11
钻爬	17	2	5	0.87	0.19	4.47	65.71	89.24
攀爬	17	3	5	0.62	0.14	4.53	58.82	94.11
躲闪	17	2	5	1.03	0.24	4.24	58.82	70.58
助跑跨跳过一定距离	17	2	5	0.90	0.22	4.06	35.29	73.47
助跑跨跳过一定高度的物体	17	2	5	1.01	0.29	3.53	17.65	52.94
连续跳绳	17	1	5	1.22	0.43	2.81	12.50	29.41
单脚连续向前跳	17	3	5	0.63	0.16	4.00	17.65	77.57
快跑	17	4	5	0.51	0.11	4.59	58.82	100.00
连续行走	17	2	5	1.20	0.30	3.94	47.06	64.71
双手向上抛球	17	2	5	0.99	0.23	4.29	58.82	76.47
连续自抛自接球	17	1	5	1.21	0.33	3.71	23.53	70.59
连续拍球	17	2	5	0.87	0.19	4.53	70.59	88.24
单手前掷沙包	17	5	5	0.00	0.00	5.00	100.00	100.00
沿直线走	17	1	5	1.07	0.24	4.47	70.59	88.24
斜坡、荡桥行走	17	1	5	1.06	0.30	3.59	17.65	58.83
走平衡木	17	4	5	0.44	0.09	4.76	76.47	100.00

表 6　专家咨询筛选指标统计表

统计指标	N	最小值	最大值	均值	标准差	界值
满分频率(%)	17	12.50	100.00	51.38	25.46	25.91
算数均数	17	2.81	5.00	4.19	0.54	3.66
变异系数	17	0.00	0.43	0.21	0.10	0.31

综上所述，三个衡量标准均不符合要求的指标为连续跳绳；两个衡量标准不符合要求的指标为助跑跨跳过一定高度的物体、连续自抛自接球、斜坡和荡桥行走。同时累积百分比低于 75%的指标为躲闪、助跑跨过一定高度的物体、助跑跨过一定距离、连续跳绳、连续行走、连续自抛自接球、斜坡和荡桥行走。最终经过专家咨询共删去二级指标 7 项(躲闪、助跑跨跳过一定高度的物体、助跑跨过一定距离、连续跳绳、连续行走、连续自抛自接球、斜坡和荡桥行走)。此外，攀爬多利用室外大型设施来完成，很难形成适用所有幼儿园和小学的统一标准，这给评价造成了一定的难度。本研究在征求学前教育教研员及幼儿园、小学运动实践经验丰富的教师后，将攀爬移出了评价指标。最终，形成了 9 个 3～7 岁幼儿基本动作技能发展评价初步指标(表 7)。

表 7　拟评价动作技能指标

一级指标	二级指标
位移技能	双脚连续向前跳
	钻爬(匍匐爬、膝盖着地爬、膝盖悬空爬)
	单脚连续向前跳
	快跑
操控技能	双手向上抛球
	连续拍球
	单手前掷沙包
稳定技能	沿直线走
	走平衡木

(4) 专家的补充与修改

共 17 位专家参与德尔菲咨询，47%的专家对问卷提出了修改意见和补充意见。具体如下：建议去掉连续跳绳，在位移技能部分增加垫步跳、侧滑步、前滑步、曲线跑、弧线跑、折返跑、双脚左右或后退走这些二级指标；在操控技能增加脚踢固定球或移动球、停球、单手侧击球、推球到指定区域、抓放乒乓球这些二级指标；在稳定技能增加侧滚翻、单脚站立、沿曲线走或跑、动态稳定和静态稳定结合的动作、原地旋转这些二级指标。对于以上意见，本研究认为可分为三类：第一类是属于动作类别，包括垫步跳、前滑步、弧线跑、脚踢球、单手击球、侧滚翻、原地旋转。第二类是粗大动作的多样化表现形式，如曲线跑、弧线跑、折返跑是跑的不同形式；双脚左右走、后退走、沿曲线走是走的不同形式；动态稳定和静态稳定结合是稳定性动作的组合形式。第三类属精细动作，包括推球到指定区域、抓放乒乓球。

对于第一类动作类别的建议，课题组访谈咨询了上海市教委学前教研室、各区教育学院从事幼儿运动教学科研的市、区级教研员，请他们从适用性、实践性和可行性的角度对专家的建议进行判断。专家们认为，在当前儿童区域活动（低结构运动游戏）和集体教学（高结构运动游戏）中，这些动作技能并没有被普遍应用，儿童平时没有机会尝试和体验。学前教育特别反对要求儿童做出自身经验以外的活动，建议测试动作的选择以《指南》为基准。因此，本课题最终没有将以上动作列入测试动作指标。

对于第二类多样动作表现形式的建议，本研究认为反映了特定动作技能在幼儿园运动游戏实践中的变化性、丰富性，因此在后续单个动作技能测试方法的选择和设计过程中，课题组充分吸取了专家的意见。例如，将“向前向后跑”“折返跑”列入跑的动作测试项目池，将“平衡木向前后退走”和“动态稳定和静态稳定结合”动作列入稳定性动作测试项目池，将“垫上向前向后爬”列入爬的动作测试项目池。

对于第三类精细动作，由于本课题关注的是对未来终身运动参与具有影响的粗大动作技能，因此没有将推球到指定区域、抓放乒乓球这两个动作列入动作技能指标。

（二）测试项目的筛选

通过专家对测试方法进行适宜性评价，在位移技能方面，选择快跑测试项目“10 米折返跑”、双脚连续向前跳测试项目“双脚跳垫子”、单脚连续向前跳测试项目“3 米单脚跳”、钻爬测试项目“折返爬”；在操控技能方面，选择拍球测试项目“单手连续拍”、单手前掷沙包测试项目“1.5 米单手前掷”、向上抛球测试项目“自编 3”；在稳定技能方面，选择走平衡木测试项目“摸缎带走平衡木”、沿直线走测试项目“踮脚走”。

二、评价标准的制定

（一）过程性评价与结果性评价的协同

结果性评价主要侧重于对成功完成动作技能所需的时间、距离、次数等具体结果进行量化记录。相对而言，结果性评价具有简便易行的优点，但它往往缺乏对个体运动能力差异的细致洞察。过程性评价更加聚焦于动作技能的表现本身，它主要关注在完成特定动作技能任务时，儿童身体各部分所展现出的发展性特征，更侧重于对动作环节表现的深入观察，这对评价者提出了一定的专业要求，同时也相对耗时费力。本研究在评价基本动作技能时，选择了将过程性评价与结果性评价相结合的形式，权重为 1∶1。这样，教师既可以通过过程性评价来全面观察评价儿童的动作发展情况，又能根据结果性评价来准确判断儿童动作技能发展变化的程度。

过程性评价着重评价儿童完成 9 个动作技能时身体和各部分肢体的表现特征，命名为动作表现分，设定两个动作环节的完成特征，记为0～2分动作表现分；结果性评价关注儿童成功完成每个动作技能的次数、时间，命名为动作完成分，根据不同动作技能的测试方法，以成功完成动作的次数、完成动作花费的时间作记分，再转换为0～2分的动作完成分。最终每项基本动作技能总分为4分，9项技能共计36分。

（二）常模参照和标准参照的确定

教育与心理测量在评价分数解释方面主要分为两种参照体系：常模参照测验和标准参照测验。常模参照测量与评价是通过将被试的水平与测验常模进行比较，从而评估被试在特定团体中的相对地位。而标准参照测量与评价则是基于事先设定的明确知识能力标准来进行的，它将被试的表现与既定的教育目标或行为标准进行对比，以判断被试在多大程度上达到了这些标准，通过这种方式明确区分某项知识和能力是否"掌握"、是否"合格"以及是否"能胜任"。由于这种测量与评价方式紧密关联教育目标，因此也被称为目标参照测量与评价。

在选择常模参照还是标准参照的测评范式时，本研究主要基于以下两点考虑。首先，儿童在早期发展阶段具有独特的发展时间表，每个孩子的发展进程各不相同，有着各自的最佳发展区，不宜简单地进行幼儿间的横向比较，以免忽视个体的差异性和独特性。其次，根据《指南》中对幼儿动作技能发展要求，儿童基本动作技能发展的关注点在于是否掌握某项技能，而非在群体中的相对表现，这与标准参照范式的理念相契合。因此，本研究采用标准参照的范式，制定儿童基本动作技能发展评价标准的计分方法与等级划分。

（三）评价内容与计分标准

1. 动作表现分的形成

动作表现分，即是对儿童在动作各环节中的表现进行细致评判的量化指标。本研究广泛查阅了各国体育课程标准以及学前儿童发展指南，这些标准与指南从总体层面概括了儿童在动作技能发展上的水平与要求，为评判动作表现分提供了有力的理论支撑和实践指导。

从我国的《指南》看，主要强调儿童能够独立完成特定的动作技能，具体表述为"能够做出动作"，除了对个别动作提出"能够身体平稳地完成动作"外，对大部分动作没有对具体发展特征作出规定。加拿大、英国的课程标准没有对学前儿童运动能力水平的动作发展标准作出要求。美国2013版国家体育课程标准在幼小阶段，对包括学前阶段在内的各学年动作技能发展表现进行了较为清晰的界定。美国基本动作技能研究较早，积累丰富，课程标准中以最新研究成果和教育经验为支撑，换言之，学年动作技能发展表现代表的是对目标年龄段基本动作技能发展研究成果的整合，这为本研究全面理解儿童基本动作技能发展水平提供了参考。为了更清晰地反映学前儿童阶段在整个基本动作技能动作发展序列中的位置和特征，以及与小学阶段发展水平的区别，本研究梳理了美国幼儿园到小学时期的动作技能学年表现。

基本动作技能的形成是一个循序渐进的过程，通常分为初始阶段、显现阶段和成熟阶段。在美国的课程标准中，还额外增加了应用阶段，即儿童能够全面掌握动作的各个要素，并在实际运动场景中有效地运用这些技能。学前阶段正处于基本动作技能的显现阶段,而在小学一年级之后,各项动作技能才逐渐走向成熟。值得注意的是,学前儿童往往无法完全展现出所有五个标准的动作序列。鉴于这一特点,目前国际上在评价基本动作技能时,往往既考虑过程评价也注重结果评价,但在动作表现的过程性考查中,通常仅设置 2～3 个指标。因此,本研究也将动作表现分的考查指标确定为 2 个,这既符合该年龄段儿童基本动作技能发展的实际情况,又避免了过多的指标给教师评价工作带来不必要的负担。

关于基本动作技能各维度的具体表现,课程标准对儿童位移动作的要求主要聚焦于"在平衡状态下完成动作",并未深入强调肢体动作的细节表现。位移动作涉及腾空、两脚交替支撑等动作,这要求儿童具备一定的动态平衡能力。若平衡能力不足,儿童的基本动作技能发展将受到明显限制。平衡能力的形成依赖内耳前庭器官与视觉、触觉和动觉系统的协同调控。在 3～7 岁的年龄段,儿童的感觉系统得到迅速发展,这为平衡能力的提升奠定了基础。在此阶段强调位移动作的平衡状态,既符合儿童生理心理发展的特点,又能为后续小学阶段形成成熟的位移动作模式奠定坚实基础。基于此,本研究在设定位移技能动作表现分时,主要着眼于反映"能够在平衡状态下完成动作"这一核心指标,这与《指南》中强调的"能够做出动作"以及"能够身体平稳地完成动作"的发展要求高度契合。

在操控动作方面,与位移动作技能有所不同,后者并不特别强调"成熟模式"的肢体动作环节。对于 3～7 岁的儿童,操控动作的部分要求却明确表现出"成熟模式"的关键要素。这些动作通常涉及身体左右两侧肢体的协调配合,并伴随着躯干的扭转,如"下手抛、踢、上手抛"等动作。以下手抛动作为例,它要求儿童在投掷时,投掷手的对侧脚向前跨出一步进行下抛球。这提示我们,在评价儿童的操控动作时,需要提出一些关于肢体动作表现的具体要求。一方面,儿童在完成操控动作时,大多数情况下处于相对静态,尤其是在执行向外投射动作时,需要整合处理的外界复杂因素相对较少,因此相对容易一些;另一方面,根据我国学者对儿童操控技能发展特征的研究,这一阶段的儿童已经能够表现出一定的操控动作肢体环节。为此,本研究在制定操控动作表现标准时,将侧重于对肢体动作表现的评价。

在稳定性技能方面,本研究认为,稳定性动作技能的核心要求在于,儿童在动作执行过程中需学会有效控制重心,展现出静态与动态平衡能力。因此,在对稳定性技能的动作表现进行评价时,我们设定了"能够在平衡的状态下完成动作"这一核心指标。

根据以上分析,本研究收集了国内外现有动作技能评价方案中针对 3～7 岁儿童的动作要求,提取相应的评价描述,结合国内学者的研究成果,经由 16 名学前运动教师的两次讨论,最终确定 9 个基本动作技能的各 2 个动作表现评价内容。

2. 动作完成分的设定

以标准参照的方式确定动作完成分的范围区间,对儿童动作技能进行结果性评价。标准参照范式,需要对决定学生"掌握—未掌握,能胜任—不能胜任"提供一个适宜的成绩"切断点",即临界分数。根据教育测量与评价相关理论,确定成绩"切断点"方法主要有三种形式:①正确率百分数,即以答对题目的比例作为切分点;②掌握分数,即确定一个最低通过标准;③内容等级分数,将成绩分成若干差别明显的等级水平。

根据上述三个标准参照成绩"切断点"的形式,本研究将 9 个项目原有的定量计分转换为 2 分的动作完成分(表 8)。

表 8　基本动作技能评价标准

类别	项目名称	动作表现分(2 分)	动作完成分(2 分)	单项分	量表分
位移动作技能	10 米折返跑	1. 臀部(身体横轴)与跑步方向保持垂直	按照国民体质监测各年龄段档次分折算,1 档 0 分;2～3 档 1 分;4～5 档 2 分	4	16 分
		2. 两臂弯曲于体侧,前后摆动			
	双脚跳垫子	1. 没有垫步和额外的跳跃	每成功完成一次,记 1 分,测试两次,共 2 分	4	
		2. 起跳和落垫时双脚并拢			
	3 米单脚跳	1. 非支撑腿弯曲于身体后方	左右脚均跳完 3 米为成功 1 次,记 1 分,测试两次,共 2 分	4	
		2. 两臂弯曲于体侧,保持平衡			
	折返爬	1. 对侧手脚交替向前移动	向前向后爬,身体不超出垫子,则记 1 分,测试 2 次,共 2 分	4	
		2. 头部动作基本保持稳定			
操控动作技能	单手连续拍	1. 拍球时,有前臂积极下压球主动发力的动作	连续拍球 4 次以上,并双手将球接住,为成功 1 次。成功 1 次记 1 分,测试 2 次,共 2 分	4	12 分
		2. 接球时,不借助身体或手臂的辅助,用双手接住球			
	1.5 米单手前掷	1. 投掷手置于头后方	0～2 次命中得 0 分,3～4 次命中得 1 分,5～6 分次命中得 2 分	4	
		2. 投掷手的对侧脚向前跨出一步			
	双手向上抛球	1. 自下向上抛球	0～2 次命中得 0 分,3～4 次命中得 1 分,5～6 分次命中得 2 分		
		2. 双手于从腹前将球抛出		4	

（续　表）

类别	项目名称	动作表现分（2分）	动作完成分（2分）	单项分	量表分
稳定性动作技能	平衡木摸线走	1. 通过手臂动作辅助保持平衡	踩在线上9步及以上记1分，8步及以下记0分。测试两次，合计2分	4	8分
		2. 行走与摸缎带之间衔接流畅，无明显停顿			
	踮脚走线	1. 通过手臂动作辅助保持平衡	每成功完成一次，记1分，测试两次，共2分	4	
		2. 身体没有明显晃动			
合计					36分

（四）基本动作技能评价等级

根据评价量表编制的程序和步骤，在评价表正式施测、进行信效度评估、确定了评价的可用程度后，需要根据评价对象建立常模或等级评价标准。常模是否能够解释测试对象总体在特定维度上的优劣，取决于校准化样本对总体的代表程度。在条件允许的情况下，样本容量越大对总体的代表性越强。但是，如果总体范围过大，从中抽取的样本虽具有一定的代表性，但代表总体各不同部分被试的测试结果的分数差异性会较大，这样建立起来的常模对总体各部分来说适用性较小。本研究基于分层抽样方便对上海三分之一行政区代表性幼儿园、小学儿童进行了测试，儿童性别比与上海市4～8岁性别比基本一致，样本具有一定的代表性。为此，本研究基于上海6个行政区534名3～7岁儿童样本数据建立评价的等级标准。

标准参照范式的评价等级设计包括两个方面：一是确定等级数量、二是确定评价的标度。关于评价等级数量，根据心理学研究，评价等级超过五等级，一般人就很难做到，评价标准一般3～5个等级为宜；标度的确定包括两种方法，描述性语言，例如“完全达到、基本达到、大部分达到、小部分或全未达到”，或者以分数阈值的形式，例如“100～90为优秀，89～75为良好”等。

从运动教育实践的层面，并不赞成对儿童表现进行“优、良、中、差”的等级划分，甚至非常反对将儿童进行等级归类，避免僵化地给儿童贴“标签”。为让设计的评价等级能够为幼小衔接阶段教育运动实践所接受和应用，本研究将儿童基本动作技能总分和分量表分确定为4个等级，将4个等级对应的描述性标度定为“金牌、银牌、铜牌、锡牌”。从等级数量上简洁明了，便于教师的操作；从标度的描述上体现技能评价的情境化与趣味性，达到既能区别儿童的发展水平，又不轻易否定儿童的目标，符合教育的宗旨。对于“金牌、银牌、铜牌、锡牌”的测试分数切分点上，以测试样本得分33、66、95百分位对应数值为切分点。对534名3～7岁幼儿的测试显示，幼儿位移技能、操控技能、稳定技能及基本动作技能总分在不同年龄段之间差异显著，但在性别之间的差异不具显著性，因此，本研究仅根据不同年龄级别制定差异化的评价等级，不针对性别区分评价等级(表9～表12)。

表 9　位移技能评价等级与得分阈值

等级	年龄段						
	3.00	3.50	4.00	4.50	5.00	5.50	6.00
金牌	≥12	≥13	≥14	≥15	≥15	≥15	16
银牌	11	12	12～13	12～14	13～14	13～14	13～15
铜牌	9～10	10～11	10～11	10～11	11～12	11～12	12
锡牌	≤8	≤9	≤9	≤9	≤10	≤10	≤11

表 10　操控技能评价等级与得分阈值

等级	年龄段						
	3.00	3.50	4.00	4.50	5.00	5.50	6.00
金牌	≥4	≥4	≥10	≥10	≥11	≥11	≥11
银牌	3	3	8～9	8～9	9～10	9～10	10
铜牌	2	2	5～7	5～7	6～8	7～8	8～9
锡牌	1	1	≤4	≤4	≤5	≤6	≤7

表 11　稳定性技能评价等级与得分阈值

等级	年龄段						
	3.00	3.50	4.00	4.50	5.00	5.50	6.00
金牌	≥5	≥6	≥7	≥7	≥7	≥7	8
银牌	3～4	4～5	5～6	5～6	6	6	6～7
铜牌	2	3	4	4	5	5	5
锡牌	1	≤2	≤3	≤3	≤4	≤4	≤4

表 12　基本动作技能总分评价等级与得分阈值

等级	年龄段						
	3.00	3.50	4.00	4.50	5.00	5.50	6.00
金牌	≥18	≥21	≥30	≥30	≥30	≥31	≥32
银牌	16～17	18～20	24～29	25～29	26～29	27～30	29～31
铜牌	13～15	15～17	21～23	22～24	23～25	24～26	26～28
锡牌	≤12	≤14	≤20	≤20	≤22	≤23	≤25

本书参考文献

图书：

1. 吴刚.现代教育评价教程[M].北京：北京大学出版社，2008.
2. 杨鲁新. 扎根课堂，教研一体：高校研究者专业引领下的中小学英语教师发展新模式研究[M]. 北京：外语教学与研究出版社，2016.
3. 李莉春. 教师在行动中的认知与反思：教师实践性知识本质研究[M]. 北京：教育科学出版社，2021.
4. 梁威，卢立涛，黄冬芳. 撬动中国基础教育的支点：中国特色教研制度发展研究[M]. 北京：教育科学出版社，2011.
5. 初中英语单元教学设计指南[M]. 北京：人民教育出版社，2018.
6. 王月芬，张新宇.透析作业：基于 30000 份数据的研究[M]. 上海：华东师范大学出版社，2014.
7. 夏雪梅.项目化学习设计学习素养视角下的国际与本土实践[M].北京：教育科学出版社，2021.
8. 吴颖惠.研学旅行学校指导手册[M].北京：北京师范大学出版社，2019.
9. 赵雄辉.研学实践：政策与行动[M].长沙：中南大学出版社，2019.
10. 薛兵旺，振强，杨崇君.研学旅行实用教程[M].武汉：华中科技大学出版社，2020.
11. 邵仲文.初中研学课程探索与实践·本土文化研学 15 例[M].广州：世界图书出版广东有限公司，2020.
12. 中共上海市徐汇区委党史研究室.徐汇相册：70 年 70 个瞬间[M].上海：学林出版社，2019.
13. 张婧.中小学生态文明教育路径研究[M].杭州：浙江大学出版社，2020.
14. 陈丽鸿，严耕.中国生态文明教育理论与实践[M].北京：中央编译出版社，2009.

期刊：

1. 周远，牧士钦.新时代高校实践育人精准化理念与模式探析[J].江苏高教，2021(10)：104—108.
2. 陈佑清，陶涛."以学评教"的课堂教学评价指标设计[J].课程.教材.教法，2016，36(1)：45—52.
3. 刘恬."晓黑板"促改变，"晓评价"成特色[J].上海教育，2021(Z1)：73.

4. 郑宝秀.初中英语听说教学的原则和策略[J].课程教育研究,2018(9):61—62.
5. 滕平.义务教育新课程实施的学校视角:项目化学习融入国家课程的学校课改实践[J].上海教育科研,2022(4):17—22.
6. 高明乾.运用合作学习提高义务教育阶段英语教学效果[J].校园英语,2019(22):109.
7. 刘育东.外语教学中项目学习教学法的研究现状、问题与对策[J].河南大学学报(社会科学版),2011,51(6):133—138.
8. 崔允漷.从"选修课和活动课"走向"校本课程"——"江苏省锡山高级中学校本课程"个案研究[J].教育发展研究,2000(2):22—26.
9. 王俊菊.外语课堂环境下的教师学习研究[J].中国外语,2012,9(1):56—63.
10. 王月芬.作业设计能力——未被重视的质量提升途径[J].人民教育,2018(Z2):58—62.
11. 徐昌.文化理解:研学旅行课程的核心要义[J].中小学信息技术教育,2020(6):87—89.
12. 邓达,尹静,于敏章.中小学研学旅行课程发展现状分析及策略研究[J].基础教育研究,2020(7):29—31.
13. 张琛中.中小学研学旅行实施困境与对策探究[J].当代教研论丛,2020(4):22.
14. 郑敏芳,徐翊.党建引领,研学路上启迪红色信仰[J].上海教育,2020(19):48—49.
15. 刘亚鹏.静安区红色研学活动的一体化设计与探索[J].现代教学,2020(12):26—28.
16. 雷鸣.开展红色研学的四个原则[J].中学地理教学参考,2022(3):1+70.
17. 段玉山,袁书琪,郭锋涛,等.研学旅行课程标准(一)——前言、课程性质与定位、课程基本理念、课程目标[J].地理教学,2019(5):4—7.
18. 牛志华.新形势下馆校合作模式探究——以中国国家博物馆研学实践课程为例[J].文物鉴定与鉴赏,2020(4):96—98.
19. 吴涛.红色研学旅行中的社会主义核心价值观教育研究[J].湖北理工学院学报(人文社会科学版),2017,34(2):32—34.
20. 任丽伟,裴永杰,白俊.试谈中学生劳动教育中存在的问题及其对策[J].教育教学论坛,2020(32):341—342.
21. 王玲.统筹推进大中小学劳动教育一体化建设的若干思考[J].思想理论教育,2020(6):22—27.
22. 李刚,吕立杰.大概念视域下我国大中小学劳动教育课程一体化建设的思考[J].教育科学,2020,36(5):19—26.
23. 檀传宝.劳动教育的概念理解——如何认识劳动教育概念的基本内涵与基本特征[J].中国教育学刊,2019(2):82—84.
24. 徐海娇.劳动教育的价值危机及其出路探析[J].国家教育行政学院学报,2018(10):22—28.
25. 马瑞贤,侯贺英."慕课热"现象背后的冷思考[J].中国成人教育,2017(22):46—49.
26. 徐时芳,陈先国,潘春燕.数字时代STEM教育的现状与挑战——评《数字时代的教师学习:面向STEM教育的在线专业发展》[J].中国科技论文,2021,16(1):127.
27. 孔晶.工程设计:STEM项目式学习活动实施路径研究[J].数字教育,2018,4(6):57—63.

28. 赵中建，施久铭. STEM 视野中的课程改革[J]. 人民教育，2014(2)：64—67.
29. 李慧，王全喜，张民选. 美国 STEM 教育的探析及启示[J]. 上海师范大学学报(哲学社会科学版)，2016，45(5)：144—152.
30. 赵艳丽. STEAM 理念在小学劳动教育教学中的应用[J]. 农业科技与信息，2022(12)：125—128.
31. 肖小亮. 基于 STEAM 的仿生设计及创意物化活动方案[J]. 中国科技教育，2020(9)：36—37.

后　记

在迈向教育强国的征途中，基础教育乃是核心基石，直接关系到前进步伐的稳健与发展的后劲。为实现基础教育的高质量发展，我们聚焦于提升教师基于学校教育实践的教研与科研能力，帮助教师结合理论与实践，实现双向转化、融合创生，持续推动教师教育改革与创新。大力推进基础教育高质量发展，是上海师范大学为基础教育服务、办好人民满意教育的重要使命之一。为此，上海师范大学基础教育处进行了体制机制上的改革创新，以 UGS（大学—政府—学校）模式，推进附属学校建设与学科教育教师的专业发展。呈现在大家面前的《UGS 模式指导下的基础教育改革研究文集》，就是我们目前取得的一些成果。

2016 年 5 月，上海教师教育创新发展中心在上海师范大学成立。上海师范大学学科教育教研室全体教师是上海教师教育创新发展中心的主体，有别于其他大学的发展模式，创设了基于学校教育实践的教师教育发展模式。2017 年底，上海师范大学启动 UGS 实践方向课题的申报工作，这就是本文集三本书的起点。

UGS 课题自 2017 年启动以来，截至 2024 年 2 月，共立项 73 个课题，覆盖上海师范大学 15 个学院、23 个学科教育教研室，共同研究人员达 400 余人。在研究的推进过程中，我们深刻地感受到基于学校教育实践研究的教师教育模式的生机和活力。

UGS 课题研究的成果也是富有生命力的。从这里起步，中小幼教师成功申报区级课题、区级重点课题、市级课题，大学教师成功申报市级课题、国家级课题。由这些研究形成的论文，也产生了一定影响力。

为了更好地总结 UGS 研究模式，启发更多愿意参与此项研究的大学和中小幼教师，并惠及愿意以这一模式开展联合研究的教师，我们萌发了将优秀的 UGS 课题研究成果汇编成文集的想法。

当然，这一过程是非常艰难的。因为，UGS 课题是一年一年发布的，类型不同，主题各异。从最开始的自由选题、自由选择实践基地，逐步过渡到结合上海师范大学办学特色、更为规范的三大类型：上师大学区课题、附属学校课题、自选课题。研究周期从一年和两年两类，逐步统一为一年。从以一所学校为实践基地的课题，逐步过渡到以类型相同的几所学校为联合基地的课题。另外，各个课题组研究团队的组成情况不同，研究路径和方式不同，成果的形式也不同。有的研究侧重案例的整理和收集，有的研究侧重模式的构建和实施，有的研究侧重于具体课堂的教学实践与分析，有的研究侧重于特色课程的打造。以上种种，使得研究成果很难统整到某一个或两个主题下汇集成书。

经过反复的思考和多次的专家论证会，我们达成了共识：

第一，采用紧密型研究文集的形式，即《UGS模式指导下的基础教育改革研究文集》包括三个紧密相联的探究视域，并且围绕这三个视域取舍课题，汇集成《聚焦学科素养的课程与教学改革研究》《协同视角下跨校际、跨学科研究》《师范生培养新模式与中小幼评价改革研究》三本书。

第二，选入的每个UGS课题成果独立成章，并采用统一的体例。每章一般包括"研究概述"与"实践探索"两个部分，前者总领研究的目标、内容、进程、方法、成果，后者是研究中的实践分析、探究历程、成果展现，形式不拘一格。

第三，除正文外，选编附录，放入课题研究孵化的成果，希望有意参与此类研究的教师在方法上获得更多的启发和指导。

诚然，我们着力推进的UGS模式并非新生事物，但是上海师范大学以UGS课题为载体，持续七年支持学科教育教研室教师走进中小幼学校，形成了学术研究共同体，开展联合研究，实现了共赢发展。所形成的教研模式和实践智慧，体现了我们这一代上师大人的开创精神。

衷心感谢为本丛书的编辑与出版付出辛劳的上海师范大学基础教育处及上海教师教育创新发展中心全体同仁、参与研究的中小幼一线教师与管理人员，衷心感谢给予了指导意见的诸位专家。

最后要指出的是，我们的研究还处于初创阶段，很多成果与教研模式的完善，还需要在今后的实践探究中进一步深入。在此抛砖引玉，不当之处，还请各方面的专家批评指正。

编者

2024年6月